Kleines

Theologie-

Handbuch 2

Kleine Handbuch - Reihe Band 11

Herausgegeben im Auftrag der
Arbeitsgemeinschaft für Religiöse Fragen (ARF)
von Dr. Lothar Gassmann
Unter Mitarbeit von:
Ernst-Martin Borst
Reinhard Junker
Eta Linnemann
Walter Rominger
Rainer Wagner
Thomas Zimmermanns u.a.

MABO-Verlag

Weitere Bände der Kleinen Handbuch - Reihe:

Kleines Sekten-Handbuch
Kleines Kirchen-Handbuch
Kleines Ökumene-Handbuch
Kleines Endzeit-Handbuch
Kleines Katholizismus-Handbuch
Kleines Anthroposophie-Handbuch
Kleines Zeugen Jehovas-Handbuch
Kleines Ideologien-Handbuch
Kleines Esoterik-Handbuch

Lothar Gassmann (Hrsg.)
Kleines Theologie-Handbuch 2
Band 11

1. Auflage 2008

Satz: Lothar Gassmann
Grafische Gestaltung: Manuela Bähr-Janzen

ISBN 978-3-9811244-6-0

Inhalt:

Weitere Themen

Informationen zu den folgenden Themen finden Sie in den jeweils im Anschluss genannten Artikeln:

Aktualismus: >Barth, Karl; >Dialektische Theologie
Anknüpfungspunkt: >Apologetik; >Dialektische Theologie
Anthropologie: >Mensch
Apokatastasis panton: >Allversöhnung
Augustin: >Amillennialismus; >Semipelagianismus; >Spir. Int.
Auslegung: >Hermeneutik
Baur, Ferdinand Christian: >Liberale Theologie
Beichte: >Seelsorge
Bibeltreue Christen: >Fundamentalismus
Billige Gnade: >Bonhoeffer, Dietrich
Boff, Leonardo: >Befreiungstheologie
Bohren, Rudolf: >Predigtlehre
Brunner, Emil: >Dialektische Theologie
Bund: >Erwählungslehre
Calvin, Johannes: >Erwählungslehre
Cardenal, Ernesto: >Befreiungstheologie
Communicatio idiomatum: >Zweinaturenlehre
Diebstahls-Hypothese: >Auferstehung Jesu Christi
Doketismus: >Inkarnation
Entmythologisierung: >Bultmann, Rudolf
Essenz und Existenz: >Tillich, Paul
Ethik; >Bonhoeffer, Dietrich
Existentiale Interpretation: >Bultmann, Rudolf
Existenzphilosophie: >Bultmann, Rudolf; >Mensch
Fleischwerdung: >Inkarnation
Geist und Buchstabe: >Spirituelle Interpretation
Geistesgaben: >Heiliger Geist
Geistige Deutung: >Spirituelle Interpretation
Gesetz und Evangelium: >Erwählungslehre
Gottebenbildlichkeit: >Dialektische Theologie
Gotteslästerung: >Blasphemie
Gottheit Jesu Christi: >Inkarnation
Grab, leeres: >Auferstehung Jesu Christi
Harnack, Adolf von: >Liberale Theologie; >Apostolikumsstreit
Heilung: >Seelsorge
Historisch-Kritische Theologie: >Bibelkritik
Homiletik: >Predigtlehre
Humanwissenschaften: >Seelsorge
Huntemann, Georg: >Bonhoeffer, Dietrich
Hypostatische Union: >Inkarnation
Iwand, Hans Joachim: >Predigtlehre
Jüngel, Eberhard: >Mensch
Kerygma-Theologie: >Bultmann, Rudolf
Königsherrschaft Christi: >Barth, Karl
Kulturprotestantismus: >Barth, Karl; >Dialektische Theologie
Literalsinn: >Hermeneutik; >Spirituelle Interpretation
Litera spiritualis: >Dialektische Theologie; >Spirituelle Interpr.
Luther, Martin: >Bibel; >Mensch; >Spirituelle Interpretation u.a.
Melanchthon, Philipp: >Synergismus

Hinweise zum Gebrauch dieses Buches

Dieses Buch ist ein Auszug aus einem viel umfassenderen Werk mit dem Titel

HANDBUCH ORIENTIERUNG.

Religionen, Kirchen, Sekten, Weltanschauungen, Esoterik.

Dieses umfassende Werk mit inzwischen bereits mehreren hundert Artikeln findet sich bisher nur im Internet und wird ständig aktualisiert und erweitert. Es ist im Internet aufzurufen unter:

www.bible-only.org/german/handbuch

Eine gedruckte Veröffentlichung des HANDBUCHS ORIENTIERUNG in mehreren umfangreichen Teilbänden ist geplant und soll im Lauf der nächsten Jahre erscheinen, wenn Gott dazu die Zeit und Kraft schenkt. Vorerst erscheinen Taschenbücher.

Weil das hier vorliegende KLEINE THEOLOGIE-HANDBUCH ein gedruckter Auszug in Taschenbuchform aus dem umfassenderen HANDBUCH ORIENTIERUNG ist, finden sich nachfolgend zum Teil **Querverweise (>)** auf Artikel, die bisher nur im Internet unter der oben angegebenen Datei (oder in anderen Handbüchern dieser Reihe) zu finden sind. Man schlage im Bedarfsfall dort nach. Wir bitten für diese Regelung um Verständnis.

Ferner weisen wir darauf hin, dass wir in dem KLEINEN THEOLOGIE-HANDBUCH, das Sie nun in Händen halten, - trotz seiner Aufteilung in 2 Bände - keine umfassende Darstellung aller theologischen Fragen vorlegen können, sondern nur eine **exemplarische Darstellung und Analyse** einiger wichtigen theologischen Themen und Vertreter. Wer z.B. Stichworte zu den Themenbereichen Ekklesiologie, Eschatologie oder Ökumene sucht, wird in den speziell zu diesen Themen veröffentlichten Handbüchern fündig (Kleines Kirchen-Handbuch, Kleines Endzeit-Handbuch, Kleines Ökumene-Handbuch). Wir beten, dass Gott die hier vorliegende unvollständige und skizzenhafte Darstellung dennoch zur Orientierung und zum Segen gebrauchen möge.

Arbeitsgemeinschaft für Religiöse Fragen
i.A. Dr. Lothar Gassmann (www.L-Gassmann.de),
Sekten- und Weltanschauungsbeauftragter

Heiligung

1. Allgemein

Das Wort „Heiligung“ stammt von dem Wort heilig, das in der Bibel drei verschiedene Ursprünge hat: 1. Hebräisch qadosch, griechisch hagios, lateinisch sanctus, steht für „die Heiligen“, „für die, die Jesus gehören“. 2.: Hebräisch chasid, griechisch hosios, steht für „die Person, die Gottes Willen gemäß handelt“, 3. griechisch hieros, steht für „gottgehörend“. Daraus haben sich viele Wörter und Begriffe gebildet und abgeleitet, z.B. heilig, Heilige, Heiliger, Heilsbringer, Heilsbote, Heilsweg, Heilsträger, Heilsglaube, Heilsgefühle, heiligen, Heiligtum, Heilslehre. In erster Linie werden diese Wörter im kirchlichen und allgemein-religiösen Bereich benutzt. Hier und da tauchen die Begriffe aber auch im politischen, wirtschaftlichen und kulturellen Bereich auf.

2. Biblisch

Das Substantiv Heiligung findet sich nur im Neuen Testament. Es wird dort an mehreren Stellen genannt. Beispiele: 1.Kor. 1,30; 2.Kor. 7,1; 1.Thess. 4,3; 2.Thess. 4,7; 1.Tim. 2,15; Hebr. 12,14; 1.Petrus 1,2. Umschreibungen des Themas finden wir an sehr vielen Stellen des NT und auch im AT. Umschreibungen lauten dann z.B.: Heiligt euch, seid heilig, reinigt euch, absondern, tut den Unflat hinaus, lasst alle Unreinheit und vieles mehr. Heute spricht man, wenn man Heiligung meint, auch von „wahrer Jüngerschaft“, „echter Nachfolge“, „wirklichem Christsein“, „geistlichem Wachstum“ und ähnlichen Umschreibungen. Diese neueren Umschreibungen treffen oft nicht die biblische Wahrheit, was Heiligung bedeutet.

3. Was bedeutet Heiligung im Alten Testament?

Im AT zeigt uns Gott mit der Berufung Abrahams, wie er sich ein Volk erwählt, es absondert, es für sich als Eigentum auserwählt, es zum „HEILIGEN VOLK“ macht (5.

Mose 14,2; 3. Mose 20,26. Im AT war es sehr wichtig, alle Vorschriften und Gebote (Opfer und Reinigungsvorschriften) einzuhalten, damit der Zustand des „Heiligseins“ immer wieder neu zum Ausdruck kam. Immer wieder kamen Aufforderungen, wie sie in 3. Mose 20, 7f. beispielhaft nachzulesen sind.

4. Was bedeutet Heiligung im Neuen Testament?
Nach dem ersten Schritt der >Bekehrung und dem zweiten Schritt der >Wiedergeburt ist der dritte Schritt die Heiligung. Die drei Themen „Bekehrung“, „Wiedergeburt“ und „Heiligung“ gehören somit untrennbar zusammen. Aus der Sicht Gottes bin ich durch die Wiedergeburt bereits ein neuer Mensch; denn „Christus lebt in mir“, wie es Paulus in Gal. 2,20 formuliert. Aber ich als Mensch, der von Neuem geboren ist, muss mein altes Leben (ganz praktisch) ablegen und aufhören mit der Bosheit, dem Betrug, der Heuchelei, dem Neid und der bösen Gesinnung...., um mit 1. Petrus 2,1 zu sprechen. Heiligung gemäß dem NT bedeutet: Die Sünde *ablegen!* Heiligung gemäß NT bedeutet aber auch etwas Neues: *anziehen!* In Kol. 3 steht, was wir anziehen sollen: herzliches Erbarmen, Freundlichkeit, Demut, Sanftmut und Geduld.

5. Heiligung heute
A: Heiligung ist Gottes Wille
Die Bibel (z B. in 1.Thess. 4,4 oder Hebr. 12,14) sagt uns missverständlich, dass die Heiligung Gottes Wille ist. Gott möchte ein HEILIGES VOLK. Wir sind somit aufgerufen, *Heilige* zu sein!
B: Heiligung ist kein Wachstumsprozess
Heiligung ist eine klare und eindeutige Handlung, die vollzogen wird. Der Mensch legt sein altes Kleid ab (den alten Menschen) und zieht ein neues Kleid an (den neuen Menschen). In der „Heiligung“ kann der Christ nicht wachsen. In der Gnade, in der Erkenntnis oder in der

Liebe kann er wachsen, nicht aber in der Heiligung. Entweder habe ich das alte Kleid an oder aber das neue Kleid. Viele Christen verharren leider in Sünde, weil sie gelehrt wurden: Heiligung geschieht ein Leben lang. Doch Heiligung zieht sich nicht ein Leben lang hin. Die Bibel fordert uns heute, jetzt, sofort auf alles abzulegen! Wir sollen nicht Wochen, Monate oder gar Jahre warten, nein, jetzt und heute sollen wir alles ablegen und das neue Kleid anziehen. Das bedeutet nicht, dass wir sofort vollkommen sind und sündfrei leben. Aber das alte Kleid wurde ganz konkret und bewusst ausgezogen. Und das neue Kleid wurde ebenso ganz konkret und bewusst angezogen. Alles Weitere ist dann ein Wachsen in der Gnade, in der Erkenntnis und in der Liebe. Die Aussagen, die unter >Wiedergeburt zu lesen sind, gelten auch hier: Entweder bin ich im Licht oder ich bin in der Finsternis. Entweder bin ich geheiligt oder ich bin nicht geheiligt! Ein dazwischen kennt die Bibel nicht.

6. Der Begriff Heiligung in den verschiedenen Kirchen

Der Begriff Heiligung wird in den verschiedenen Kirchen, Freikirchen, Gemeinschaften und Gemeinden und insbesondere in den Sekten unterschiedlich gesehen und bewertet. Dies hat dann z.B. Auswirkungen für die Mitgliedsaufnahme, Taufpraxis und die Teilnahme am Abendmahl. In den jeweiligen Katechismen, Glaubensartikeln und Glaubensrichtlinien wird meist darauf eingegangen (s. z.B. Speners Katechismus-Erklärung, Ausgabe 1984, 237 ff). Zum Teil gibt es zwischen den Kirchen, aber auch innerhalb einiger Kirchen bei dieser Frage große theologische Auseinandersetzungen. So wird der Begriff teilweise einseitig und/oder überbetont dargestellt.

Ernst-Martin Borst

Hermeneutik

(griech. hermeneuo = dolmetschen) ist die Lehre vom Verstehen oder Auslegen, etwa in Bezug auf die Heilige Schrift. Theologische Irrlehren und >Sekten gedeihen aufgrund der Vernachlässigung und Missachtung grundlegender Auslegungsregeln, die nachfolgend kurz zusammengefasst sind:

Im Mittelalter bevorzugte man den vierfachen Schriftsinn: Literalsinn, allegorischer Sinn, anagogischer Sinn und moralischer oder mystischer Sinn. Demgegenüber gilt es festzuhalten am einfachen, wörtlichen Sinn - nach Luther: am einfachen und sicheren, buchstäblichen Wortsinn. Denn die Schrift hat nur einen wörtlichen bzw. Literalsinn (sensus literalis), der unterschiedlich angewendet werden kann. Es ist immer herauszufinden, was an der jeweiligen Stelle als Wortsinn zu verstehen ist. Dies ergibt sich vom Kontext (Wortzusammenhang) her. Der sensus literalis besitzt Vorrang vor allen anderen Deutungsmöglichkeiten. Wir sollten jedes Wort in seiner natürlichen Bedeutung stehen lassen und diese erst dann aufgeben, wenn der Kontext uns dazu zwingt. Die Heilige Schrift legt sich selber aus - von ihrem Gesamtzusammenhang und dem sich daraus ergebenden Wortsinn der einzelnen Bibelstellen her, ohne Hinzufügungen (z.B. "neue Prophezeiungen", Träume, Visionen u.ä.) oder Abstriche (z.B. durch >Bibelkritik).

Nun ist es natürlich nicht immer so einfach zu erkennen, was der Wortsinn ist. Aber es gibt gewisse Regeln dafür, etwa grammatikalische Kenntnisse, die man besitzen sollte. Hinzu kommen historische und zeitgeschichtliche Umweltkenntnisse, welche die Entstehungsgeschichte des Textes erhellen können. Wichtig ist vor allem die Beachtung des unmittelbaren und weiteren Kontextes. Der unmittelbare Kontext ist der Textzusammenhang, der dieser Stelle unmittelbar vorausgeht oder sie abschließt. Der weitere Kontext bezieht sich auf das vollständige konkrete biblische Buch, in dem die Stelle

steht, ja auf die Bibel insgesamt. Die Notwendigkeit des Glaubens, der Erleuchtung durch den Heiligen Geist (pneumatische Exegese) ist ebenso wichtig. Luther hat betont, dass die Heilige Schrift "Christus treibt", d.h. dass alles in ihr auf Christus hinzielen sollte. Man sollte sich allerdings vor der Gefahr hüten, Stellen – etwa im Alten Testament – in dieser Hinsicht überzuinterpretieren. Alle Irrtümer in der Theologie entstehen durch eine falsche Deutung der Heiligen Schrift, vor allem durch die Vernachlässigung der einfachen, klaren Schriftworte und durch die übertriebene Vorliebe für oft unklare bildliche Ausdrücke und höchst subjektive Hypothesen.
Wichtig ist eine Regel, die schon Thomas von Aquin aufgestellt hat: nämlich dass ein Bildwort eben gerade der Wortsinn sein kann, wenn der Kontext dies erfordert. Wenn also die Heilige Schrift davon spricht, dass Gott einen "Arm" hat und durch seinen Arm alles bewegt oder hält, dann ist dies ganz klar ein Bildwort vom Wortsinn her. Wenn man es aber in der Art wörtlich nähme, dass man sagte, Gott hätte einen Arm genau wie ein Mensch, dann wäre dies eine Fehlinterpretation. So ist z.B. die Bildsprache in Daniel, der Johannesoffenbarung usw. in Details als Bildsprache ernstzunehmen, aber die Gesamtbeschreibungen, in welche diese Bilder eingeordnet sind, entsprechen wirklichen historischen Abläufen. Hierzu einige Beispiele: Das Standbild in Daniel 2 und die vier Tiere in Daniel 7 sind Bilder, aber das, was sie ausdrücken, spielt sich wirklich in der Geschichte ab (nämlich die Abfolge weltgeschichtlicher Reiche). Oder: Die Kette in Offb 20,1f., an welche Satan angebunden wird, ist ein Bild aus dem irdischen Bereich, um zu verdeutlichen, dass Satan in dieser Zeit die Macht von Gott genommen wird. Aber auch wenn die "Kette" ein Bild ist, drückt sie doch eine Realität in der (künftigen) Geschichte aus: die Bindung Satans durch Gott. Bei den Bildern und Vergleichen in den Gerichtsvisionen der Johannesoffenbarung (z.B. "Heuschrecken, die aussehen wie

Rosse, die zum Krieg gerüstet sind ... sie hatten Panzer wie eiserne Panzer ..."; Offb 9,7.9) gibt es sicherlich einen gewissen Interpretationsspielraum (z.B. wirkliche Heuschrecken, Dämonen oder "Heuschrecken" als "Beschreibung moderner Panzer" oder als "Ideologien"), doch sollte man auch in solchen Fällen die Deutung bevorzugen, die der wörtlichen Aussage näher liegt (somit wäre die Deutung als "Ideologien" am unwahrscheinlichsten).
Die wörtliche Bedeutung ist eher in den historischen als in den poetischen Büchern der Schrift beizubehalten. Die wörtliche Deutung muss aufgegeben werden, wenn sie unpassend ist, d.h. wenn sie eine Unmöglichkeit in sich schließt und gegen die lehrmäßigen und moralischen Richtlinien der gesamten Heiligen Schrift verstößt. Schließlich besagt eine bereits von Augustin aufgestellte exegetische Grundregel, dass unklare Bibelstellen von den klaren Stellen her zu verstehen und auszulegen sind - und nicht umgekehrt. Wie viel Verwirrung ist in der Kirchen- und Sektengeschichte schon entstanden, weil diese einfache Regel nicht beachtet wurde und man aus geheimnisvollen Stellen großartige, aber falsche Lehrgebäude konstruiert hat!

Lit.: H. Stadelmann, Grundlinien eines biblischen Schriftverständnisses (div. Auflagen).
Lothar Gassmann

Herrmann, Wilhelm

(1846-1922) ist Lehrer sowohl von Rudolf >Bultmann als auch von Karl >Barth. Es ist derjenige Theologe, der angesichts der Kritik am historischen Jesus immer mehr den Weg in die Erlebnisinnerlichkeit gesucht hat. Er sagte, dass es unmöglich sei, die Spur der Erdentage eines Menschen, der die gewaltigste menschliche Wirkung ausgeübt hat, gänzlich verwischt zu sehen. In der Bibel wird davon berichtet und da werden die allgemeinsten Züge der einhelligen Überlieferung von ihm

erkennbar. Aber sie haben in sich selber keine maßgebliche Bedeutung. Nach Hermann (H.) (Der Verkehr des Christen mit Gott, 1886, S. 58 f.) wird der Theologe die Richtigkeit der überlieferten Einzelzüge daran erkennen, wieweit er diese als Elemente derjenigen Wirklichkeit ansehen kann, in der er selber lebt. Entscheidend ist also für H. die Wirklichkeit, in der wir selber leben, nur insoweit können wir etwas von Christus erkennen. H. spricht von "Hüllen der Überlieferung". Nach seiner Ansicht werden wir von dieser historischen Überlieferung frei, indem aus den "Hüllen der Überlieferung" das innere Leben Jesu uns berührend und überwältigend durchbricht. In diesem Erlebnis drängt sich uns die "geschichtliche Wirklichkeit Jesu" als etwas an uns gegenwärtig Wirksames auf.
Zu Lebzeiten H.s ist der "historische Jesus", d.h. seine Erkennbarkeit aufgrund von historischen Ereignissen, sehr kritisiert worden. Albert Schweitzer hat schließlich in seinem bekannten Werk "Geschichte der Leben-Jesu-Forschung" (1906/1913) das Scheitern der Leben-Jesu-Forschung behauptet: Das Bild des historischen Jesus sei nicht erhebbar, was aber nicht ausschließe, dass er existiert habe. H. nun trat bereits zuvor - angesichts der jahrzehntelangen Debatte über den "historischen Jesus" - den Weg in die Innerlichkeit an. Im Erlebnis, im gegenwärtigen Sein, in der Wirklichkeit, die sich uns jetzt entfaltet, etwa durch Erkenntnis des inneren Lebens Jesu werden wir laut H. davon angesprochen - und da brauchen wir uns jetzt nicht mehr unbedingt mit den historischen Aussagen zu beschäftigen. Diese geben uns nur ein allgemeines Bild. Ganz ablehnen kann H. die historischen Aussagen in der Bibel auch nicht, weil wir ja keine andere Quelle über das Leben Jesu besitzen. Aber das seien nur allgemeine Züge; wesentlich sei das innere Erleben, in dem jetzt die Gestalt Jesu an uns herantrete. Man kommt bei H. über Wahrscheinlichkeitsurteile nicht hinaus, was die Basis der Heiligen Schrift angeht. Chris-

tus ist für ihn wesentlich als erlebbare Wirklichkeit. Das "Christuserlebnis" ist ein zentraler Ausdruck bei ihm. Nicht Jesu Worte, Taten oder sein Schicksal gehören in das Evangelium, sondern das, was der heutige Mensch an ihnen erlebt. Die Konsequenz daraus ist, dass es darum geht, die Wirkungsmächtigkeit des Wortes anzuerkennen und dann die Gegenwarts- und Erlebniserfahrung zu machen.
F. Hohmeier weist in seiner Dissertation "Das Schriftverständnis in der Theologie Rudolf Bultmanns" (1964) nach, dass diese Sicht H.s mit der Erkenntnistheorie Hermann Lotzes zusammenhängt. Hohmeier führt - an Albrecht Ritschl anknüpfend - aus, dass es in der Geschichte (neben vielen anderen) drei grundlegende, wesentliche Erkenntnistheorien gibt: Die erste Erkenntnistheorie stammt von Plato, die zweite von Kant und die dritte von Lotze. Plato ging davon aus - und seine Ansicht hat sich in der Scholastik fortgesetzt - dass hinter den veränderlichen Kennzeichen der Dinge, hinter den Phänomenen, eine unveränderliche Uridee steht, ohne die das Phänomen weder sein noch erkannt werden könnte. In ähnlicher Weise hat Goethe das Prinzip der Urpflanze postuliert: die Vorstellung, dass hinter den sichtbaren einzelnen individuellen Pflanzen ein unsichtbares Urprinzip, eine Urpflanze stehe, die nun die Grundquelle der einzelnen Pflanzen, Formen und Entfaltungen sei. Für dieses monistische Erkenntnismodell ist nur ein einheitliches Urprinzip vorhanden. Die veränderlichen Kennzeichen sind nur Ausdrucksformen des Dinges selbst. Diese Theorie ist aber unhaltbar, meint etwa der Kantianer Albrecht Ritschl, der Lehrer wiederum von H., denn ein ruhendes Ding kann uns nicht in seinen uns erscheinenden Merkmalen affizieren (berühren). Das bedeutet, dass dieses Ding eben nicht, wenn es wirklich in sich ruht, sich in den Merkmalen entfalten könne.
Das zweite Erkenntnismodell nun ist die Auffassung von Immanuel Kant, nämlich dass sich die Verstandeser-

kenntnis nur auf die Erscheinungen, auf die Phänomene beschränkt, während das ihnen zugrunde liegende Ding an sich für uns unerkennbar ist. Deshalb gibt es Grenzen der Erkenntnis für Kant. In seiner "Kritik der reinen Vernunft" wollte er das Wissen aufheben, um für den Glauben Platz zu bekommen. Er schrieb: "Das höchste Wesen bleibt also für den bloß spekulativen Gebrauch der Vernunft ein bloßes, aber doch fehlerfreies Ideal, ein Begriff, welcher die ganze menschliche Erkenntnis schließt und krönet, dessen objektive Realität auf diesem Wege zwar nicht bewiesen, aber auch nicht widerlegt werden kann." Kant sah einen gewissen Dualismus zwischen dem Erkennbaren (das, was wir wissen können) und der Glaubenssphäre (das, was über das Erkennbare hinausgeht). Der einzige >Gottesbeweis, der für ihn blieb, etwa gegenüber Gottesbeweisen bei Thomas von Aquin, ist der moralische, also die Annahme, dass wir Gott als den Tugendgeber erkennen können, was Kant aus dem Sittengesetz folgert. Das Ding an sich ist aber unerkennbar. Nur die Phänomene können wahrgenommen werden. Aber auch das ist unzureichend, weil das Ding an sich ja eben verborgen bleibt. – Und nun ging Lotze einen Schritt weiter. Er behauptete, dass wir "in den Erscheinungen, welche in einem begrenzten Raume sich in begrenztem Umfang und bestimmter Ordnung verändern, das Ding als die Ursache seiner auf uns wirkenden Merkmale, als den Zweck, dem dieselben als Mittel dienen, als das Gesetz ihrer constanten Veränderungen" erkennen. Lotze wollte im Unterschied zu Kant sagen, dass wir das Ding an sich doch erkennen können, und zwar als die Ursache seiner auf uns wirkenden Merkmale.

Wichtig sind hier die Begriffe "wirkend" und "Merkmal". "Wirkend", das ist der aktualistische Ansatzpunkt in der Wirkung, in dem das Ding an sich etwas bewirkt, sprich: Wir erkennen Gott nur, indem er an uns handelt. Wir erkennen Gott nur, indem er an uns wirkt. Die Merkmale sind dann die Phänomene. Es gibt Ontologie (Lehre vom Sein) nur als Phänomenologie (Lehre von den Erscheinungen). Wir können das Sein nur über die Phänomene des Seins oder des ursprünglichen Dings an sich in seinen Wirkungen wahrnehmen und erkennen. Und diese Wirkungen übt das Ding an sich, sprich "Gott", am Menschen aus. Deshalb wird "Gott nur im Menschen erkannt", ein bekannter Ausspruch des Herrmann-Schülers Rudolf >Bultmann. Dieser aktualistische Gottesbegriff findet sich bei Lotze, bei H. und auch bei B.: Gottes Sein und Wirken sind eins. Außerhalb des Wirkens Gottes kann von seinem Sein nicht geredet werden. Hinter diesem Ansatz steht ein aktualistischer Gottesbegriff. H. formuliert es so in seinem Buch "Die Wirklichkeit Gottes" (Seite 42): "Von Gott können wir nur sagen, was er an uns tut."

Das ist nur teilweise richtig. Das Wort "nur" würde ich einklammern. "Von Gott können wir sagen, was er an uns tut, aber auch, was er an sich tut", ist hingegen zutreffend. Was er an der Welt tut, was er durch seine Schöpfung und Erlösung getan hat und was er in der Weltvollendung tun wird, sicherlich für den Menschen, aber nicht nur am Menschen. Dies ergibt sich aus dem Gesamtkontext der Heiligen Schrift in fast jedem Kapitel. Es ist natürlich ein richtiger Gedanke dabei, denn Gott ist an sich unzugänglich, wenn er sich nicht offenbart. Nur, die Frage ist: Wo und wie offenbart sich Gott? Offenbart er sich nur in unserer Existenz - oder offenbart er sich auch durch Wunder, durch Engel, durch Himmelfahrt, durch Höllenfahrt, durch die Auferstehung Jesu usw.? Ist die Offenbarung beschränkt auf die Existenzerfahrungen des Menschen oder gibt es auch transzendente Einbrüche in diese Welt, die eben doch nicht kausalmechanistisch und deterministisch geschlossen ist?

S. hierzu ausführlicher: >Bultmann, Rudolf; >Barth, Karl.
Lit.: W. Herrmann, Der Verkehr des Christen mit Gott, 3. Aufl. 1896; Die Wirklichkeit Gottes, 1914. – Kritisch: F. Hohmeier, Das Schriftverständnis in der Theologie Rudolf Bultmanns, 1964.
Lothar Gassmann

Historismus

1. Begriff

Historismus (H.; lat. historia „Geschichte") ist ein vielschichtiger Begriff, der mitunter gegensätzliche Bedeutung haben konnte und bis heute hat, der auch Verwendung fand, um das jeweils eigene philosophische oder theologische Geschichtsverständnis von anderem, dann als H. bezeichnetem, abzugrenzen. So war der Begriff vor allem in kritischer Verwendung wirksam, auch wenn er in seltenen Fällen positiv verwendet wurde, etwa in der Mitte des 19. Jahrhunderts, als mit diesem Begriff im Anschluss an Hegel (1770-1831) eine Philosophie bezeichnet wurde, die die Weltgeschichte als Realisierung des Absoluten versteht. Trotz seines schillernden Inhalts verbinden sich mit H. einige charakteristische und kritische Anfragen. Er betreibe eine Geschichtsforschung, die keinen Bezug zur Gegenwart habe und nur um ihrer selbst willen betrieben werde. Er sehe von einer Beurteilung, Verallgemeinerung und philosophischen Reflexion ab, da er sich mit einer einfachen Feststellung der Tatsachen zufrieden gebe. Er betrachte alles als geschichtliche Entwicklung, handle es sich nun um Staat, Recht, Moral, Religion und Kunst. Damit ist alles geschichtlich geworden, veränderlich, im ständigen Wechsel und Fluss und relativ. Unabänderliche, ewige Wahrheiten sind dem H. deshalb fremd.

2. *Vorkommen*

a. Erste Vorkommen im 19. Jahrhundert

Vereinzelt kam der Begriff bei Novalis (1772-1801, eigentlich Friedrich von Hardenberg, Dichter der frühen Romantik) vor. Eine Häufung taucht ab der Mitte des 19. Jahrhunderts auf. Dahinter steht ein Wandel in der Auffassung der Welt und damit der Geschichte, an deren Beginn allem Anschein nach Johann Gottfried Herder (1744-1803) steht. Die Welt wird als Geschichte begriffen, die es aufzuhellen gilt. Soll etwas verstanden werden, so bedeutet dies, sein Gewordensein zu verstehen. Deshalb wurde bei allen Erscheinungen deren Entwicklung zu erforschen gesucht. Dabei wurde davon ausgegangen, dass in den historischen Abläufen und Gestalten eine Sinnhaftigkeit walte, wobei der Historiker durch rationalistische Maßnahmen in der Lage sei, diese objektiv aufzuzeigen. Beim Recht wurde die Vorstellung des Naturrechts ersetzt durch die Vorstellung, das Recht sei jeweils mit den einzelnen Völkern gewachsen. In der Geschichtswissenschaft wurde der Begriff H. zuerst von C. Prantl (1852) und R. Haym (1857) verwendet, die darunter eine empirische Geschichtserkenntnis im Gegensatz zur spekulativen Geschichtsbetrachtung nach Hegel verstanden. Gedanken Hegels haben jedoch auf die Theologie eingewirkt, indem die Weltgeschichte als fortschreitende Objektivierung des Geistes betrachtet wurde (Geschichtspantheismus). Folge dessen war die Ersetzung der Dogmatik durch Geschichtswissenschaft.

b. Um 1900

In der Zeit zwischen 1880 und 1914 gab es eine Diskussion um H. in Nationalökonomie, Rechtswissenschaft und Geschichtswissenschaft, aber auch in Philosophie und Theologie. Für Martin Kähler (1835-1912) bedeutete der H. einen verfehlten Versuch, das von modernen Historikern ermittelte Bild an die Stelle des biblischen Christus zu setzen. Kähler wandte sich damit gegen die von Exegeten um 1900 betriebene Leben-Jesu-Forschung. Die Schwächen des H. hat auch Ernst Troeltsch (1865-1923) erkannt. Ihm war deutlich, dass dessen Grundproblem sein Werterelativismus und seine handlungshemmende Wirkung war. Weil es ihm um die Erforschung der Vergangenheit allein um deren Erforschung willen ging und die Beziehung zur Gegenwart ausblieb, blieb er für die Gegenwart unproduktiv. Ethischer >Relativismus ist nach Troeltsch grundsätzlich mit dem modernen historischen Denken verbunden. Für Troeltsch ist H. ganz allgemein die „grundsätzliche Historisierung alles unseres Denkens über den Menschen, seine Kultur und seine Werke" (Historismus, S. 102). Deshalb hat Troeltsch versucht, einen H. zu entwerfen, auf den der Relativismus nicht zutrifft. Max Weber (1864-1920) wollte Tatsachenerkenntnis und Werterkenntnis, Wissenschaft und Glaube trennen. Nach Weber hätte es die Wissenschaft nur mit Tatsachen zu tun. Ethische Normen zu bilden sei ausschließlich Sache des Glaubens und eine subjektive Wertentscheidung. Doch führt Webers Trennung von Glaube und Wissen nicht weiter. Denn wenn der Glaube nur als objektiv nicht zu begründende persönliche Wertentscheidung verstanden wird, kann er von willkürlicher Entscheidung nicht unterschieden werden. Die von Troeltsch und Weber aufgebrachten wissenschaftstheoretischen Fragen fanden in der Folgezeit nur teilweise eine Fortsetzung.

c. Späte Verwendung

Nach Troeltsch und im Anschluss an ihn gab es Versuche, den Begriff im neutralen und positiven Sinn zu verwenden. Friedrich Meinecke (1862-1954) konnte mit H. das seit der Aufklärung entwickelte Geschichtsdenken generell bezeichnen. Ist die Verwendung des Begriffs H. in einem neutralen Sinne auch in der neueren Theologie anzutreffen, etwa in der „Systematischen Theologie" (Systematic Theology) von G. D. Kaufman (1968), so wurde der H. wie in der Philosophie auch in der Theologie kritisch betrachtet. Paul >Tillich (1886-1965) sah im H. eine „unverantwortliche Stellung zur Geschichte" und setzte dem das Modell einer „prophetischen Zeitdeutung" entgegen. Dazu hin gab es seit 1968 unter Aufnahme der Gedanken Max Webers ein gesellschaftswissenschaftliches Konzept von „Historischer Sozialwissenschaft" oder „Gesellschaftsgeschichte", das sich „jenseits des Historismus" ansiedelt. Alle Versuche, den Begriff H. positiv zu deuten, konnten dessen polemischen Sinn nicht beseitigen. In „Sein und Zeit" betrachtet Martin >Heidegger (1889-1976) das Dasein des Menschen grundsätzlich als geschichtlich. Durch die philosophische Arbeit von Martin Heidegger und Hans Georg Gadamer ist das Problem des H. selbst ein Stück weit zu einem historischen Problem geworden, so dass er mehr als Erscheinung der Vergangenheit interessiert. Karl R. Popper verwendet den Ausdruck H, den auch schon Friedrich Nietzsche und Edmund Husserl benutzten, um geschichtliche Entwicklungen aufzuzeigen. Popper verwendet ihn vor allem gegen den Marxismus (>Kommunismus).

3. Bewertung

H. kann, da er keine bleibenden Wahrheiten kennt, vom christlichen Glauben aus keine generelle Anerkennung erfahren, unbeschadet der sicher zutreffenden Einzelbeobachtungen, die er liefert und die zu gebrauchen sind. Zwar ereignet sich nach biblischem Verständnis Offenbarung in geschichtlichen Ereignissen, wobei aber nicht das historische Faktum an sich Offenbarung ist, sondern nur wenn es vom Wort Gottes als solche qualifiziert wird. In diesem Zusammenhang ist die Unterscheidung von Heils- und Profangeschichte nicht allein sinnvoll, sondern nötig. Die Wahrheit des Evangeliums lässt sich nicht einfach aus der Geschichte und aus Vernunftwahrheiten ablesen.

Denn Gottes Offenbarung hat es nicht mit zeitlosen Vernunftwahrheiten zu tun, besitzt aber doch als Offenbarung in der Geschichte unaufhebbare Geltung, da sich Gott in ihnen zu erkennen gibt. Ethischer Beliebigkeit, welche der H. begünstigt, steht christlicher Glaube entschieden entgegen. Für christliche Ethik ist ethischer Relativismus ausgeschlossen. Christlicher Glaube sieht den Sinn der Weltgeschichte nicht in dieser an sich, so dass er nicht durch historische Arbeit zu ermitteln ist; vielmehr richtet sich christlicher Glaube auf das Reich Gottes, das als Ende der Weltgeschichte, aber auch als Vollendung eintreten wird. Damit stimmt christlicher Glaube auch nicht der Auffassung zu, dass die Weltgeschichte schon das Weltgericht sei (gegen Hegel, Schiller).

Lit.: O. Cullmann, Heil als Geschichte, 1965; H. G. Gadamer, Wahrheit und Methode, 1960; H. Hempelmann, Heilsgeschichte am Ende?, in: Epochen der Heilsgeschichte, hg. v. H. Stadelmann, 1984; G. D. Kaufman, Systematic Theology. A Historicist Perspective, 1968; F. Meinecke, Die Entstehung des Historismus, 1936; K. R. Popper, The Poverty of Historicism, 1957 (dt. 1965); P. Tillich, Der Widerstreit von Raum und Zeit. Schriften zur Geschichtsphilosophie (GW Bd. VI), 1963; E. Troeltsch, Der Historismus und seine Probleme, 1922; ders., Die Krisis des Historismus, Die Neue Rundschau 33 / 1922, S. 572 ff.

Walter Rominger

Inkarnation

1. Religionswissenschaftlich

Inkarnation (lat.) (I.) ist ein theologischer Begriff, der jedoch in die Religionswissenschaft übernommen wurde. Bezeichnet der Begriff I. im christlichen Sprachgebrauch Fleischwerdung, Menschwerdung Christi (Joh 1,14), so in seiner religionswissenschaftlichen Ausweitung das Eingehen eines göttlichen Wesens in einen menschlichen Körper, das auf der Erde lebt. Teilweise wird auch der Religionsstifter als I. betrachtet. Abgrenzungsschwierigkeiten bestehen gegenüber den Begriffen "Manifestation" und "Epiphanie", weshalb die Verwendung des Begriffes I. in der Religionswissenschaft umstritten ist. Weiter kann religionswissenschaftlich zwischen einer kontinuierlichen I. und einer diskontinuierlichen I. unterscheiden werden, wobei die erste Form eine I. in einer Institution oder Dynastie bedeutet, die zweite jedoch eine I. in einzelnen Individuen. Ein Beispiel für kontinuierliche I. aus längst vergangener Zeit sind die altägyptischen Pharaonen, die als I. des Königsgottes Hores angesehen wurden. Im tibetanischen >Buddhismus ist die Vorstellung einer kontinuierlichen I. bis heute von entscheidender Bedeutung. So gilt der >Dalai Lama als I. des Bodhisattva Avaloktes´vara, des höchsten Bodhisattva, welcher nach buddhistischer Auffassung kurz vor dem Erreichen der Buddhaschaft steht, aber noch auf der Erde bleibt, bis alle Wesen erlöst sind; erst dann wird er ins Nirwana eingehen. Außer im Buddhismus hat die Vorstellung der I. auch Bedeutung im >Hinduismus. In dessen vishnuitischer Richtung herrscht die Vorstellung einer diskontinuierlichen I., wonach Vishnu bei der Strömung der Weltordnung in die Welt herabsteigt (Avatara). Zu erinnern ist auch an die Seelenwanderungslehre, womit die >Reinkarnation (Wiederverkörperung) in einer anderen Gestalt gemeint ist. Mit all diesen I.s-Vorstellungen hat die im Neuen Testament bezeugte I. Jesu Christi nichts zu tun, sondern ist unvergleichlich und das genaue Gegenteil dessen.

2. Im Neuen Testament

2.1. Der Begriff Fleisch in der Bibel: Der für die I. Christi wichtige Satz. "Das Wort ward Fleisch" (Joh 1,14) lässt nach der Bedeutung des Begriffes "Fleisch" in der Bibel fragen und dann danach, was es heißt, dass das ewige Wort (Logos) in Jesus "Fleisch" annahm. Kommen auch das Substantiv I. und das Adjektiv „inkarniert“, die vom lateinischen "in carne" (=im Fleisch) abgeleitet sind, in der Bibel nicht vor, so doch deren griechische Entsprechung "en sarki" (=im Fleisch), z. B. Eph 2,15; Kol 1,22; 1. Tim 3,16; 1. Joh 4,2; 2. Joh 7.

Die ursprüngliche Bedeutung von "Fleisch" in der Bibel ist eine physiologische. Im biblischen Denken werden Körperorgane mit seelischen Funktionen in Zusammenhang gebracht, so dass der Ausdruck "Fleisch" im Alten Testament sowohl die psychologische wie auch die physische Seite des Menschen meint, sich aber keineswegs darin erschöpft. Vielmehr bringt der Ausdruck "Fleisch" auch ein Abhängigkeitsverhältnis zum Ausdruck. Es bezeichnet Leben, das von Gott kommt, von ihm erschaffen ist und abhängig bleibt (z. B. "Nimmst du weg ihren Odem, so vergehen sie. Du sendest aus deinen Odem, so werden sie geschaffen", Ps 104,29). Das "Fleisch", Gattungsbegriff für Mensch und Tier, hat nur eine recht kurz bemessene Lebenszeit auf Erden. Damit bezeichnet "Fleisch" Vergängliches und steht im Gegensatz zu Geist, der ewig ist, der nicht allein von Gott kommt, sondern Gott ist (Jes 31,3; 40,6-31; 2. Kor 3,17). Wenn es von Jesus heißt, das Wort (Logos) sei Fleisch geworden (Joh 1,14) und er sei "offenbart im Fleisch" (1. Tim 3,16), so heißt das, er ist gekommen und gestorben unter den Bedingungen des erschaffenen, körperlichen und seelischen Lebens; d. h. als Mensch ist er auf diese Erde gekommen und als solcher gestorben. Der Eingang des Präexistenten in die Welt war die eines Menschen, aber doch darin unterschieden, dass er auf übernatürliche Weise in diese Welt einging (>Jungfrauengeburt). Aber er war in Ewigkeit Gott. Und dadurch, dass er sich "in unser armes Fleisch und Blut verkleidet[e]" (Martin Luther, EKG 15,2; EG 23,2), gab er sein Gottsein nicht auf.

2.2. Jesu Gottheit ist im Neuen Testament bezeugt: Ist das Zeugnis von der Gottheit Jesu auch eher selten im Neuen Testament ausdrücklich angeführt (z. B. Joh 20,28: Thomas antwortete und sprach zu ihm: Mein Herr und mein Gott!), aber eben doch angeführt, auch wenn die ausdrückliche Erwähnung eher die Ausnahme bleibt, so gehörte sie dennoch zu dem Glauben, in welchem die ersten Christen lebten und beteten. Wurde der Glaube an die I. auch erst später formuliert, so existierte er, wenn auch noch unreflektiert, in der Kirche von Anfang an. Bereits für die frühe Kirche war Jesus der, in welchem sich Gott inkarniert hatte, in welchem Gott Fleisch geworden war. Die von Matthäus (1,18-2,23) und Lukas (1,5-2,52) berichteten "Geburts"- (Jungfrauengeburt) und "Kindheitsgeschichten" Jesu bringen den Ursprung Jesu aus Gott zum Ausdruck. Freilich, sie betrachten seine Inkarnation nicht isoliert, sondern in Verbindung mit Jesu Kreuz und Auferstehung.

2.3. Durch die Inkarnation hört die Gottheit Jesu nicht auf: wahrer Mensch und wahrer Gott: Jesu I. ist ein im Neuen Testament viel beachtetes Thema, besonders von Paulus, Johannes und dem Verfasser des Hebräerbriefes. Dabei lassen sie das Persongeheimnis Jesu bewusst stehen und wollen es nicht auflösen, sondern wollen den göttlichen Erlöser verherrlichen, indem sie die Bedeutung seines Werkes im Heilsplan Gottes zur Sprache bringen. Sie verkündigen die I. als Tatsache, die zur Erlösung der Sünder ihre Bedeutung hat und in den allumfassenden Plan Gottes zur Erlösung gehört (Joh 1,18; Röm 8,3; Phil 2,6-11; Kol 1,13-22; 1. Joh 1,1-2,2; Hebr 1; 2; 4,14-5,10; 7,1-10,18). Für die neutestamentlichen Verfasser ist der Zweck der I. ein soteriologischer, was auch an den Geburtsgeschichten Jesu deutlich wird (Mt 1,21 ff.; Lk 1,26 ff: 2,10 f.; 2,29-32). Die Verfasser des Neuen Testaments wissen darum, dass sowohl die Gottheit als auch die Menschheit Jesu für das Werk der Erlösung wichtig sind. Deshalb wird bereits im Neuen Testament die Leugnung der zwei Naturen Jesu abgewiesen. Selbst wenn die >Zweinaturenlehre noch nicht genau ausformuliert ist, so handelt es sich nicht um ein späteres Produkt der kirchlichen Lehrentwicklung, sondern um die Präzisierung dessen, was im Neuen Testament bereits enthalten ist. Bereits in neutestamentlicher Zeit wird die Leugnung der zwei Naturen in einer doketischen Christologie erkannt, die verneint, dass Christus "Fleisch" geworden ist (1. Joh 4,2 f.) und seinen Tod verneint ("Blut", 1. Joh 5,6) (>Doketismus). Nach dem 1. und 2. Johannesbrief ist diese Irrlehre antichristlich und bedeutet eine Verleugnung von Gott dem Vater und dem Sohn (1. Joh 2,22-25; 4,1-6; 5,5-12; 2. Joh 7.9-11). Grundlegendes neutestamentliches Verständnis besagt: Jesus ist Gottes Sohn. So entspricht dies Jesu Selbstverständnis. Auf die Frage des Hohenpriesters vor seiner Passion antwortet Jesus mit dem Anspruch persönlicher Göttlichkeit. Die Sohnschaft, die er u. a. auch durch die Ich-bin-Worte beanspruchte, will aussagen: In seiner Person ist Gott da. Das präexistente ewige Wort (Logos) Gottes wird bei Johannes mit Gottes persongewordenem Sohn Jesus Christus identifiziert (Joh 1,1-18; 1. Joh 1,1-3; Offb 19,13). Für Paulus ist der Sohn sowohl vor (Kol 1,15) als auch nach der I. "Ebenbild Gottes" (2. Kor 4,4). Vor seiner I. war Jesus "in göttlicher Gestalt" (Phil 2,6). Nach dem Hebräerbrief ist Jesus "der Abglanz seiner [Gottes] Herrlichkeit und das Ebenbild seines Wesens" (1,3) und demnach göttlich und, wie es später das Konzil von Nizäa (321 n. Chr.) ausgedrückt hat, "eines Wesens mit dem Vater". Der Sohn verkörpert den Vater in allem; es gibt nichts, was der Vater hätte und der Sohn nicht. Dass Jesus ganz Gott ist, geht auch daraus hervor, dass Paulus Weissagungen des Alten Testaments, die Jahwe betreffen, auf Jesus beziehen kann und dadurch anzeigt, dass sie in ihm in Erfüllung gegangen sind (Röm 10,13 = Zitat aus Joel 3,5; Phil 2,10, das sich auf Jes 45,23 bezieht). Dasselbe gilt auch für den Hebräerbrief (Hebr 1,8 zitiert Ps 45,7.8). Damit halten sowohl Paulus als auch der (anonyme) Verfasser des Hebräerbriefes Jesus für göttlich. Im Neuen Testament wird Jesus als Herr bezeichnet.

Diese Bezeichnung wurde im Hellenismus den Göttern gegeben (1. Kor 8,5). Die Septuaginta benutzt ihn zur Umschreibung des Gottesnamens. Dies bedeutet, dass Jesus Göttlichkeit zugeschrieben wird. Als Jesus auf die Erde kam, "das Wort (Logos) Fleisch wurde", hörte seine Göttlichkeit nicht auf und wurde diese nicht geringer. I. heißt nicht, dass er nicht mehr seine göttlichen Aufgaben wahrgenommen hätte. Die Funktionen, die Schöpfung zu erhalten, Leben zu geben und zu bewahren (Joh 1,4; Kol 1,17; Hebr 1,3) behielt er auch während der Zeit seines irdischen Daseins bei. Durch die I. wurde die Göttlichkeit Jesu nicht verringert und wurden seine göttlichen Kräfte nicht geschmälert (gegen "Kenosis"-Theologie). Er entäußerte sich seiner sichtbaren Herrlichkeit (Phil 2,7; Joh 17,5) und wurde arm (2. Kor 8,9). Er nahm einen menschlichen Leib an, führte ein menschliches Seelenleben und machte menschliche Leibeserfahrungen. Sein Menschsein war vollständig (1. Tim 2,5; Gal 4,4: Hebr 2,14.17) und es ist ewig. Für ihn gilt: "Wahr' Mensch und wahrer Gott" (Friedrich Layriz, EKG 23,3; EG 30,3). Die I. ändert die Beziehung des Vaters zum Sohn und umgekehrt nicht. Ihre Gemeinschaft bleibt ungetrübt. Der Sohn vollbringt den Willen des Vaters. Durch die I. wird das Wesen des Sohnes nicht verändert. Sein Leben bleibt ohne Sünde (Joh 8,46: 2. Kor 5,21; 1. Petr 2,22; 1. Joh 2,1 f.; Hebr 4,15). Unter der Macht der Erbsünde steht er nicht, wie sollte er sonst sündlos bleiben, und er stirbt nicht für eigene (Hebr 7,26), sondern stellvertretend für fremde Sünden (2. Kor 5,21; Gal 3,13; 1. Petr 3,18). Sündlos konnte er bleiben, weil er auch nach der I. Gott der Sohn ist (Joh 5,19.30); nur als Sündloser konnte er für die Sünden anderer sterben. Er war von der Sünde versucht und musste dies, weil er Mensch war, bekämpfen; doch weil er Gott war, konnte er ihr nicht unterliegen (Mt 4,1 ff. parr). Als selbst Versuchter, der jedoch der Sünde nicht unterlag, "kann er helfen denen, die versucht werden" (Hebr 2,18; 4,14-16; 5,2.7-10).

3. Theologiegeschichtlich

3.1. Altkirchlich: Die neutestamentliche Lehre von der I. Christi, welche Natur und Bedeutung Christi mehr bekennt als beschreibt, wurde das zentrale Dogma der Christologie. Es besagt: im Menschen Jesus von Nazareth wurde Gott Mensch. Abschließend festgelegt wurde dies auf dem Konzil von Chalcedon (451 n. Chr.), das zum Ausdruck brachte: Christus, der das ewige Wort (Logos) Gottes ist, hat in der hypostatischen Union die menschliche Natur in ihrem ganzen Umfang angenommen (Christus ist wahrer Gott und wahrer Mensch, Denzinger / Schönmetzer Nr. 301-303). Bis es jedoch zu dieser abschließenden Bestimmung in der Mitte des 5. Jahrhunderts kam, war gedanklich ein langer theologischer Weg zurückzulegen und manches Missverständnis auszuräumen. Bereits für die ersten Christen ist Jesus von ganz eigener Identität, eben unvergleichlich. Er ist kein Engel (Hebr 1,1 ff.) und kein wiedererstandener Patriarch, aber ganz Mensch. Das Wort (Logos), das er verkörpert, ist im Gegensatz zu gnostischem Denken kein unpersönliches und allgemeines Prinzip. Unter den Kirchenvätern hat um 200 n. Chr. Tertullian ein Buch über die I. geschrieben (De carne Christi). Ebenfalls bereits im 2. Jahrhundert vertrat Irenäus von Lyon die Lehre, Jesus habe die Macht Gottes, wäre durch nichts begrenzt, doch wirke er in dieser Welt. Maßgeblich bei der Lehrentwicklung wurden Athanasius von Alexandrien (296-373 n. Chr., "De incarnatione") und die ihm folgenden alexandrinischen Theologen. Die drei genannten und andere altkirchliche Theologen vertraten eine "Christologie von oben", die die übliche wurde, was besagt, im historischen Menschen Jesus von Nazareth ist der ewige Sohn Gottes Mensch, "Fleisch" geworden. Dabei ist der Ausdruck "Fleisch" als Bezeichnung für den gesamten Menschen, also für Leib und Seele zu verstehen. Gegen die Ansicht des Origenes, der bei Jesus eine präexistente Seele annahm, und gegen Paulus von Samosata (+ nach 272 n. Chr.), der lehrte, das Wort (Logos) sei einem vollkommenen und besonderen menschlichen Individuum eingegeben, neigten andere dazu, Jesus habe keine menschliche Seele, sondern an ihre Stelle sei das Wort (Logos) getreten. Arius (280-336 n. Chr.) meinte, das Wort (Logos) sei nicht göttlich gewesen. Dagegen entschied das Konzil von Nizäa (321 n. Chr.), das die Göttlichkeit des Wortes (Logos) bejahte, so dass damit einerseits das Wort nicht mehr Teil eines menschlichen Wesens wurde, andererseits aber auch die volle Menschheit Jesu gewahrt blieb. Apollinaris von Laodicea (310-390 n. Chr.) war Schüler des Athanasius und interpretierte "Fleisch" in einem engeren Sinne. Der Sohn Gottes habe nur menschliches Fleisch, aber keine menschliche Seele angenommen, das Wort (Logos) sei an die Stelle des Nous (Sinn, Verstand, Vernunft) getreten. Damit bestritt Apollinaris, dass Jesus wahrer Mensch war. Das zweite Ökumenische Konzil (Konstantinopel I, 381 n. Chr.) verwarf seine Lehre als Häresie. Während die antiochenischen Theologen auf einer scharfen Trennung zwischen dem leidensfähigen Menschen Jesus und dem unwandelbaren Wort (Logos) bestanden, beschuldigten die alexandrinischen Theologen ihre Gegner, sie lehrten zwei "Christusse". Cyrill von Alexandrien (vor 400-444 n. Chr.) vertrat die hypostatische Einheit von Wort (Logos) und Mensch, die auf einzigartige Weise miteinander verbunden sind. Diese Sicht wurde für das vierte Ökumenische Konzil in Chalcedon 451 n. Chr. maßgeblich, welches das I.s-Dogma endgültig formulierte. Die Entscheidung dieses Konzils besagte, die einzige göttliche Person (Hypostase) des Gottessohnes ist unter zwei Naturen, einer göttlichen und einer menschlichen offenbart worden.

Die menschliche Natur ist vollkommen. Christus war nach Leib und Seele ein vollkommener Mensch. Die Menschheit ist mit der Gottheit auf ewig vereinigt, da der Auferstandene ein Mensch bleibt. Jesus konnte auch göttliche Wunder nach seiner Menschheit tun, da er die Eigenschaften der göttlichen und menschlichen Natur austauschen konnte (Lehre von der communicatio idiomatum). Er konnte seine Gottheit benutzen, ohne seine Menschheit aufzugeben. Durch die göttliche Macht wurde die Menschheit Jesu nicht verwandelt. Die Menschheit Jesu ist weiterhin sterblich geblieben, so dass am Kreuz der ewige, präexistente Sohn seiner menschlichen Natur nach gestorben ist und diese Natur auferstanden und in den Himmel aufgefahren ist. Es ist der umgestaltete Mensch Jesus Christus, der jetzt "zur Rechten Gottes sitzt".

3.2. Mittelalter und Reformation: Die Folgezeit erbrachte eine Verfeinerung des 451 n. Chr. in Chalcedon erlassenen Dogmas (>Chalcedonense). Die hypostatische Union war weiterhin das Mittel, um die volle Menschheit und Gottheit Christi durch eine Logoschristologie sicherzustellen. Für Anselm von Canterbury (1033-1109) gewann die I. Christi große Bedeutung. In „Cur Deus Homo" behandelt er die Frage, weshalb der Gottessohn Mensch werden musste. Er musste dies, um die Sünden der Menschen zu beseitigen. Durch die Erbsünde wurde das ewige Leben verloren. Nur der sündlose Gott hat die Macht, den Menschen zu rechtfertigen. Diese Schuld konnte nur Gott bezahlen - und deshalb ist er durch den Sohn Mensch geworden. In der römisch-katholischen Theologie ist die I. Christi zudem durch die Vorstellung, die Kirche sei der "geheimnisvolle Leib Christi", eng mit der Ekklesiologie und der Sakramentslehre verbunden.
Am bereits altkirchlichen I.s-Domga hielten die Reformatoren fest, obschon sie die römisch-katholische Messlehre verwarfen und von dieser, wenn auch unterschiedlich stark, abrückten und sich in der Abendmahlsauffassung

deutlich unterschieden, wie auch hinsichtlich der Lehre von der communicatio idiomatum. Luther (1483-1546) vertrat die Allgegenwart der verherrlichten Menschheit Christi, während hingegen Calvin (1509-1564) die Unterscheidung zwischen der verherrlichten Menschheit Christi, die aber begrenzt und geschaffen bleibt, und der Göttlichkeit des Wortes (Logos) vertrat. Aus dem Zeitalter der altprotestantischen Orthodoxie ist an die Auseinandersetzung zwischen den theologischen Fakultäten Gießen und Tübingen (1618-1624) zu erinnern. Während die Gießener Theologen die wirkliche Entäußerung der Macht während Christi Erdendasein lehrten (Kenosis), lehrten demgegenüber die Tübinger die Verhüllung dieser Macht (Krypsis).

3.3. 20. Jahrhundert: Seit Mitte des 19. Jahrhunderts gewann die I. für manche Richtungen in der römisch-katholischen, orthodoxen und anglikanischen Kirche an Bedeutung, da diese teilweise die Kirche als Ausweitung der I. betrachteten. Dieser Eindruck kann auch bei Dietrich >Bonhoeffers (1906-1945) früher Überlegung entstehen, der zufolge er die Kirche als "Christus existierend als Gemeinde" sieht. Erwähnt werden muss auch, dass sich in der zweiten Hälfte des 20. Jahrhunderts ein nicht geringer Teil der Theologen von >Bultmanns Entmythologisierungsprogramm ansprechen ließ und die Lehre von der I. Christi als Mythos abgetan wurde. Aber es muss auch darauf hingewiesen werden, dass viele der Theologen im Zeitalter von Rationalismus und Altliberalismus bereits im 19. Jahrhundert diese Lehre aufgegeben hatten. Im deutschen theologischen Liberalismus spielte die I. Christi für die Soteriologie keine Rolle mehr. Die im großen und ganzen nicht beachtete soteriologische Bedeutung der I. brachte im 20. Jahrhundert einige Neuansätze für die I., die sie vielfach wieder fruchtbar machen wollen, ohne ihr meist soteriologische Relevanz zuzubilligen:

- Rudolf >Bultmann hat die herkömmliche I.s-Lehre als "mythologische Vorstellung" betrachtet (in: Kerygma und Mythos, Bd. 1, Hamburg 1948, = Vortrag von 1941).
- Karl >Barth hat ein neu formuliertes Extra Calvinisticum gelehrt, indem er die wesenhafte Identität des ewigen Gehorsams des historischen Jesus vertrat (Die Kirchliche Dogmatik, I / 1, 1956, 134-221).
- Wolfhart Pannenberg verteidigt die Präexistenzvorstellung bei gleichzeitiger Bestreitung der Jungfrauengeburt, die er durch das eschatologische Ereignis der Auferstehung bestätigt sieht (Grundzüge der Christologie, 1964; Systematische Theologie, 1988 ff.).
- Die traditionelle Lehre der Leidensunfähigkeit der Gottheit Christi bestreitet Jürgen Moltmann und vertritt eine Theologie der göttlichen Solidarität mit menschlichen Leiden (Der gekreuzigte Gott, München 1972).
- Am weitesten gehen einige englischsprachige Theologen (z. B. John Hick), die den I.s-Begriff verwerfen (John Hick <Ed.>, The Myth of God Incarnate, 1972, deutsch: Wurde Gott Mensch? Der Mythos vom fleischgewordenen Gott, 1979).
- Römisch-katholische Theologen, vor allem Karl Rahner, haben die I. als Zeichen für die Orientierung der menschlichen Natur auf das göttliche Leben hin gesehen (das "übernatürliche Existential") und sich dabei auf Überlegungen von Irenäus und Athanasius berufen, wonach das Ziel der I. die Vergottung sei.

Da die neueren Versuche die I. im großen und ganzen ohne ihre soteriologische Bedeutung fruchtbar machen wollen, bleiben sie für auf das Heil gerichtete Theologie irrelevant, da diese der I. soteriologische Bedeutung zukommen lassen muss. Das hat die herkömmliche I.s-Lehre richtig erkannt. Sie ist deshalb nicht ersetzbar. Sie ist aufgrund geltender Bekenntnisse kirchliche Lehre, wenn sie auch faktisch durch andere Entwürfe, zumindest zeitweise, ersetzt sein mag.

S. auch: >Jesus Christus; >Jungfrauengeburt; >Zweinaturenlehre; >Dreieinigkeit.

Lit.: Außer auf die bereits im Text genannte Literatur sei verwiesen auf: E. Brunner, Der Mittler, 1927; M. Hengel, Der Sohn Gottes, 1977; H. Marshall, Die Ursprünge der neutestamentlichen Christologie, 1985.

Walter Rominger

Jesus Christus

1. Außerbiblische Quellen

Die Zahl der unabhängigen außerbiblischen Quellen, die etwas über Jesus Christus aussagen, ist gering. Der römische Historiker Tacitus erwähnt seine Hinrichtung in Judäa auf Befehl des Statthalters Pontius Pilatus (Tac. Ann. 15,22). Der kurze Bericht des jüdischen Historikers Flavius Josephus über Jesus gilt zwar im Kern als historisch, in seiner positiven Schilderung Jesu jedoch als christlich überarbeitet. Dem Talmud ist außer der Angabe, Jesus sei am Vorabend des Passa nach angemessener Verhandlung als „Zauberer", der "Israel in die Irre führte" (San. 43 a) gehängt worden, nichts Deutliches zu entnehmen. Außerbiblische Quellen belegen somit immerhin, dass Jesus gelebt hat, beim Volk wenigstens zeitweise geschätzt war, hingerichtet wurde und eine grobe Datierung (Pilatus war Statthalter von 26-36 n. Chr.).

2. Christliche Quellen

Außerhalb des Neuen Testaments existieren zahlreiche Berichte über das Leben Jesu in frühchristlichen Schriften (neutestamentliche Apokryphen). Ihr historischer Wert ist im Allgemeinen gering, da sie vielfach legendenhaft sind und / oder gnostische Ansichten verbreiten wollen (>Gnosis). Das apokryphe "Thomas-Evangelium" könnte teilweise eine authentische Überlieferung bewahren. Um Informationen über den historischen Jesus zu erhalten, sind wir fast ausschließlich auf die vier kanonischen Evangelien angewiesen, wobei im übrigen Neuen Testament vereinzelte isolierte Worte Jesu überliefert sind (z. B. Apg 20,35; 1. Kor 11,23-25). Die vier kanonischen Evangelien wollen mehr als nur eine Biographie Jesu sein. Sie sind Zeugnis früher Christen von Jesus, nicht das Ergebnis distanziert betrachtender Historiker. Sie sind "Werbeschriften" für den Glauben an Jesus

Christus, ohne damit ihre historische Zuverlässigkeit zu verlieren. Der Vergleich mit anderen antiken Schriften zeigt, wie sorgfältig die Evangelisten Worte und Taten Jesu bewahrten. Ist auch keine umfassende, exakte Biographie möglich, so lassen sich doch aus den Evangelien zahlreiche Daten erheben. Damit ist sowohl das Bestreben altliberaler Theologie abzuweisen, eine Jesus-Biographie zu verfassen (dieses Bestreben kam durch das Bahn brechende Werk Albert Schweitzers "Von Reimarus zu Wrede", 1906, später unter dem bekannteren Titel "Geschichte der Leben Jesu Forschung" zum Erliegen), als auch die Ansicht Rudolf >Bultmanns, dass man außer dem "Dass des Gekommenseins" so gut wie nichts von Jesus wissen könne (z. B. in seinem Buch "Jesus", 1926).

3. Das Leben des Jesus von Nazareth

Das Geburtsdatum Jesu lässt sich nicht genau bestimmen. Er wird kurz vor dem Tode Herodes d. Gr. (4. v. Chr.) geboren. Einzelheiten seiner Geburt enthalten nur das Matthäus- und Lukasevangelium (Mt 1,18-2,18; Lk 1,5-2,40). Während Matthäus sich mehr auf Josef konzentriert, stellt Lukas mehr Maria in den Vordergrund. Jesu Stammbaum führen sowohl Matthäus (Mt 1,1-17) als auch Lukas (Lk 3,23-38) über Josef, obwohl dieser nicht sein (leiblicher) Vater ist, sondern nur dafür gehalten wird (Lk 7,23; 4,22). Übereinstimmung besteht bei Matthäus und Lukas darin, dass Jesus übernatürlicher Herkunft ist, bei der kein menschlicher Vater beteiligt war. Die >Jungfrauengeburt ist denn auch zum Kernbestand christlichen Glaubens und Lehre geworden und hat demgemäss Eingang in kirchliche Bekenntnisse gefunden (z. B. >Apostolikum: "... geboren von der Jungfrau Maria ..."). Dabei besagt die Aussage der Jungfrauengeburt etwas zur Art des in die Welt-Kommens des Präexistenten, der seit jeher bei Gott dem Vater ist. Zur übernatürlichen Empfängnis Jesu stehen seine Geburt

im Stall in Bethlehem, die Flucht nach Ägypten (Mt 2,13 ff.) und sein Heranwachsen in Nazareth in äußerlichem Kontrast. Außer dem Auftreten des zwölfjährigen Jesus im Tempel (Lk 2,42-50), welches großes Interesse und Begabung an religiösen Angelegenheiten erkennen lässt, ist über ihn und seine Familie den Evangelien wenig zu entnehmen. Aller Wahrscheinlichkeit nach wächst er in einer überzeugt jüdischen Familie auf (Lk 2,41), die zum "Mittelstand" gehört, aber nicht wohlhabend ist. Josef ist wahrscheinlich bereits während der Jugendjahre Jesu verstorben, so dass davon auszugehen ist, dass Jesus den "väterlichen" Bauhandwerk-Betrieb übernehmen muss und für Maria, seine vier jüngeren (Halb!-)Brüder und eine unbekannte Anzahl (Halb!-)Schwestern zu sorgen hat (Mt 6,3). Seine religiöse Sozialisation erhält er wohl in der Familie und in der dörflichen Synagogenschule Nazareths.
Mit etwa 30 Jahren beginnt Jesus sein öffentliches Wirken (Lk 3,23) einige Jahre nach Johannes dem Täufer, dessen Wirken etwa 28 n. Chr. eingesetzt hatte (Lk 3,1 ff.). Die Wirksamkeit Johannes des Täufers ist der Anlass für den Beginn des Wirkens Jesu, so dass er aus der Verborgenheit von Elternhaus und -betrieb in die Öffentlichkeit heraustritt. Die Taufe Jesu durch Johannes den Täufer, der Jesus als den himmlischen Richter ankündigt (Mt 3,11 f.; Lk. 3,16 ff.), im Jordan (Mk 1,9 ff. parr.) bezeichnet den Beginn seines Wirkens. Die Wirkungszeit Jesu dauert etwa drei Jahre. Wie sein Geburtsdatum, lässt sich auch das Kreuzigungsdatum nicht genau festlegen. Es könnte in der Passazeit des Jahres 33 n. Chr. gewesen sein, da in diesem Jahr nach astronomischer Berechnung das Passfest auf den 14. / 15. Nisan fiel.
Die öffentliche Wirksamkeit Jesu geschieht fast ausschließlich in Palästina und hier wiederum das meiste in Galiläa, vornehmlich am Westufer des Sees Genezareth. Nur einige wenige Male ist er außerhalb Galiläas unter-

wegs: ein paar Mal zu Festen nach Jerusalem, wie das Johannesevangelium verrät; ein Aufbruch nach Phönizien (Dekapolis), östlich Palästinas wird berichtet (Mk 7,24-31). Ebenfalls wird eine Reise nach Cäsarea Philippi nördlich von Galiläa am Fuße des Hermon-Gebirges geschildert (Mk 8,27 ff. parr.). Ausgerechnet in diesem heidnischen Gebiet spricht Petrus sein Messiasbekenntnis aus (Mk 8,23; Mt 16,16; Lk 9,20).
Als Jesu öffentliche Wirksamkeit beginnt, befindet sich Palästina seit mehr als einem halben Jahrhundert unter römischer Herrschaft. Einheimische Fürsten sind von Roms Gnaden und üben die Herrschaft nur indirekt aus. Auch wenn die römische Herrschaft den unterworfenen Völkern häufig sogar Vorteile bringt, ist sie dennoch nicht beliebt. Bei den Juden z. Zt. Jesu ist es vor allem, dass ihre politische Abhängigkeit, welche ihnen immer wieder durch die Steuerabgaben vor Augen geführt wird, sich nicht mit dem Anspruch verträgt, Gottes Volk zu sein. Galiläa, Heimatprovinz und Hauptwirkungsgebiet Jesu, steht sowohl bei Juden als auch Römern in schlechtem Ansehen. Seine Bevölkerung ist vom jüdischen Stammland durch das feindliche Samaria getrennt und war über lange Zeit großenteils heidnisch, weshalb Galiläa von den judäischen Juden als halb heidnisch betracht wird. Die Römer stufen Galiläa als besonders aufständisch ein. Gesprochen wird in Galiläa Aramäisch, Hebräisch und Griechisch. Ist auch Aramäisch die Muttersprache Jesu, so ist doch davon auszugehen, dass er auch des Hebräischen mächtig ist. Mit den judäischen religiösen Autoritäten hat Jesus möglicherweise Hebräisch diskutiert und gestritten.
Übereinstimmend berichten die vier Evangelien das Herabkommen des Heiligen Geistes auf Jesus bei seiner Taufe. Damit ist Jesus als der vom Propheten Jesaja angesagte Erlöser gekennzeichnet (Jes 11,2; 42,1; 61,1); die Stimme vom Himmel bekennt sich zu ihm als dem Sohn (Mk 1,11 parr.; vgl. Ps 2,7; Jes 42,1). Damit

ist messianische Hoffnung des Alten Testaments angesprochen und damit genauso, dass Jesus der Erlöser ist.
Im Anschluss an seine Taufe wird Jesus am Ende seines 40-tägigen Fastens vom Satan in der Wüste in der Nähe der Taufstelle Johannes der Täufers versucht (Mk 1,12 f.; Mt 4,1-11; Lk 4,1-13). Aus dieser Versuchung geht er gestärkt in seiner einzigartigen Stellung als Sohn Gottes hervor, wobei dies nicht die einzige Versuchung bleibt, sondern weitere folgen (Mk 8,31-33; Mt 16,21-23).
Bevor Jesus in Galiläa öffentlich wirkt, tut er dies allem Anschein nach bereits einige Zeit am Jordan und erscheint als zweiter Johannes der Täufer (Joh 3,22; 4,1 f.). Mit der Verhaftung des Täufers verlegt Jesus seinen Wirkungsbereich und ändert seine Wirkweise: er zieht sich in seine Heimat Galiläa zurück, wird Prediger und vollbringt Wunder; vom Taufen hört man nichts mehr.
Dabei bleibt er ohne feste finanzielle Absicherung und ist, samt seinen Jüngern, auch wenn sie eine gemeinsame Kasse haben, auf die Zuwendungen von Gönnern angewiesen (Mt 10,8-11; Lk 8,9; 10,38-42). Damit lebt er vor, was er lehrt, bei materiellen Bedürfnissen auf Gott zu vertrauen (Mt 6,24-34), und hat die Freiheit, als Prediger und Heiler, der zu Beginn seiner Wirksamkeit noch in die Synagogen als Gastprediger eingeladen wird, ungebunden durch Galiläa zu ziehen. Die innige Beziehung Jesu mit dem Vater kommt dadurch wie noch mehr durch das intensive Gebet Jesu zu Gott seinem Vater zum Ausdruck.
Jesus sammelt wie andere jüdische Lehrer auch Schüler / Jünger; manche kommen aus der Jüngerschaft des Johannes. Zwar hört ihm eine beträchtliche Volksmenge zu; diese ist aber überwiegend nicht bereit, in eine verbindliche Nachfolge zu treten. Aus einer größeren Anzahl beruft er zwölf, die willens sind, seinen Lebensstil zu übernehmen. Ihrer Herkunft und Charakter nach sind sie recht verschieden. Sie müssen bereit sein, alles zu verlassen und sogar Verfolgung zu erleiden (Mt 10,16-

39). Aus dem Zwölferkreis wählt er wiederum drei als seine engsten Begleiter aus: Petrus, Jakobus, Johannes, was an besonderen Ereignissen deutlich wird.
Zu allen Schichten hat Jesus Kontakt und sogar Mahlgemeinschaft mit (moralisch) zweifelhaften Personen, doch genauso mit gut situierten Kreisen (Lk 7,36; 14,11 ff.). Auch mit Samaritanern verkehrt er (Joh 4,4-42; Lk 17,11-13). Sogar mit Heiden, wenn auch allem Anschein nach selten (Mt 8,5-13; 15,22-28); sie haben jedoch einen Platz in Gottes Heilsplan (Mt 8,11 f.; Lk 4,25-27). Seine Anhängerschaft kommt ebenfalls aus allen Schichten (auch Wohlhabende sind darunter, Josef von Arimathia und Nikodemus, Joh 19,38-42). Gegenüber Armut und Reichtum zeigt sich Jesus unbekümmert und davon unbeeindruckt und erwartet dies von seinen Nachfolgern ebenfalls. Jesus sieht wirkliche Not leiblicher, seelischer und geistlicher Art. Um sie zu beheben, kann er auch bestehende Gepflogenheiten übergehen.
Jesu Stellung zum Gesetz und die damit zusammenhängende Auseinandersetzung mit den religiösen Autoritäten seiner Zeit, vor allem den Pharisäern, nimmt einen großen Teil in den Evangelien ein. Dass Jesus, der keine herkömmliche Schriftgelehrtenausbildung besitzt (Joh 7,15), in so manchem von der üblichen Lehre abweicht, führt zu einem leidenschaftlichen Konflikt und schließlich wachsender Feindschaft und trägt endlich zu seinem Todesurteil bei. Bei der Auseinandersetzung geht es an sich nicht um die Autorität des Gesetzes, sondern um die Vollmacht seiner Interpretation. Jesus achtet die Tradition, die sich um das Gesetz gelegt hat, gering, im Gegensatz zu den Theologen seiner Zeit. Autorität ist nur das Alte Testament und er selbst, der von Gott gesandte Sohn. Jesus hebt das Gesetz nicht auf, sondern verschärft es, wie z. B. die sechs Antithesen der Bergpredigt (Mt 5,21-48) zeigen. Da er Grundsätze höher als Einzelgebote bewertet, kann er Letztere sogar außer Kraft setzen (Mt 5,38 f.).

Sowohl christliche als auch die wenigen nichtchristlichen Quellen belegen die Wundertätigkeit Jesu. Die meisten der in den Evangelien überlieferten >Wunder sind Heilungswunder, oft mit Exorzismus. Drei Totenerweckungen werden überliefert (Mk 5,35-43: Tochter des Jairus; Lk 7,11-17: Jüngling zu Nain; Joh 11,1-45: Lazarus). Die Wunder Jesu hinterlassen zumeist den Eindruck der Vollmacht Jesu über körperliche und geistliche Leiden und über Naturgewalten. Meist sind es spontane Wunder aufgrund bedrückender Not. Freilich sind Jesu Wunder Erweis seiner göttlichen Natur, wie dies in der Theologie schon herausgearbeitet wurde, aber sie sind auch Hinweis auf die Besiegung des Bösen und den proleptischen Beginn des "Reiches Gottes", welches eine entscheidende Botschaft Jesu ist.
Jesus wird als Anstifter zum Aufruhr angeklagt (Lk 23,2: "...er sei Christus, ein König"), doch von Pilatus davon freigesprochen (Lk 23,13-16). Zwar kommt der Titel "Christus" als Selbstbezeichnung bei ihm nicht vor, aber er spricht vom "Reich Gottes", was offen für nationalistische Missverständnisse ist. Möglicherweise bringt ihm ein solches Missverständnis anfangs begeisterte Anhänger, die meinen, er werde das Land von den Römern befreien. Evtl. wollen sie ihn aufgrund dieses Missverständnisses zu ihrem König machen (Joh 6,14 f.). Als aber bemerkt wird, dass er nicht den Wünschen entspricht und sich politisch nicht vereinnahmen lässt, schlägt die Begeisterung in zunehmende Ablehnung um. Jesus nimmt sich der sozialen Probleme an, doch ist die Sicht mancher Ausleger auf eine politisch revolutionäre Absicht eine unerlaubte Verkürzung, die in den Evangelien keinen Anhaltspunkt hat und deshalb sich selbst richtet. Dass sich für Jesus diese Deutung nicht nahe legt, zeigt seine öffentliche Kritik an der jüdischen Nation seiner Tage. Damit verfallen diese Ausleger in denselben Fehler der Zeitgenossen Jesu, der bis hinein in den Zwölferkreis besteht.

Am ausführlichsten berichten die Evangelien über die letzten Tage Jesu in Jerusalem. Bei seinem letzten Passa in Jerusalem ist sich Jesus voll bewusst, was ihn in Jerusalem erwartet. Er weiß um seinen bevorstehenden Tod am Kreuz (Lk 13,33; 18,31-33). Dass Jesus selbst von seinem Ende überrascht gewesen sei, das haben Ausleger schon vertreten, doch besteht für diese Auslegung kein Anhaltspunkt.
Jesu Einzug in Jerusalem (Mk 11,1-10) ist in Sacharja 9,9 f. angekündigt. Er zeigt Jesu messianischen Anspruch und wird als solcher auch von den Menschen aufgefasst, wenn auch politisch-nationalistisch und damit falsch interpretiert. Danach begeht Jesus mit der Tempelreinigung eine bewusst provozierende Zeichenhandlung (Mk 11,15 f. parr.). Mit seiner Tempelreinigung bringt Jesus seinen messianischen Anspruch zum Ausdruck und sieht sie als Erfüllung alttestamentlicher Prophetie (Mal 3,14; Sach 14,21). Seine letzten Tage in Jerusalem sind von Streitgesprächen mit seinen Gegnern geprägt, die ihm wohl eine Falle stellen wollen, um einen Anhaltspunkt gegen ihn zu finden. Gibt Jesus auch keine ihn eigentlich belastbaren Antworten, so wird dennoch seine Ablehnung der gegenwärtigen jüdischen Führung deutlich.
Wenige Stunden vor seiner Gefangennahme vollzieht Jesus an seinen Jüngern die Fußwaschung (Joh 13,1-20), hält in ihrem Kreis die sog. Abschiedsreden (Joh 13-17) und das letzte Mahl und bezeichnet seinen Verräter. Viel ist darüber gerätselt worden, ob dieses Abendmahl im Rahmen eines Passamahles eingesetzt worden sei oder nicht. Soviel lässt sich wohl dazu sagen: Jesus hat dieses Mahl im Voraus geplant (Mk 14,12-16); es handelt sich um ein vorgezogenes Passamahl, das, wie dies möglich war, einen Tag vor dem offiziellen Passatermin gefeiert wurde, da es am darauf folgenden Tag zu spät gewesen wäre. Doch das Passmahl findet während der Feier durch Jesus eine Umdeutung. Durch das Austeilen

von Brot und Wein und die Deuteworte verdeutlicht Jesus, sein kurz bevorstehender Tod sei eine Tat der Erlösung. Während der Einsetzung des Abendmahls nimmt Jesus den vom Propheten Jeremia verheißenen "Neuen Bund" (Jer 31,31-34) auf, der den Alten Bund vom Sinai ablösen wird. Dieser "Neue Bund" wird durch Jesu Opfertod aufgerichtet; mit ihm beginnt ein neues Zeitalter.
In aller Heimlichkeit soll Jesus gefangen genommen werden. Durch Judas, der weiß, dass er sich im Garten Gethsemane am Ölberg aufhält, wird er verraten. Obwohl Jesus gekonnt hätte, widersetzt er sich der Gefangennahme nicht, da er die Gewissheit hat, dass es der Wille seines Vaters ist, dass er sein Leben hingebe zur Erlösung für viele (Mk 10,45). Leicht fällt ihm dies nicht, aber sein Gehorsam reicht "bis zum Tode am Kreuz" (Phil 2,8) und er lebt bis zur äußersten Konsequenz vor, was er im Vaterunser zu beten gelehrt hat: Vater, Dein Wille geschehe.
Noch während der Nacht findet der Prozess Jesu statt. Dabei wird ein wohl erstes, inoffizielles Verhör vor Hannas durchgeführt worden sein, das jedoch ergebnislos verläuft (Joh 18,12-23). Anschließend dürften zwei Vernehmungen vor Kaiphas folgen. Die erste, noch in der Nacht, ist vorläufig und soll Ergebnisse bringen, die dann in einer anschließenden Vernehmung von dem gesamten Hohen Rat in den frühen Morgenstunden bestätigt werden sollen. Jesus ist wegen Gotteslästerung angeklagt, aller Wahrscheinlichkeit nach wegen des Messiastitels und der Anspielung auf und damit Inanspruchnahme von Psalm 110,1 und Daniel 7,13. Nach jüdischem Gesetz ist Gotteslästerung mit dem Tode zu bestrafen; für das römische Recht ist dies kein Anklagegrund. Pilatus kommt zur Überzeugung, dass Jesus kein politischer Revolutionär und die Anklage aufgebauscht ist. Den jüdischen Untertanen gegenüber empfindet er Abneigung. Dennoch gelingt es ihm nicht, sich der Angelegenheit zu entledigen; so übergibt er, obwohl von Jesu

Unschuld überzeugt, diesen nach der Geißelung zur Kreuzigung, der Todesstrafe für kriminelle Sklaven oder gegen die römische Staatsmacht Aufsässige. Vermutlich handelt Pilatus aufgrund für ihn ungünstiger politischer Umstände so. Historisch betrachtet mag man darüber rätseln, wer die größere Schuld an der Hinrichtung Jesu hat, Juden oder Römer. Meist wird den Juden mehr Schuld gegeben. Theologisches Urteil kann sich nicht damit zufrieden geben und kann nicht in dieser distanzierten Betrachtungsweise, die mich ja freispräche, verharren, sondern kann nur sagen, Jesus ist "um unserer Sünde willen" gekreuzigt worden (Röm 4,25) - gerade auch um meiner.
Wie Jesus sein Todesleiden am Kreuz erträgt, überzeugt mindestens zwei: den einen mit gekreuzigten Verbrecher (Lk 23,40-42) und den Hauptmann (Mk 15,39), während eine nicht geringe Menge ihren Spott daran hat. Jesus bittet auch für diese beim Vater um Vergebung. Sein Tod geschieht zur Sühne der Schuld aller. Seine sieben Worte am Kreuz sind Ausdruck von Vergebung und Sorge um andere. Über Jesus entlädt sich nicht ein blindwütendes unausweichliches Schicksal, welchem er unterlegen wäre, sondern das geschieht nach Gottes Plan, in welchen er eingewilligt hat, so dass er trotz allem Herr des Geschehens bleibt. Sein letztes Wort nach dem Johannesevangelium zeigt dies: "Es ist vollbracht" (19,30). Dass Jesus in einem Felsengrab in unmittelbarer Nähe der Kreuzigungsstätte, das dem Ratsherrn Josef von Arimathia gehört, bestattet wird, zeigt, wie sich bis zuletzt auch Einflussreiche zu ihm halten. In aller Regel bleiben Gekreuzigte unbestattet.

Wie Jesu Passion in allen vier Evangelien gut bezeugt ist, so auch seine >Auferstehung, besser: Begebenheiten um seine Auferstehung und Erscheinungen vor seinen Jüngern und auch einem weit größeren Kreis. Denn Jesu Auferstehung ist zwar ein historisches Ereignis (die Wachen fallen in Ohnmacht, vgl. Mt 28,4). Wie bei einem Rad, bei welchem die Speichen auf die Nabe zulaufen, diese aber nur ein Loch ist, so bleibt auch die Auferstehung selbst unsichtbar. Alle vier Evangelien bezeugen das Auffinden des leeren Grabes am ersten Tag der Woche (Sonntag nach Karfreitag), so dass das leere Grab historisch nicht anfechtbar ist und auch die Auffassung, Jesus sei nicht leiblich auferstanden, die immer wieder vertreten wird, allein schon aufgrund der Textüberlieferung und nahe liegender -interpretation nicht vertretbar ist. Eine nicht leibliche Auferstehung ist zumindest im jüdischen Umfeld, in das sie und ihre Bezeugung hineingehört, nicht vorstellbar. Der leiblich auferstandene Jesus, der bereits den Geistleib trägt, ist, wie dies die vier Evangelien und Paulus (1. Kor 15) bezeugen, bei unterschiedlichen Anlässen, meist nicht vorhergesehen, Einzelpersonen oder auch ganzen Gruppen ("500 Brüdern auf ein Mal", 1. Kor 15,6) erschienen. Diese elf verschiedenen Erscheinungen einfach als Halluzinationen zu werten, ist nicht haltbar. Es sind wirkliche Erscheinungen Jesu vor den Jüngern, der allerdings nicht mehr an die räumlich-zeitlichen Bedingungen unserer Welt gebunden ist, aber doch als Mensch erscheint und auch von seinen Nächsten zum Teil zuerst nicht erkannt werden kann (Maria von Magdala hält den Auferstandenen zunächst für einen Gärtner, Joh 20,15).
Vierzig Tage dauern diese Erscheinungen an. Im Unterschied zur Situation vor seiner Kreuzigung lebt Jesus während dieser Zeit nicht mehr mit seinen Jüngern zusammen. Sie haben jedoch die Gewissheit seiner Auferstehung. Er verheißt ihnen seinen Heiligen Geist (davon hat er auch schon in seinen Abschiedsreden kurz vor

seiner Gefangennahme gesprochen, Joh 16,7 ff.). Dieser Geist führt als der Christus praesens sein Werk fort. In ihm ist er bei ihnen (Mt 28,18-20). Jesus selbst kehrt zu seinem Vater zurück (Apg 1,9-11) und hat Teil an dessen Herrschaft in universeller Weise.

4. Jesu Botschaft vom Reich Gottes

Formal lehrt Jesus ähnlich den jüdischen Lehrern und doch ist die Wirkung seiner Lehre eine ganz andere, was das Volk am Ende der Bergpredigt deutlich merkt, das sich "über seine Lehre" "entsetzte"; "denn er lehrte sie mit Vollmacht und nicht wie ihre Schriftgelehrten" (Mt 7,28b.29). Seine Lehre ergibt sich aus Begegnungen und bestimmten Situationen und ist deshalb auch immer lebensnah. Dabei benutzt er einprägsame Formulierungen und Gleichnisse und erklärt anschaulich; dieser Anschaulichkeit dienen auch Zeichenhandlungen.
Autorität für Jesus und seine Lehre ist das Alte Testament. Deshalb benutzt er es in Streitgesprächen als letztgültige Autorität. In seinen überlieferten Worten in den Evangelien ist das Alte Testament mehr als 40 Mal wörtlich zitiert, etwa 60 Anspielungen gibt es und mehr als 100 weitere mögliche Anklänge an das Alte Testament. Jesus sieht in seiner Sendung Erfüllung des Alten Testaments. Sein Kommen bedeutet erfüllte Zeit. Er beginnt sein Werk in Galiläa mit: "Die Zeit ist erfüllt und das Reich Gottes herbeigekommen" (Mk 1,15). Damit ist die Zeit des Messias gekommen. Zwar benutzt er selbst für sich den Titel Messias nicht, und doch sind sein Anspruch, sein Reden und Handeln die des Messias. Auf die Frage Johannes des Täufers, ob er der sei, der kommen solle, antwortet er (Mt 11,2-6) mit Hinweis auf die Zeichen, die nach dem Alten Testament mit dem Messias in Verbindung gebracht werden (Jes 35,5 f.; 61,1). Mit Jesu Kommen beginnt ein neues Zeitalter. Das Alte Testament weist auf ihn voraus. Er bringt die Erwartung zur Erfüllung.

Dass mit Jesus ein neues Zeitalter beginnt, wird besonders in seiner Lehre vom Reich deutlich. Dieses Reich ist schon da und andererseits liegt es auch noch in der Zukunft. Mit dem Begriff ist die Souveränität Gottes ausgedrückt, der zwar immer herrscht, dessen Herrschaft aber vom Menschen abgelehnt wird. Das Kommen des Reiches Gottes betrifft zunächst Einzelne, die Jesus anerkennen und damit ein Sohnesverhältnis mit dem Vater bekommen, ihn als "unser Vater im Himmel" (Mt 6,9) und "Abba" (Röm 8,15) anreden können. Diese kommen in das Reich Gottes hinein oder empfangen es (Mk 10,15.23-25: Lk 12,31; 16,16). Da wird Gottes Herrschaft bereits aufgerichtet. Am Ende der Zeit wird das Reich Gottes mit Kraft kommen (Mk 9,1; Mt 6,10; Lk 19,18; 22,18). In der Zeit zwischen Jesu irdischem Dasein und seiner >Wiederkunft lebt seine Gemeinde in dem spannungsvollen Zustand des "schon jetzt" und "noch nicht" (Oscar Cullmann). Für diese Zwischenzeit gilt keine Beliebigkeitsethik, auch wenn der Botschaft Jesu keine vollständigen Anweisungen entnommen werden können. Für eine Gesellschaftsreform hat er keine direkten Anweisungen. Auch wenn er in einzelnen Fällen über herkömmliche Gepflogenheiten hinweggehen kann, so bedeuten seine ethischen Weisungen eine Verschärfung (siehe Bergpredigt). Seine Ethik ist vom Doppelgebot der Liebe bestimmt (Mk 12,30 f.; Mt 22,37 f.; Lk 10,27), das sich aus dem Alten Testament ergibt (5. Mose 6,5; 3. Mose 19,18) und am Heil und Wohl des Nächsten orientiert ist und damit gerade nicht gesetzlos wird. Sie gilt bei Jesu Nachfolgern.
Jesu Selbstverständnis entspricht, dass er das Reich Gottes heraufführt. Dieses ist das Werk des Messias. Er versteht sich selbst als der Messias; auch wenn er diesen Titel nicht benutzt, so widerspricht er nicht, wenn er so bezeichnet wird. Aber sein Verständnis des Messias ist ein anderes als das, welches sich landläufig damit verbindet. Es geht bei ihm nicht um Herrschen, sondern

um Dienen, Leiden und Sterben. Dies ist auch das durchgehende Thema seiner Lehre, wobei er immer wieder darauf verweist, dass dies so geschehen müsse, weil es im Alten Testament geschrieben stehe (z. B. Jes 53). Jesus ist sich dessen gewiss, dass er "sein Leben gebe als Lösegeld für viele" (Mk 10,45) und sein Blut "vergossen wird für viele zur Vergebung der Sünden" (Mt 26,28). Mit seinem Tod bringt Jesus das letztgültige Opfer, das Vergebung der Sünden bewirkt und die Gemeinschaft zwischen Gott und Mensch wiederherstellt.

Jesu Sendung und Botschaft vom Reich Gottes beinhalten auch die Sammlung seiner >Gemeinde / Kirche. Zu seiner Gemeinde / Kirche gehören die, die durch Jesu Erlösungstat Zugang zum Reich Gottes erlangt haben. Zwar beschränkt sich während des irdischen Lebens diese Gemeinschaft auf seine Jünger, erfährt aber nach seiner Himmelfahrt eine alle Grenzen überspringende Ausdehnung (vgl. Missionsbefehl Mt 28,18-20 und Pfingsten Apg 2,1 ff.). Das Volk Gottes besteht nun aus Heiden und Juden. Andererseits ist es begrenzt auf diejenigen, die dem Ruf Jesu folgen.

Jesus rechnet mit einer Zwischenzeit. Das sichtbare Hereinbrechen des Reiches Gottes liegt noch in der Zukunft und kommt mit seiner Wiederkunft, welche weltweit sichtbar und unverkennbar sein wird. Sie wird unerwartet und plötzlich geschehen. Den Zeitpunkt kennt nicht einmal der irdische Jesus, sondern nur der himmlische Vater (Mk 13, 32). Deshalb ruft Jesus zur Wachsamkeit auf (Mk 13,33-37), eine Mahnung, die den Christen aller Zeiten gilt.

5. Jesus der Christus

Ist es in der neutestamentlichen Wissenschaft bis heute umstritten, ob sich Jesus als Sohn Gottes und Messias ("Christus") verstanden hat, so reden hier die Evangelien doch eine eindeutige Sprache. Wenn er auch als verhüllter König die Königsherrschaft Gottes verkündigt (Mk 5,43) und von einem Messiasgeheimnis (William Wrede) umgeben ist, so widerspricht dies nicht seinem Selbstverständnis, der Messias zu sein. Auch seine Selbstbezeichnung "Menschensohn" (nach Dan 7,3-14) weist auf Jesu Messianität hin. So hat die frühe Gemeinde gerade recht getan, indem sie in Jesus den erwarteten Messias erkannte und als den Christus Gottes bekannte.

(a) Jesus für den christlichen Glauben

Der christliche Glaube bekennt sich aufgrund des Neuen Testaments zu Jesus Christus als dem von Ewigkeit her gekommenen Sohn Gottes des Vaters, der schon vor Erschaffung der Welt beim Vater war und dessen Schöpfungsmittler ist. Er ist der Christus Gottes, der dem Volk Israel verheißene Messias, das fleischgewordenen Wort Gottes (Joh 1,1.14) und hat sich selbst als Erlösungsopfer für die Sünden der Welt dargebracht (Joh 1,29; Hebr 9,14 f.). Während Jesus - ein häufiger Name jüdischer Söhne - die griechische Wiedergabe des hebräischen Jeschua ist und auf deutsch "Gott rettet" heißt, ist "Christus" das griechische Wort für den hebräischen Titel "Messias" und heißt "der Gesalbte". Jesus Christus ist also mehr als ein Name: er ist eher ein Bekenntnis, wiewohl er dann doch bereits von Paulus auch wie ein Name benutzt wird. Für den christlichen Glauben liegt das Hauptgewicht auf der Person Jesu und der vom Vater in Christus vollbrachten Heilstat. Jesu Tod dient der Versöhnung von Gott und Mensch und hebt die in Adam geschehene Sünde auf. Der Weg zum Vater ist wieder frei. Jesus selbst ist der Weg (Joh 14,6). Außer dem Schöpfungsmittler und Versöhner ist Jesus der, der wiederkommt zum Gericht über die Sünder und zur endgültigen, auch leiblichen >Erlösung all derer, die an ihn glauben (Mt 25,31-46; Joh 3,16; 1. Kor 15,20-28; 1. Thess 4,13-18; Offb 20,11-15).

(b) Der Gesalbte im Alten Testament (= Exkurs)
Die Salbung bezeichnet in Israel eine Einsetzungshandlung für Priester, besonders den Hohepriester, aber auch für Könige. Gesalbte sind demnach Beauftragte Gottes. Am häufigsten werden im Alten Testament Könige als Gesalbte bezeichnet (über 30 Mal), weit seltener die Hohenpriester und nur zwei Mal die Erzväter Israels (Ps 105,15; 1. Chr 16,22). Die Salbung geschieht auf Befehl Gottes zum Dienst für Gott, so dass der Gesalbte durch diese Handlung als von Gott Beauftragter gekennzeichnet ist. Israel erwartet den Gesalbten Gottes aus dem Haus des Königs David als Heilskönig der messianischen Zeit (2. Sam 7,11-16, = Nathanweissagung; Jes 33,17; Ps 89,4). Doch bereits frühere Verheißungen weisen auf einen Heilsbringer hin: bereits in der Urgeschichte (1. Mose 3,15), die Berufung Abrahams (1. Mose 12,1-3), der Jakobssegen (1. Mose 49,10), die Sprüche Bileams (4. Mose 24,17).

6. Jesus Christus in Theologie und Kirche (theologie- und kirchengeschichtlich)
Die Frage, wer ist Jesus Christus, beginnt im Neuen Testament und ist darin eindeutig beantwortet: Er ist der Christus Gottes, der von Israel erwartete Messias. Die verwendeten christologischen Hoheitstitel bestimmen bereits das Verhältnis Jesu zum Vater. Denn es muss ausgedrückt werden, was Jesus mit dem Vater verbindet, als auch, was ihn unterscheidet. So sind zumindest die frühen christologischen Diskussionen Versuche, eine Verhältnisbestimmung von Vater und Sohn vorzunehmen.

(a) Frühe Kirche

Schon bald werden für diese Verhältnisbestimmung Begriffe wie Substanz, Wesen, Natur, Ursprung verwendet. Während die sog. Apostolischen Väter in Jesus Christus vor allem Gott erkennen, macht sich fast gleichzeitig eine Anschauung breit, deren Vertreter zusammenfassend als >Ebioniten bezeichnet werden, die Jesus vor allem als Menschen sehen. Ab etwa 250 n. Chr. wird durch die sog. Adoptianer diese Lehre weiterentwickelt. Demnach wäre Jesus erst zu Gottes Sohn geworden (etwa durch die Taufe). Wer die Jungfrauengeburt und Präexistenz Jesu beim Vater ablehnt, wird beim >Adoptianismus enden, der von der rechtgläubigen Kirche verworfen wird. Als weitere Gruppe treten ab dem 2. Jahrhundert n. Chr. die Apologeten in Erscheinung (>Apologetik). Sie sind bestrebt, die christliche Botschaft denkerisch in der damaligen Zeit zu vermitteln und bedienen sich deshalb der damals gängigen philosophischen Begriffe und Vorstellungen. Für die Weiterentwicklung der Christologie bleiben die Apologeten wesentlich bestimmend. Sie bedienen sich des Begriffs Logos / Wort, der bei Johannes vorkommt (z. B. Joh 1,1; 1. Joh 1,1), den aber auch die griechische Philosophie kennt. Dadurch lässt sich die Präexistenz Jesu für die griechische Welt verständlich ausdrücken. Dieser Logos ist "als die Zeit erfüllt war" (Gal. 4,4) durch die Geburt Jesu aus der Jungfrau Maria ins Fleisch gekommen (Joh 1,14). Gnostischen Tendenzen, die bereits in neutestamentlicher Zeit aufgetreten sein müssen, tritt bereits der 1. Johannesbrief entgegen (1. Joh 1,1-3; >Gnosis). Der sog. >Doketismus (von griechisch dokein = scheinen) leugnet, dass Jesus wirklich Mensch geworden ist; dies sei nur Schein. Weiter muss geklärt werden, ob Gottes Einzigkeit und Alleinherrschaft nicht in der Gefahr steht, aufgelöst zu werden, wenn Christus ihm vollkommen ebenbürtig ist, wie dies die sog. >Monarchianer vertreten, die neben dem Vater im Sohn einen zweiten Gott erblicken. Eine Reaktion darauf stellt der >Modalismus oder nach seinem Hauptvertreter Sabellius auch als >Sabellianismus bezeichnet, dar, der lehrt, Christus sei lediglich eine Seinsweise Gottes und besitze keine selbständige Existenz. Die christologischen Auseinandersetzungen bewirken die Ausbildung der Trinitätslehre (>Dreieinigkeit).

Nicht übersehen werden darf in der gesamten Entwicklung Arius (um 320 n.Chr.), der dies beeinflusst und beschleunigt (>Arianismus). Er vertritt die Meinung, der Logos (Christus), sei nicht aus dem Vater geboren, sondern geschaffen, wenn auch vor allen anderen Geschöpfen, aber eben doch nur Geschöpf. Athanasius begründert demgegenüber, dass der Logos, der Mensch wurde, wahrhaft Gott ist. Im Sinne des Athanasius entscheidet die erste ökumenische Synode von Nicäa (325 n.Chr.): Christus ist wesenseins mit dem Vater, als dessen Sohn geboren und nicht als Geschöpf geschaffen. Dies geht in das Nicänische (325 n. Chr.) / Nicäno-Konstantinopolitanische (381 n. Chr.) Bekenntnis ein, welches von allen Großkirchen anerkannt ist ("... aus dem Vater geboren vor aller Zeit: Gott von Gott, Licht vom Licht, wahrer Gott vom wahren Gott, gezeugt, nicht geschaffen, eines Wesens mit dem Vater; ..."). Damit aber sind die christologischen Auseinandersetzungen nicht abschließend entschieden, sondern weitere christologische Streitigkeiten herbeigeführt. So lehrt Apollinaris von Laodicea, zwei in sich vollkommene Wesenheiten könnten nicht eins werden. Um zwei Subjekte in Christus zu vermeiden, ersetzt er die menschliche Seele Christi durch den Logos. Weil die menschliche Natur Christi damit unvollständig ist, wird Apollinaris von Laodicea verurteilt. Während Apollinaris die menschliche Seite Christi unterbetont, erfährt diese eine Überbetonung bei Nestorius. Er will jegliche Vermischung der beiden Naturen vermeiden, weil dies zu einer Vergöttlichung der menschlichen Natur Christi führte. Dagegen lehrt Cyrill von Alexandria, dass in der göttlichen Natur Christi die menschliche so innig aufgenommen ist, dass von einer einzigen - nämlich göttlichen - Natur bei Christus gesprochen werden kann. Das Konzil von Chalcedon (451 n. Chr.) übernimmt keine dieser Positionen, sondern beschließt: Christus existiert in zwei Naturen, die unvermischt und unverändert, aber auch ungetrennt und unzerteilt sind, in der Einheit der Person. Verworfen ist der >Nestorianimus, während dies für den >Monophysitismus (Cyrill von Alexandrien) nicht in diesem Maße gilt, auch wenn er durch ein ökumenisches Konzil nicht abgedeckt ist.

(b) Mittelalter und Reformation

Während die Beschäftigung mit der Christologie in den ersten Jahrhunderten vor allem um das Geheimnis der Person Christi und die substantielle Bestimmung des "wahrer Gott und wahrer Mensch" kreist, tritt im Mittelalter eine Verbindung zur Erlösungslehre hinzu und verlagert sich damit das Gewicht. Vor allem die Satisfaktionslehre des Amseln von Canterbury (1033/34-1109) n. Chr.) verbindet das Persongeheimnis Christi und sein Heilswerk. Es ist nötig, dass nur einer, der zugleich Gott und Mensch ist, eben der Gottmensch Jesus Christus, Satisfaktion (Genugtuung) für die durch die Sünde verletzte Ehre Gottes leistet.

In der Reformation bleiben die altkirchlichen Entscheidungen gültig, werden doch die drei altkirchlichen Symbole (Apostolikum, Nicäno-Konstantinopolitanum, Athanasianum) übernommen, aber doch tritt das Heilswerk Christi in den Vordergrund. Dies wird beispielsweise bei Melanchthon deutlich, der in seinen Loci schreibt: "Christus erkennen, heißt seine Wohltat erkennen." In Kreuz und Krippe sieht Luther die erniedrigte Menschheit Christi. Gott offenbart sich in der Erniedrigung. Allerdings wird die Zweinaturenlehre in der Abendmahlslehre wichtig. Nach der Lehre von der Idiomaten-Kommunikation kann sich eine Natur der anderen mitteilen, womit, für die Abendmahlslehre von

Bedeutung, Christus allgegenwärtig ist (Ubiquitätslehre). (>Zweinaturenlehre)

(c) 19. Jahrhundert

Das 19. Jahrhundert ist u. a. gekennzeichnet von den Spannungen, die zwischen dem christologischen Dogma und den Ergebnissen der sog. "Leben-Jesu-Forschung" bestehen. Albrecht Ritschl und Adolf von Harnack bewerten die christologische Tradition der frühen Kirche als metaphysisch und wollen sie, beeinflusst durch den Idealismus, durch ethische und idealistische Kategorien ersetzen. Damit wird Jesus zum Verkündiger der sittlichen Herrschaft Gottes. Der Hilfe der lutherischen Kenosislehre bedient sich Gottfried Thomasius: der Logos habe sich in der Menschwerdung selbst beschränkt und lasse sein göttliches Selbstbewusstsein vorläufig ruhen. Martin Kähler unterscheidet den historischen Jesus vom biblisch-geschichtlichen Christus. Die Beschäftigung mit der Christologie wird im 20. Jahrhundert durch diese Unterscheidung beeinflusst. Auf die Spitze wird das in dieser Unterscheidung bereits Angelegte bei Rudolf >Bultmann getrieben, der durch seinen Existenzialismus und sein Entmythologisierungsprogramm eine Enthistorisierung und Remythisierung betreibt und den Versuch einer Allegorisierung darstellt. (> Liberale Theologie)
Bei der Beurteilung neuerer christologischer Entwürfe kann geurteilt werden, dass dieselben Problematiken, mit der sich bereits die frühe Kirche auseinandersetzen musste, im Grunde genommen wieder auftauchen, diese also nicht überwunden sind, sondern die Zeiten überdauernde Phänomene darstellen (z. B. sind sowohl Rudolf Bultmann als auch Paul >Tillich letztlich Doketen!). Die gegenwärtig in den Kirchen tatsächlich herrschende Theologie ist stark arianisch-nestoriansich eingefärbt, auch wenn die geltenden Bekenntnisse dem widersprechen; die Gefahr des Monophysitismus erscheint bei weitem nicht so groß. Jesus erscheint daher oft lediglich als vorbildlicher Mensch.

7. Die Notwendigkeit des Glaubens an Jesus den Christus

Wie bereits der historische Jesus seine Zuhörer herausgefordert und zu einer Entscheidung genötigt hat, so tut dies der erhöhte Christus nicht weniger. Er lässt nicht in Neutralität verharren. Wer nicht für ihn ist, ist gegen ihn (Mt 12,30). Allein der Glaube an ihn, der "um unserer Sünde willen dahingegeben" ist (Röm 4,25), rettet vor dem Endgericht Gottes. Auf ihm entlädt sich der Zorn Gottes wegen unserer Sünde. Wer dies nicht im Glauben ergreift, bleibt unter Gottes Zorn. Gut wird die Rechtfertigung des in der Sünde verstrickten gottlosen Menschen, der zum Glauben kommt, im Artikel 4 des Bekenntnisses von Augsburg zum Ausdruck gebracht. "Weiter wird gelehrt, dass wir Vergebung der Sünde und Gerechtigkeit vor Gott nicht durch unser Verdienst, Werk und Genugtuung erlangen können, sondern dass wir Vergebung der Sünde bekommen und vor Gott gerecht werden aus Gnade um Christum willen durch den Glauben (gratis iustificentur propter Christum per fidem), [nämlich] wenn wir glauben, dass Christus für uns gelitten hat und dass uns um seinetwillen die Sünde vergeben, Gerechtigkeit und ewiges Leben geschenkt wird." Die einzige Mittlergestalt zwischen Gott und den Menschen ist Jesus, der Christus. Er selbst sagt: "Ich bin der Weg und die Wahrheit und das Leben; niemand kommt zum Vater denn durch mich" (Joh 14,6). Und sein Apostel schreibt: "Denn es ist ein Gott und ein Mittler zwischen Gott und den Menschen, nämlich der Mensch Christus Jesus, der sich selbst gegeben hat für alle zur Erlösung" (1. Tim 2,5 f.). Freilich ist damit gemeint: der Mensch gewordene Gott, dessen Tod für alle zur Erlösung ausreicht (vgl. Mk 10,45), welche tatsächlich aber nur für die, die an ihn glauben, wirksam wird, so dass einer >Allversöhnung damit keineswegs das Wort geredet wird.

Lit.: Fachlexika und theologische Nachschlagewerke: Artikel: Jesus in: Evangelisches Kirchenlexikon (EKL) 3. Aufl. Bd. 2, 1989, Sp. 824-831, v. T. Holtz; Art. Jesus Christus in: Biblisches Wörterbuch, 1982, S. 208-211, v. H. Krimmer; Calwer Bibellexikon, 6. Aufl. 1989, Sp. 636-662, v. J. Schneider; Das große Bibellexikon, Bd. 2, 1988, S. 683-692, v. O. Betz; Evangelisches Gemeindelexikon, Sonderausgabe 1986 (1. Aufl. 1978). S. 276-278, v. F. Flückiger; Evangelisches Lexikon für Theologie und Gemeinde (ELThG), Bd. 2, 1993, S. 989-995, m. Beitr. v. O. Betz, A. Geense, U. Swarat; Lexikon zur Bibel, hg. v. F. Rienecker, 18. Aufl. 1988 (1. Aufl. 1960), Sp. 692-698; Theologisches Begriffslexikon zum Neuen Testament, Bd. 2, 7. Aufl. der Gesamtausgabe, 1986 (1. Aufl. 1971), S. 757-768, v. K. H. Rengstorf; Theologisches Wörterbuch zum Neuen Testament (ThWbNT), Bd. 4, 1942, Artikel: Nazareios, v. H. H. Schaeder; Artikel: Jesus von Nazareth, in Jerusalemer Bibellexikon, hg. v. K. Hennig, 1990, S. 415-418. - Aufsätze und Monographien: U. Asendorf, Gekreuzigt und auferstanden. Luthers Herausforderung an die moderne Christologie, Arbeiten zur Geschichte und Theologie des Luthertums Bd. 25, 1971; O. Betz, Was wissen wir von Jesus, 1991; H. Burkhardt, Man fragt wieder nach Jesus, in: Theologische Beiträge, Jhg. 2 / 1971; O. Cullmann, Die Christologie des Neuen Testaments, 5. Aufl. 1975; H. Frey, Die Frage nach dem Zeugnis von Jesus Christus (Auseinandersetzung mit W. Marxsen), 1966; R. Guardini, Der Herr. Betrachtungen über die Person und das Leben Jesu, 1951; M. Hengel, Der Sohn Gottes, 1975; M. Kähler, Der so genannte historische Jesus und der geschichtliche biblische Christus, neu hg. v. E. Wolf, 2. Aufl. 1956; W. Künneth, Glaube an Jesus, 2. Aufl. 1963; O. Michel, der Menschensohn in der Jesusüberlieferung, in: Theologische Beiträge, Jhg. 2 / 1971; C. H. Ratschow, Jesus Christus, in: Handbuch Systematische Theologie, Bd. 5, 1982; R. Riesner, Jesus als Lehrer, WUNT 2 / 7, 3. Aufl. 1987; A. Schweitzer, Geschichte der Leben Jesu Forschung (1. Aufl. unter dem Titel: Von Reimarus zu Wrede), 3. Aufl. 1984.
Walter Rominger

Jungfrauengeburt

1. Begriff: Der Begriff Jungfrauengeburt (J.) taucht in der Bibel nicht auf, sehr wohl aber die damit bezeichnete Tatsache. Dieser moderne Begriff drückt aus, dass es zur menschlichen Geburt ohne Zeugung durch einen menschlichen Vater kommt. In der Bibel ist damit bezeichnet, wie der präexistente Gottessohn, der von Ur-Anfang beim Vater war und seines Wesens ist, Mensch wird und in die Welt kommt. J. meint die jungfräuliche

Empfängnis Jesu im Leib der Maria ohne das Dazutun eines Mannes durch den Heiligen Geist. J. bringt zum Ausdruck, Jesus ist nicht einfach ein Mensch; er ist mehr als ein Mensch und damit auch mehr als ein Prophet, ohne damit aufzugeben, Jesus ist genauso ganz menschlicher wie göttlicher Natur. Er ist der präexistente Sohn Gottes, das fleischgewordene Wort Gottes (vgl. Joh 1,1 ff. 14; 8,58; Kol 1,16 f.; Hebr. 1,2).

2. Exegetischer Befund: Nach dem exegetischen Befund gibt es die *eine* Geburt aus einer Jungfrau: die Geburt Jesu. Vorausgesagt ist diese bereits im Alten Testament durch Jesaja 7,14 (vgl. auch Jes 9,5 f.; Ps 2,7). Zwar könnte das hebräische Wort alma in Jesaja 7,14 sowohl "Jungfrau" als auch "junge Frau" bedeuten, da das hebräische Wort alma ganz allgemein die junge Frau bezeichnet, die noch kein Kind hat. Doch bereits die Septuaginta benutzt das eindeutige griechische Wort parthenos (Jungfrau), und der Zusammenhang legt nahe, dass in Jesaja 7,14 mit „Jungfrau" zu übersetzen ist. Das prophetische Wort kündigt ein großes Wunder an. Der verheißene Sohn soll nach demselben Zusammenhang der Messias sein (vgl. auch Jes 9,5 f.). Im Matthäusevangelium ist das erste der elf Reflexionszitate Jesaja 7,14 und wird hier ganz eindeutig als Jungfrau verstanden in bewusstem Rückgriff auf die Septuaginta. In Lukas 1,27 wird Maria direkt als Jungfrau bezeichnet. Sie "weiß" "von keinem Mann" (Lk 1,34). "Der heilige Geist wird über" sie "kommen, und die Kraft des Höchsten wird" sie "überschatten" und "das Heilige, das geboren wird", wird "Gottes Sohn genannt werden" (Lk 1,35). Das erfährt Maria vom Engel Gabriel (Lk 1,26 ff.). Auffallend ist, dass alle Redewendungen aus dem geschlechtlichen Bereich vermieden sind. Vielmehr ist die Empfängnis Jesu Gottes Einwohnung durch den Heiligen Geist sowohl im Matthäus- als auch im Lukasevangelium knapp und nüchtern berichtet, ohne Ausmalungen, was

Zuverlässigkeit anzeigt. Es wird damit deutlich: diese Empfängnis ist ein Geheimnis. Auf Zuverlässigkeit deutet auch die zweifache, jeweils unabhängige Überlieferung hin, bei Matthäus und Lukas. Während Matthäus vor allem Josef beleuchtet, beschreibt Lukas vor allem die Vorgänge bei Maria (Matthäus überliefert die Erscheinung des Engels bei Josef, Lukas die des Erzengels Gabriel bei Maria). Während Matthäus verdeutlicht, dass Hoffnung auf Rettung des alttestamentlichen Bundesvolkes aus dem Stamm Davids erfüllt ist (Mt 1,22 f.), stellt Lukas die Geburt Jesu in einen weltgeschichtlichen Rahmen hinein (Lk 2,1). Josef ist nicht der Vater Jesu. Das belegen seine Reaktion und Absicht. Er will Maria heimlich verlassen (Mt 1,19), weil er annimmt, ein anderer sei der Vater des Kindes, mit dem Maria schwanger ist. "Der Engel des Herrn", der ihm "im Traum" erscheint (Mt 1,20), muss ihn überzeugen, dass das Kind, mit dem Maria schwanger ist, "von dem Heiligen Geist" "ist" (Mt 1,20; vgl. auch V. 18). Bis zur Geburt berührt Josef Maria nicht (Mt 1,25). Nach der Überlieferung bei Lukas ist Maria zu dieser Zeit Jungfrau (Lk 1,27.35). Durch die Namengebung erkennt Josef die Vaterschaft nach dem gültigen jüdischen - menschlichen - Recht an (vgl. 1. Mose 21,3). Jesus wird später auch für einen Sohn des Josefs gehalten (Lk 3,23); schließlich liegt über seiner Empfängnis ein göttliches Geheimnis. Im Matthäusevangelium wird Josef nicht als Vater Jesu bezeichnet (Mt 1,16). Dabei will die jungfräuliche Empfängnis Jesu in Maria keineswegs die eheliche Gemeinschaft herabsetzen. Nicht um Maria geht es in erster Linie, sondern um Jesus. Der Geburtsvorgang selbst ist nicht mirakulös geschildert; alles was nach >Doketismus aussehen könnte, fehlt ihm. Mit Jesus wird kein Halbgott, wie diese die Antike durchaus kennt, geboren, sondern hier geht der wahre Gott und Mensch in diese Welt ein. Wie Gott in 1. Mose 1,2 durch einen einzigartigen schöpferischen Akt die Welt ins Dasein ruft, so ist auch die Entstehung

Jesu ein einmaliger, einzigartiger Akt Gottes, dem bereits durch seine Empfängnis Ausdruck verliehen wird. Die Gottessohnschaft Jesu ist in direktem Zusammenhang der J. zu sehen (Lk 1,35; vgl. auch V. 32), was widerlegt, die J. sei für Christologie, Glaube und Bekenntnis nicht notwendig bzw. belanglos und widerspreche dem Präexistenzgedanken (so W. Pannenberg). Die im Neuen Testament gut bezeugte Präexistenz Jesu, bevor er Mensch wurde (Joh 1,1-18; Phil 2,6-11; Kol 1,16; Hebr 2,7) widerspricht dem Gedanken der J. nicht, da sie die Weise bezeichnet, wie der Präexistente ins Dasein in dieser Welt tritt.

3. Kirchen- und dogmengeschichtliche Entwicklung
Die J. Jesu, die in die altkirchlichen Symbole eingeht, ist seit dem 2. Jahrhundert in der frühen Kirche ein bekannter und bedeutender Glaubensgegenstand. Ignatius von Antiochien (+110) erwähnt J. als eines der "Geheimnisse, die im Schweigen Gottes geschehen und doch im Zeugnis laut vernehmbar sind". Zu diesen Geheimnissen zählt Ignatius Empfängnis, Geburt und Tod Jesu. Justin der Märtyrer (100-165) legt Wert darauf, dass die Weissagung in Erfüllung gegangen ist. Die in heidnischen Mythen erwähnte göttliche Geburt stellt für Justin die vom Satan eingegebene Entstellung der wahren, in den Evangelien berichteten Geschichte dar. Für Irenäus von Lyon (+ nach 190) steht die J. im Zeichen der recapitulatio. Maria hebt als gehorsame Jungfrau die Folgen der ungehorsamen Eva auf. Der neue Adam wird aus einer Jungfrau geboren, so wie der erste Adam von der Jungfrau Erde kam. Aus dem 2. Jahrhundert stammt auch die Überlieferung der schmerzfreien Geburt (Asc Jes; Oden Salomos). Damit verbunden ist die Jungfräulichkeit Marias während der Geburt Jesu, erstmalig belegt im apokryphen Protevangelium des Jakobus (19,9-20,1) (2. Jahrhundert). Zwar entsteht die Vorstellung der fortwährenden Jungfräulichkeit Marias in der östlichen Christen-

heit, doch hat sich am Ende der Zeit der Kirchenväter die dreifache Bestimmung der Jungfräulichkeit Marias, der zufolge sie vor, während und nach der Geburt Jesu Jungfrau gewesen sei, in Ost und West durchgesetzt und werden dem widersprechende Ansichten abgelehnt. Die Geschwister Jesu (vgl. Mk 3,31 f.; Joh 7, 5) stammten dann aus einer früheren Ehe Josefs, wären also, da Josef als der Vater Jesu betrachtet wird, dessen Halbbrüder und -schwestern. Luther und andere "frühprotestantische" Theologen haben im Gegensatz zum späteren Durchschnittsprotestantismus allem Anschein nach an dieser Auffassung festgehalten; zumindest waren sie von der fortwährenden Jungfräulichkeit Marias überzeugt wie die offizielle Lehre der römisch-katholischen und der orthodoxen Kirche. Dabei wiegt schwer, dass in den lutherischen Bekenntnisschriften – über die Heilige Schrift hinausgehend! - zweimal die Auffassung vertreten wird, Maria sei immerwährende Jungfrau geblieben (Schmalkaldische Artikel I,4, lat. "semper virgo"; Formula Concordiae, SD VIII, BSLK S. 1024), so dass es sich von dieser Interpretation her verbieten würde, diese Ansicht als katholischen Legendenglauben abzutun, da es durch Aufnahme in die geltenden Bekenntnisse zum unabänderlichen Lehrbestand der betreffenden Kirche zählt, auf die die Ordination erfolgt. Da der Ausschluss der Zeugung Jesu durch einen Mann allein noch nicht die Sündlosigkeit Jesu sichert, weil er durch Maria Anteil an der adamitischen, sündigen Menschheit hätte und deshalb auch von der Erbsünde erfasst wäre, entwickelt die römisch-katholische Kirche das Dogma von der "unbefleckten Empfängnis Marias". Demnach wäre Maria von ihrer Zeugung an durch göttlichen Gnadenakt davon frei geblieben. Nach der antiochenischen Theologie wird durch die Jungfrauengeburt angezeigt, dass Jesus göttlich ist, ohne zu gefährden, dass er Mensch war; die göttliche Hypostase vereint sich mit der menschlichen Natur. Bis zum Aufkommen historisch-kritischer Forschung gibt es, von einigen judenchristlichen Gruppen und vereinzelt aus dem nichtchristlichen Umfeld abgesehen, keine Bestreitung der J. aus Theologie und Kirche. Neben Luther erkennt sie auch der andere Hauptreformator, Calvin, fraglos an. Luther schreibt in seinem Bekenntnis von 1528 davon, er glaube und wisse, Jesus sei "von dem heiligen Geist ohn Mannes Zutun empfangen und von der reinen heiligen Jungfrau Maria als von rechter natürlicher Mutter geboren, wie das alles S. Lukas so klärlich beschreibt und auch die Propheten verkündigt haben." Erst seit gut 200 Jahren wankt durch >Aufklärung und >Rationalismus diese allgemeine christliche Auffassung und wird mit sich wiederholenden Argumenten bestritten. Deshalb ist die Einstellung zu ihr in der neueren Theologie- und Kirchengeschichte ambivalent. Während Karl >Barth sie als einen Erweis des Gnadenhandelns Gottes wertet, als "Zeichen der Fleischwerdung des Wortes, auf dass ihr wisset, dass wir es hier mit der freien Gnade zu tun haben" (Credo, S. 65), und ihr in seiner Dogmatik Gewicht beimisst, lehnen andere Theologen sie ab, so etwa Paul Althaus ("Das Bekenntnis von der Jungfrauengeburt lässt sich dogmatisch nicht als ein notwendiges und unveräußerliches Stück des Bekenntnisses zu Jesus Christus erweisen", RGG, 3. Aufl., Bd. 3, Sp. 1069), Willi Marxsen (J. wolle keinen biologischen Sachverhalt ausdrücken) und auch Wolfhart Pannenberg (J. widerspreche der Präexistenz). Selbst für immer mehr römisch-katholische Theologen hat J. keine Beweiskraft mehr und besteht auch bei ihnen keine Einheit mehr darüber, ob J. möglich und / oder nötig ist und im herkömmlichen Sinne festzuhalten sei.

4. Bestreitung der Jungfrauengeburt und Entgegnung

Möglicherweise wurde im Judentum die J. Jesu auf diese Weise bestritten, dass von der jüdischen Apologetik behauptet wurde, Jesu Geburt sei auf ein außereheliches Verhältnis mit einem Legionär zurückzuführen (vgl.

Babylonischer Talmud Schabbat XIV,4; Tosefta Chullin II,22-24). Ebenfalls könnte es sein, dass der von Gegnern Jesu vorgebrachte Vorwurf seiner vaterlosen Geburt, der in Johannes 8,1 mitgeteilt ist, auf Gerüchte, die im Umlauf waren, zurückgeht, die auf eine uneheliche Geburt Jesu hinweisen könnten. Das alles bleibt jedoch ungesichert. Besser nachweisbar ist, dass der heidnische Christengegner Celsus behauptet, Panthera sei der uneheliche Vater Christi gewesen (vgl. Origenes, Contra Celsum I, 32-37). In der Kirche selbst bleibt die Anerkennung der J. bis zum Aufkommen historisch-kritischer Forschung unbestritten, von einzelnen Strömungen judenchristlicher Ausrichtung am Rand der Kirche einmal abgesehen.

Der Hinweis, bis zum 19. Jahrhundert habe die christliche Theologie nicht um die Zweideutigkeit des hebräischen Begriffs alma gewusst und deshalb mit "Jungfrau" übersetzt, was auch einfach "junge Frau" heißen könne und was den Sinn besser träfe (so Rowan Williams, EKL, 3. Aufl., Bd. 2, Sp. 907), ist exegetisch unhaltbar. Exegetisch ist nur das Verständnis "Jungfrau" möglich (s. o., Exegetischer Befund). Das natus ex virgine, das seinen Grund allein in Matthäus 1 und Lukas 1 habe, und mit deren historischer Glaubwürdigkeit stehe und falle, welche nicht gegeben sei (Paul Althaus, RGG, 3. Aufl., Bd. 3, Sp. 1069), kann historisch von seriöser Forschung nicht bestritten werden, andernfalls wird unter ideologischer Voraussetzung gearbeitet, wobei selbst kritische Theologen feststellen: "Die kritische Forschung kann selbst nicht endgültig über die Frage der Historizität entscheiden" (Rowan Williams, EKL, 3. Aufl., Bd. 2, Sp. 909). Lukas gibt als seinen Selbstanspruch ausdrücklich an, historisch genau zu arbeiten (Lk 1,1-4). Die wunderbare Geburt Jesu ist Jahrhunderte vorher von Propheten angekündigt worden.

Zwar wird die J. "nur" zwei Mal im Neuen Testament bezeugt, was aber keinesfalls eine schlechte Bezeugung ist, doch spricht auch keine andere neutestamentliche Stelle direkt dagegen. Galater 4,4, was von manchen kritischen Theologen dagegen angeführt wird, dürfte die J. eher bestätigen als infrage stellen. Auch hinter Offenbarung 12,1 ff. dürfte die jungfräuliche Geburt Jesu stehen.
Angeführte religionsgeschichtliche "Parallelen" zur J. aus der Umwelt des Neuen Testaments (z. B. glaubte man von ägyptischen und babylonischen Herrschern oder auch von Alexander dem Großen, sie seien Göttersöhne; auch kennen die griechischen Sagen Halbgötter) sind keineswegs als ein Hinderungsgrund für das im Neuen Testament geschilderte analogielose Geschehen anzusehen. Es besteht ein unübersehbarer Unterschied zu den sog. religionsgeschichtlichen "Parallelen". Der biblische Bericht ist zurückhaltend und nüchtern und beschreibt deshalb im Unterschied zu jenen nicht den Vorgang der Empfängnis. So ist die J. tatsächlich ohne jegliche biblische oder gar religionsgeschichtliche Analogie oder Parallele. Vergleichbar mit der jungfräulichen Empfängnis ist lediglich der alttestamentliche Gedanke der "Schechinah" (Einwohnung) Jahwes z. B. in der Stiftshütte, wobei das Neue Testament doch über diese alttestamentliche Vorstellung hinausgeht.
Die Auffassung, die Berichte Matthäus 1,18 ff. und Lukas 1,26 ff. seien späte Produkte der Gemeinde und nicht wörtlich zu verstehen, weil sie keinen geschichtlichen Wert besäßen, widerspricht der Bibel (so richtig Gerhard Maier, in: Biblisches Wörterbuch, Art. Jungfrauengeburt, S. 216). Auf die Lehre von der J. kann nicht verzichtet werden, weil die Gottessohnschaft in ursächlichem Zusammenhang damit gesehen wird. Die Vorstellung der Gottessohnschaft Jesu lässt sich keineswegs aus vermeintlichen religionsgeschichtlichen Parallelen ableiten, wonach die Bezeichnung "Sohn Gottes" im Neuen Testament nur Ehrentitel wäre und deshalb nicht

wörtlich zu nehmen. Nach neutestamentlicher Lehre, gerade auch nach der des Hebräerbriefes, ist Jesus Gottes Sohn (Hebr 3,6). Höher als die Engel (Hebr 1,5 ff.), hat er erst nachträglich Fleisch und Blut angenommen (Hebr 2,14.17). Der Präexistenzgedanke widerspricht keineswegs der J., sondern spricht eher für sie; sie bezeichnet die Weise, wie der von Ewigkeit beim Vater seiende präexistente Sohn Fleisch (freilich kein Sündenfleisch) annimmt, Mensch wird und in die Welt kommt (gegen Wolfhart Pannenberg).
Das Neue Testament ist nicht nur am "Dass" des in die Weltkommens des Gottessohnes interessiert, sondern, wie Matthäus 1 und Lukas 1 berichten, auch am "Wie". Werden diese Berichte ignoriert, muss eine andere Erklärung für das "Wie" gefunden werden. Doch alle Hypothesen endeten darin, dass sich die Menschheit in ihrem edelsten Spross und sei's durch Gottes Gnade, den Erlöser selbst gab. Das aber steht gegen das unwiderlegbare Zeugnis der Heiligen Schrift, dass Gott in Jesus Mensch wurde (so richtig Ulrich Betz, in ELThG, Bd. 2, Art. Jungfrauengeburt, S. 1025). Solche Versuche endeten letztlich in einem von der Kirche aus gutem Grunde verworfenen >Adoptianismus oder >Arianismus, die beide die ewige Präexistenz und das "wahrer Gott und wahrer Mensch" Jesu negieren. Von daher sind Aussagen wie "dogmatisch" lasse "sich" "das Bekenntnis von der Jungfrauengeburt ... nicht als ein notwendiges und unerlässliches Stück des Bekenntnisses zu Jesus Christus erweisen" (Paul Althaus, RGG, 3. Aufl., Bd. 3, Sp. 1069) unhaltbar, weil sie weder der Heiligen Schrift noch der Dogmenbildung der Kirche, den Entscheidungen der ökumenischen Konzilien und der Entscheidung der Reformation gerecht werden. Sie sind deshalb zurückzuweisen. Man mag der Situationsbeschreibung im Evangelischen Erwachsenen-Katechismus zustimmen:

"Heutige Christen, die das christliche Glaubensbekenntnis nachsprechen, haben es mit diesen Aussagen [empfangen durch den Heiligen Geist, geboren von der Jungfrau Maria, W. R.] besonders schwer. Eine übernatürliche Empfängnis und eine Jungfrauengeburt passen schlecht in unser Weltbild. Auch die gegenwärtige Theologie hat Schwierigkeiten." (Evangelischer Erwachsenenkatechismus, 4. überarbeitete Aufl. 1982 <1. Aufl. 1975>, S. 389)
Zu bemängeln bleibt jedoch, dass es im Evangelischen Erwachsenenkatechismus bei dieser Beschreibung bleibt und nicht herausgestellt wird, was eindeutiger Befund von Schrift und Bekenntnis ist. Die Argumentation mit dem Weltbild überzeugt im übrigen nicht, denn Weltbilder veralten schnell, kommen und gehen, aber das Wort Gottes bleibt in Ewigkeit.

5. Bedeutung der Jungfrauengeburt und Folgen ihrer Ablehnung

Die Ansicht, die J. Jesu sei bedeutungslos für Lehre und Glauben, scheitert nicht allein am exegetischen Befund und hat Bekenntnisse und die übrige Lehrentscheidung und Lehrentwicklung gegen sich, sondern greift einen Eckpunkt von Glaube und Lehre an. Gerade die J. Jesu und seine übernatürliche Empfängnis bringen zum Ausdruck, dass in Jesus zwei Naturen unvermischt und ungeschieden vorhanden sind und der ewig präexistente, dem Vater wesensgleiche Sohn - und damit Gott selbst - in diese Welt eingeht. Für den christlichen Glauben kommt alles auf die zwei Naturen in Christus an, dass er ganz und wahrhaftig Gott ist und zugleich ganz und wahrhaftig Mensch war. Nur so kann er den Sünder retten. Denn ihm hilft nur einer, der sowohl auf die Seite Gottes als auch auf die Seite des Menschen gehört. Wäre Jesus nur Mensch, er könnte den Menschen nicht retten, weil ein Mensch einen anderen nicht aus dem Sündentod erlösen kann.

Wäre er nur Gott, er wäre unnahbar für den Menschen geblieben und hätte nicht für die Sünden der Menschen sterben können. Jesus ist während seiner ganzen Zeit der Inkarnation wahrer Mensch und wahrer Gott geblieben und das, weil er, wunderbar "empfangen durch den Heiligen Geist", zugleich auch wahrer Gott ist.
Glaube heißt in erster Linie Vertrauen zu Jesus. Bei dieser Haltung besteht kein Grund dafür, der Ratio nicht einsichtige Berichte einfach zurückzuweisen, also auch nicht die von der Empfängnis Marias durch den Heiligen Geist und von der J. Es wird auch der Glaube an den allmächtigen Gott, den Vater bekannt. "Bei Gott ist kein Ding unmöglich" (Lk 1,37). Und demnach auch nicht, neben vielen anderen >Wundern, das Wunder der Empfängnis durch den Heiligen Geist und die Geburt aus der Jungfrau Maria als ewig einmaliges und damit analogieloses Ereignis. Wer mit der Begründung, sich das Wunder der J. nicht vorstellen zu können, dieses ablehnt, der muss ehrlicherweise noch so manches dessen, was in der Bibel steht, ablehnen, bestimmt doch das größte Wunder von dem sie spricht, die Auferweckung Jesu; und nicht so wenige tun das. Wer jedoch solche Eckdaten von Glaube und Lehre ablehnt, muss sich freilich fragen lassen, ob er noch Christ ist.

S. auch: >Jesus Christus; >Erlösung; >Zweinaturenlehre; >Marienverehrung.

Lit.: K. Barth, Credo, 1935. 7. Aufl. 1948; ders., Kirchliche Dogmatik, Bd. 1 / 2, 5. Aufl. 1960, S. 187 ff.; BSLK: Confessio Augustana Art. 3; Schmalkaldische Artikel I,4; Formula Concordiae SD VIII; H. v. Campenhausen, Die Jungfrauengeburt in der Theologie der Alten Kirche; G. Delling, ThWNT, Bd. 5, 1954, Art. Parthenos, S. 824-835; H. Denzinger / A. Schönmetzer, Enchiridion Symbolorum, 1976, Nr. 502, 503, 533, 1880, 2800; W. Künneth, Fundamente des Glaubens. Biblische Lehre im Horizont des Zeitgeistes, 1975, 112 ff.; O. Rodenberg, Der Sohn. Beiträge zum theologischen Gespräch der Gegenwart, 2. Aufl. 1970, 9 ff.

Walter Rominger

Kontroverstheologie

1. Verständnis: Kontroverstheologie (K.) beschäftigt sich mit Lehraussagen anderer Konfessionen, insbesondere solcher, mit denen ständig Berührung besteht. Für Mittel-, West- und Nordeuropa bedeutet dies vor allem die Beschäftigung mit Lehraussagen des römischen Katholizismus.

2. Entwicklung und Aufgaben: Ursprünglich meinte K. die nachreformatorische konfessionelle Theologie, die der eigenen konfessionellen Selbstbehauptung und Verteidigung im Gegenüber zu anderen Konfessionen diente. K. hat ihren Ausgangspunkt in der theologischen Auseinandersetzung um die rechte Lehre. K. hat die Aufgabe, die theologische Wahrheitsfrage zu stellen und zu beantworten und damit auch Irrtum und Häresie zu benennen. Sie dient damit der Feststellung, wo die Grenze zwischen wahrer und falscher Kirche verläuft. K. soll aber nicht nur die konfessionellen Lehrunterschiede feststellen und überprüfen, sondern nach Möglichkeit auch überwinden. Sie verfolgt damit auch ein Anliegen der modernen Ökumene. Diente sie in den konfessionellen Kontroversen des 16. / 17. Jahrhunderts der Polemik, so heute dem zwischenkirchlichen Dialog mit konziliantem Ton.

3. Beurteilung: Dass die Polemik dem konzilianten Ton gewichen ist, zeigt eine Änderung an. Das Streben nach Überwindung konfessioneller Unterschiede ist größer als die Verteidigung konfessioneller Positionen. Damit besteht die Gefahr, dass die Wahrheitsfrage, an sich unaufgebbares Element der K., auf der Strecke bleibt. Dieser Gefahr wurde schon erlegen, z. B. bei der Unterzeichnung der Gemeinsamen Offiziellen Feststellung (GOF) zur Gemeinsamen Erklärung zur Rechtfertigungslehre (GER) zwischen Vatikan und Lutherischem Weltbund am 31. Oktober 1999 in Augsburg.

S. auch: >Apologetik; >Bekenntnis; >Wahrheit; >Toleranz; >Ökumene; >Katholisches Kirchenverständnis; >Reformatorisches Kirchenverständnis.

Lit.: EKL, 3. Aufl. (Neufassung), Bd. 2, Sp. 1422; ELThG, Bd. 2, S. 1160; K. Lehmann, W. Pannenberg (Hg.), Lehrverurteilungen - kirchentrennend?, 1986

Walter Rominger

Künneth, Walter

Geboren am 1. Januar 1901 in Etzelwang in der Oberpfalz in Bayern, wo sein Vater Pfarrer war; gestorben am 26. Oktober 1997 in Erlangen. Ab 1920 Studium der evangelischen Theologie in Erlangen und anschließend in Tübingen, wo ihn besonders Karl Heim theologisch beeinflußte. 1924 wird Künneth (K.) zum Dr. in Philosophie bei Friedrich Brunstäd in Erlangen promoviert; 1927 wird K. Licentiat der Theologie. Nach Abschluß seines Theologiestudiums 1924 ist er zunächst als Dozent am Predigerseminar in der Vikarsausbildung tätig, bevor er 1926 in die >Apologetische Centrale in Berlin-Spandau berufen wird. 1930 habilitiert sich K. in Theologie an der Friedrich-Wilhelm-Universität in Berlin. Sein bis heute in einigen Auflagen erschienenes Buch „Theologie der Auferstehung" wird erstmals 1930 verlegt. Gegen den NS-Staat beteiligt sich K. von Anfang an am kirchlichen Widerstand in der „Jungreformatorischen Bewegung" und der >Bekennenden Kirche. K.s Kritik an Alfred Rosenbergs Rassenlehre (Der Mythos des 20. Jahrhunderts) mit: „Antwort auf den Mythos. Die Entscheidung zwischen dem nordischen Mythos und dem biblischen Christus" bewirkt seine Verfolgung durch die nationalsozialistische Diktatur: 1937 erhält er Rede- und Schreibverbot. Im Rahmen seiner Mitarbeit bei der Bekennenden Kirche erhält K. 1938 die kleine Diasporagemeinde Starnberg. 1944 wird er Dekan des Kirchenbezirks Erlangen. 1946 zunächst Honorarprofessor für systematische Theologie an der Universität Erlangen; seit 1953 als ordentlicher Professor Nachfolger Werner Elerts.

Emeritiert wird er 1969. Bis zuletzt nimmt er an den theologischen Entwicklungen Anteil und steht in Korrespondenz mit Schülern und Freunden.
Früh schon tritt K. in die Auseinandersetzung mit der Theologie Rudolf >Bultmanns und dessen Schülern ein, sowohl literarisch als auch in der öffentlichen Disputation (z. B. bei der Sittenser Disputation mit Ernst Fuchs 1964 und auf dem Kontrovers-Kirchentag 1969 in Stuttgart). K. nimmt also nicht allein aktiv am ersten Kirchenkampf (gegen die Deutschen Christen und die nationalsozialistische Ideologie) teil, sondern genauso an dem nur einige Jahre später beginnenden zweiten. Deshalb arbeitet er von Anfang an bei der Bekenntnisbewegung „Kein anderes Evangelium" und der Evangelischen Notgemeinschaft in Deutschland mit. Bei der Großkundgebung 1966 in der Dortmunder Westfalenhalle (24.000 Teilnehmer) hält K. das Hauptreferat: „Kreuz und Auferstehung Jesu." K. ist der erste Präsident des Theologischen Konvents der Konferenz Bekennender Gemeinschaften, später viele Jahre, bis zu seinem Tode, dessen Ehrenpräsident und mit in der Schriftleitung des Konventsorgans „Diakrisis".
K. theologische Arbeit ist stark apologetisch orientiert (>Apologetik). Seine Auseinandersetzung mit den ideologischen Mächten und Kräften des 20. Jhd.s, dem >Nationalsozialismus, dem >Existentialismus (Bultmannsche Theologie) und dem >Sozialismus, geschieht von der biblisch-reformatorischen Position aus. Nimmt K. über einen Zeitraum von 70 Jahren an den theologischen Auseinandersetzungen in ihrer ganzen Breite teil, so bilden doch, allerdings durch die Auseinandersetzungen mitbedingt, die Zwei-Reiche-Lehre, eine spezielle Unterscheidung von Gesetz und Evangelium, und die Auferstehung Jesu Themenschwerpunkte seiner theologischen Arbeit.

S. auch: >Apologetik; >Bekenntnis; >Bekennende Kirche.
Literatur von W. Künneth (in Auswahl, außer der bereits genannten): Der Christ als Staatsbürger. Eine ethische Orientierung, 1984; Entscheidung heute. Jesu Auferstehung – Brennpunkt der theologischen Diskussion, 1966; Fundamente des Glaubens. Biblische Lehre im Horizont des Zeitgeistes, 1975; Glaube an Jesus? Christologie und moderne Existenz, 1962; Lebensführungen. Der Wahrheit verpflichtet, 1979; Politik zwischen Dämon und Gott. Eine christliche Ethik des Politischen, 1954; Wider den Strom. Christsein in den Begegnungen mit dem Zeitgeist. Eine biblisch-theologische Studie, 1989.
Festschriften für W. Künneth: Christsein in einer pluralistischen Gesellschaft. Walter Künneth zum 70. Geburtstag, hg. v. Hans Schulze und Hans Schwarz, 1971; Bekennen in der Zeit. Walter Künneth zum 80. Geburtstag, hg. v. Wulf Metz, 1981; Christuszeugnis im Nebel des Zeitgeistes. Nicänisches Glaubensbekenntnis heute. Walter Künneth zu Ehren, hg. v. Ulrich Asendorf und Friedrich-Wilhelm Künneth, 1979.
Über W. Künneth informiert kurz: Lexikon des Konservatismus, 1996, S. 338 – 340.
Walter Rominger

Liberale Theologie

1. Was bedeutet liberale Theologie / theologischer Liberalismus?

Die Bezeichnung Liberale Theologie (L. Th.) geht auf den Ahnherrn historisch-kritischer Methode, J. S. Semler (1725-1791) und dessen Werk "Institutio ad doctrina Christianam liberaliter discendam" zurück und wurde um die Mitte des 19. Jahrhunderts gebräuchlich. Der theologische Liberalismus bildet neben der restaurativen und der Vermittlungstheolgie die dritte Hauptrichtung in der Theologie des 19. Jahrhunderts. L. Th. war eine breite theologische Strömung vor allem im 19. Jahrhundert, die in sich nicht homogen war, leitete sie sich doch von unterschiedlichen philosophischen Strömungen her. Sie ging aus >Aufklärung und >Idealismus hervor, in welchem bereits einige ihrer Positionen vertreten wurden, im >Deismus Englands, in >Rousseaus "Glaubensbekenntnis eines savoyischen Vikars" ("Emile", 1762), im Schrifttum >Lessings, z. B. in dessen Schauspiel "Nathan der Weise" (1779), in den von Lessing veröffentlichten Schriften des Reimarus. Wenig später steht als der Vater der L. Th. >Schleiermacher ("Reden über die Religion", 1799). Trotz Unterschieden im einzelnen gibt es doch charakteristische Kennzeichen. Ganz allgemein kann sie bestimmt werden als eine Theologie, die sich bewusst von der Heiligen Schrift als alleiniger Offenbarungsquelle freimacht und von rein humanistischen und immanenten Voraussetzungen Theologie zu betreiben versucht. Sie will frei sein von dogmatischen und kirchlichen Traditionen; sie trennt Glaube und Wissen; nicht Glaubensinhalte sind entscheidend, sondern die Ethik. Sie macht den historischen Jesus, der hypothetisch erschlossen wird, zu ihrem Ausgangspunkt und sucht den natürlichen historischen Menschen Jesus hinter dem Gottmenschen Christus, weshalb die Leben-Jesu-Forschung für sie so wichtig wurde. "Der Freie Protestantismus setzt an die Stelle des Mythos vom Gottmenschen Christus die geschichtliche Persönlichkeit Jesu, in dessen Leben, Wissen und Werk er die höchste Gottesoffenbarung erblickt" (K. Guggisberg, Der Freie Protestantismus, 1942, 114). "Die geschichtliche Erforschung des Lebens Jesu ging nicht vom rein geschichtlichen Interesse aus, sondern sie suchte den Jesus der Geschichte als Helfer im Befreiungskampf vom Dogma" (A. Schweitzer, Geschichte der Leben Jesu Forschung, 4. Aufl. 1926, 4). Das Bestreben der Leben Jesu Forschung ließ sich nicht realisieren, denn die Evangelien sind nachösterlich und die Verkündigung der frühen christlichen Gemeinde setzt freilich voraus, dass der Gekreuzigte der Auferstandene ist. Absicht der L. Th. war nicht, den Glauben zu zerstören, obwohl sie faktisch so gewirkt hat, sondern sie wollte für den damaligen modernen Menschen den Glauben einsichtig machen und nahm dazu die damaligen humanistisch-philosophischen Gedanken und Traditionen als Interpretamente zu Hilfe.

Bis zum Ersten Weltkrieg standen den "Liberalen" die sog. "Positiven", die an der Geschichtlichkeit des in den Evangelien Überlieferten festhielten, gegenüber. Durch den Ersten Weltkrieg erhielt die L. Th. mit ihrer optimistischen Sicht einen starken Dämpfer und wurde die >Dialektische Theologie (Karl >Barth) zur einflussreichsten theologischen Richtung, so dass die Gegenüberstellung "Liberale" - "Positive" nicht mehr aussagekräftig war und aufgegeben wurde.

2. Der Beginn der Liberalen Theologie

Theologischer Liberalismus beruft sich zwar auf die von Luther geforderte Gewissensfreiheit, wiewohl sich dieser auf das im Wort Gottes gefangene Gewissen berief, während der theologische Liberalismus von der Aufklärung herkommend das autonome Gewissen voraussetzt. Die Kirchen der Reformation vertraten denn auch nicht den theologischen Liberalismus. Seine eigentlichen Vorläufer sind viel mehr die religiösen Humanisten im Zeitalter der Reformation, z. B. Erasmus und Castellio. Seine eigentliche Geschichte beginnt im 19. Jahrhundert. Dabei übernimmt er von der Aufklärung das große Vertrauen in die menschliche Vernunft, Optimismus und Fortschrittsglaube, vom Idealismus den Zug zur Innerlichkeit und die Freiheit der Religion. Theologischer Liberalismus setzt Bibel- und Dogmenkritik der Aufklärung fort, bejaht den Kritizismus Kants, die moderne Erfahrungstheologie Schleiermachers und die spekulative Geschichts- und Religionsphilosophie Hegels. Theologischem Liberalismus kommt das "Verdienst" zu, historisch-kritische Theologie entwickelt zu haben (>Bibelkritik). Anliegen des theologischen Liberalismus ist es, das Auseinanderklaffen von christlicher Frömmigkeit und wissenschaftlichem Denken zu vermeiden, ein Anliegen, das später R. >Bultmann und die neoliberale Theologie ebenfalls vertreten haben. In dreifacher Weise versuchte der theologische Liberalismus die Frage zu beantworten: Wie lässt sich die Wahrheit des christlichen Glaubens im modernen Denken begründen: in der Erfahrungstheologie, in der spekulativen und in der historisch-kritischen Theologie, wobei die einzelnen Versuche auch Verbindungen miteinander eingingen. Am Beginn l.r Th. steht D. F. E. Schleiermacher (1768-1834) mit seiner modernen Erfahrungstheologie. In seinen "Reden über die Religion" (1799) erscheint die "Religion" weder als "Wissen" noch als "Tun", sondern als "eigene Provinz im Gemüt", als "Gefühl", als "Anschauung des Universums". In seiner "Glaubenslehre" (ab 1821) ist Religion das "Gefühl der schlechthinnigen Abhängigkeit". Gegenüber der bisherigen Dogmatik bedeutet dies eine Neuausrichtung. Denn die bislang "objektiven" Lehrsätze werden zu Glaubensaussagen religiöser Erfahrung. Der Einfluss Schleiermachers ist, wie an der ihm schon zugelegten Bezeichnung "Kirchenvater des 19. Jahrhunderts" deutlich wird, beträchtlich. Mit seiner modernen liberalen Erfahrungstheologie hat er auch die positive Erlanger Theologie, z. B. J. v. Hofmann, beeinflusst. Letzter bedeutender Vertreter liberaler Erfahrungstheologie war der Marburger Wilhelm >Herrmann (1846-1922), der Lehrer Rudolf Bultmanns. Allerdings bezeichneten sich weder Schleiermacher noch die von Hegel abhängigen Theologen selbst als liberale Theologen. Diese Bezeichnung kommt im frühen 19. Jahrhundert von Spätrationalisten, die mehr politisch liberale Ideen haben, Kritik an der Hierarchie üben und individuelle Freiheit vertreten. Ebenso verwenden konservative Lutheraner im 19. Jahrhundert den Begriff L. Th., allerdings in polemischer Absicht, da sie in der l.n Th. eine politisch wie theologisch falsche Synthese von unkirchlichem Neuprotestantismus und parteiliberaler Reformpolitik sehen, die das Kaiserreich der Demokratisierung und dem Individualismus ausliefere und durch die Relativierung der Kirchen das noch tragende Fundament von Autorität und Sittlichkeit auflöse.

3. Drei Epochen Liberaler Theologie im 19. Jahrhundert
Die erste Epoche ist durch radikale Kritik von Bibel und Dogma und Abhängigkeit von der spekulativen idealistischen Philosophie Hegels gekennzeichnet. Während die zweite Epoche unter dem Einfluss Albrecht Ritschls steht und philosophisch Kant verpflichtet ist, wird in der dritten Phase die religionsgeschichtliche Schule für die L. Th. wesentlich. Die einzelnen Epochen lassen sich jedoch nicht immer genau voneinander abheben, sondern durchdringen sich und gehen fließend ineinander über. Auch lassen sie sich nicht immer genau gegenüber der Vermittlungstheologie und gegenüber den Freigeistern abgrenzen.

3.1. Evangelien- und Dogmenkritik: Eigentlicher Begründer dieser Richtung ist der Tübinger Ferdinand Christian Baur (1782-1860), bedeutendster Vorläufer der Kanon-Kritiker Johann Salomo Semler (1725-1791). Für Baur, den Begründer der sog. Tübinger Schule, sind „historisch“ und „kritisch“ identisch. Er will die historische Methode konsequent auch in der Bibelwissenschaft anwenden. Baur und die Tübinger Schule sind philosophisch von Hegel abhängig. Radikaler als Baur war dessen Schüler David Friedrich Strauß (1808-1874). In seinem "Leben Jesu" (1835) versteht er Christus als Einkleidung einer Christusidee. Für Strauß ist das Dogma keine göttlich geoffenbarte Wahrheit; vielmehr sei es geschichtlich entstanden und gehe seiner geschichtlichen Auflösung entgegen. "Die wahre Kritik des Dogmas ist seine Geschichte." Zwar wurde Strauß von allen Seiten angegriffen; doch blieb seine Wirkung auf die Leben Jesu Forschung nachhaltig. Denn auch Spätere sind der Ansicht, dass sich der historische Jesus im Sinne moderner Geschichtsschreibung nicht aus den Evangelien erschließen lässt, so Franz Overbeck (1837-1905), William Wrede (1859-1960), Rudolf Bultmann ("Jesus", 1926), aber auch Albert Schweitzer (Geschichte der Leben Jesu Forschung, 1906), sondern der Jesus der Glaubens der nachösterlichen Gemeinde ist. Nicht übersehen werden sollte das Bemühen liberaler Bibelwissenschaft um Quellen- und Literaturkritik (H. J. Holtzmann, 1832-1910). Die Evangelien- und Dogmenkritik blieb innerhalb der l.n Th. bis weit in die zweite Hälfte des 19. Jahrhunderts die beherrschende Richtung.

3.2. Ritschl, Herrmann, von Harnack

Während die liberale Tübinger Schule von Hegel beeinflusst war, war die L. Th. am ausgehenden 19. und beginnenden 20. Jahrhundert von Kant geprägt. Großen Einfluss in der l.n Th. übte Albrecht Ritschl (1822-1889) aus, der mit der Tübinger Schule gebrochen hatte. "Beruf" bzw. Berufung Jesu hat zum "Zweck" bzw. Ziel die Gründung des Reiches Gottes, welches diesseitig als Endziel der Geschichte verstanden wird. Hierin besteht durchaus eine Affinität zum Fortschrittsglauben des 19. Jahrhunderts und zu Ferdinand Christian Baur. Andererseits strebte Ritschl einen Ausgleich zwischen orthodoxer und liberaler Theologie an, wobei er selbst liberaler Theologe blieb. Wilhelm Herrmann (1846-1926) führte Ritschls Gedanken fort, setzte aber andere Akzente. In den Evangelien trete uns Jesus entgegen und werde seine Beziehung zu Gott für uns zur Offenbarung, bewirke den Glauben und führe zur sittlichen Freiheit. Fortführung dieses Ansatzes liegt bei Herrmanns Schüler Rudolf Bultmann und dessen Kerygma-Theologie vor, wonach die Theologie Bultmanns und seiner Schüler zu Recht als neoliberale Theologie bezeichnet wird: die Begegnung mit Gott schenkt nicht der "historische Jesus", sondern die Verkündigung Jesu, die ein neues Selbstverständnis schenkt, was Frei-Werden von der Welt (Entweltlichung) bedeutet ("Jesus Christus und die Mythologie", 1964, 93ff.). Zu den Schülern Ritschls gehörte auch Adolf von Harnack (1851-1930). Für diesen sind Dogmen eine Erscheinung der "Hellenisierung des Christentums". Das "Wesen des Christentums" besteht von Harnack zufolge in dem "schlichten" Evangelium des historischen Jesus, was dem modernen Gebildeten keine Verleugnung seiner wissenschaftlichen Überzeugung abverlange. Das Wesen des Christentums macht von Harnack zufolge der Gang des Evangeliums durch die Geschichte aus. Das "Reich Gottes" ist religiöses Bewusstsein und die Bezeugung vom unendlichen Wert der Menschenseele. Aufgabe der Kinder des liebenden Vater-Gottes ist, den Willen Gottes zu tun. Daraus folgen für von Harnack christliche Kultur und soziale Gestalt der christlichen Gemeinschaft. Verwirklicht wurde dies im Kulturprotestantismus an der Wende vom 19. zum 20. Jahrhundert. Als einzige wissenschaftliche Disziplin in der Theologie wollte von Harnack die Kirchengeschichte gelten lassen. Jesus wollte "selbständiges religiöses Leben entzünden und hat es entzündet; ja das ist seine eigentliche Größe, dass er die Menschen zu Gott geführt hat, auf dass sie nur ihr eigenes Leben mit ihm leben". Erlöser ist Jesus damit für Harnack nicht mehr.

3.3. Religionsgeschichtliche Schule

Die Religionsgeschichtliche Schule (Hermann Gunkel, 1862-1932; Wilhelm Bousset, 1865-1920; Wilhelm Heitmüller, 1869-1926; Johannes Weiß, 1863-1914; aber in gewisser Weise auch Ernst Troltsch, 1865-1923 und Albert Schweitzer, 1875-1965) stellt das Neue Testament in seine religiöse Umwelt hinein und erliegt damit allem Anschein nach der Gefahr, die Besonderheit der neutestamentlichen Botschaft zu verlieren. Die Religionsgeschichtliche Schule kann auch als Reaktion auf die zunehmend unfruchtbar werdende Literarkritik angesehen werden. Einen Fortschritt stellt sie dennoch nicht dar mit ihrer Forschung am Mythos, weil sie davon die Botschaft der Bibel nicht grundlegend abhob.

3.4. Troeltsch, Rothe, Schweitzer

Im weiteren Sinne sind auch Ernst Troeltsch und Albert Schweitzer der Religionsgeschichtlichen Schule zuzurechnen, während Richard Rothe (1789-1867) eher der Richtung Albrecht Ritschls zuzuzählen ist, trotz aller Selbständigkeit. Ernst Troeltsch (1865-1923) meint, aufgrund historischen Denkens sei die "Absolutheit des Christentums" zu verneinen. Für Troeltsch beginnt die "Moderne" nicht mehr mit der Reformation, sondern erst mit der Aufklärung. Den Spiritualismus betrachtet er als die "Geheimreligion" des modernen Gebildeten. Im übrigen vertritt Troeltsch die üblichen Positionen l.r Th.: ein diesseitig verstandenes Reich Gottes, die Subjektivität des Glaubens; er wird aber immer pessimistischer darin, die christliche Ethik könnte noch auf die Geschichte einwirken. In der Ablehnung der l.r Th. eigenen optimistischen Sicht mag sich deren Krise bereits andeuten, die dann vollends durch den Ersten Weltkrieg von einem Optimismus in Pessimismus umschlug. Troeltsch hat denn auch später die christliche Persönlichkeit hervorgehoben und blieb damit der Vorstellung eines subjektiven Christentums treu: "Es bleibt dabei - und das ist das alles zusammenfassende Ergebnis - das Reich Gottes ist inwendig in uns." L.r Th. und darin durchaus der Religionsgeschichtlichen Schule ist Albert Schweitzer (1875-1965) zuzurechnen, wiewohl er gerade auch durch sein umfangreiches Werk "Geschichte der Leben Jesu Forschung" (1906) deren Krise diagnostizierte und mit zum Ende l.r Th. beigetragen hat. Denn Schweitzers "konsequente Eschatologie" stellt das liberale Jesusbild grundlegend infrage. Nach Schweitzer ist Jesus kein humaner Weisheitslehrer, sondern ein apokalyptischer Prophet. Das Urchristentum ist bestimmt von der realistisch verstandenen Naherwartung des Reiches Gottes. Damit wird das liberale Reich-Gottes-Verständnis, das dieses als innerweltlich und inwendig im Menschen versteht, infrage gestellt. Für Richard Rothe (1789-1867) beinhal-

tet L. Th. außer dem Kampf gegen Dogmenzwang, Lehrautorität, Herrschaft der Kirche über die Schule und religiöse Überhöhung der Politik auch eine sittlich-religiöse Durchdringung der Welt.
Es waren weder A. Ritschl und seine Schüler, noch die Religionsgeschichtliche Schule und die Autoren der als liberal geltenden Zeitschrift Martin Rades (1857-1940) "Die Christliche Welt", die sich selbst als "liberale Theologen" bezeichneten. Diese Bezeichnung wurde ihnen von konservativen Theologen vor dem Ersten Weltkrieg zugelegt. Hingegen machten die Tübinger Schule F. Chr. Baurs, der "Deutsche Protestantenverein" und die "Protestantische Kirchenzeitung" L. Th. zum Kampfbegriff gegen das herrschende Bündnis von lutherisch-konfessioneller Orthodoxie und restaurativem Staat und betonten dabei die Übereinstimmung zwischen kirchlichem und politischem Liberalismus.

4. Krise und Ende des Altliberalismus
Die Krise L.r Th. deutete sich bereits bei Ernst Troeltsch und Albert Schweitzer an. Kritisiert wurde L. Th. jedoch auch schon früher und zwar aus dem Liberalismus selbst, etwa durch David Friedrich Strauß, Jakob Burckhardt und Franz Overbeck, wie auch von radikalen Geistern, etwa Bruno Bauer (1809-1882) und freireligiösen Bewegungen wie den Lichtfreunden und dem Monistenbund. Die nicht allein durch Albert Schweitzer, sondern auch durch Martin Kähler und William Wrede erschütterte Leben Jesu Forschung wird durch die Formgeschichte (Martin Dibelius) weiter infrage gestellt, als Subjektivismus erkannt und schließlich durch die Formgeschichte abgelöst. In den Materialschlachten des Ersten Weltkrieges erwies sich L. Th. als nicht tragfähig und zerbrach. Optimismus und Fortschrittsglaube erweisen sich nicht als beständig. In der L. Th. hatten vor allem Exegese und Kirchengeschichte dominiert und den Historismus und Positivismus gefördert, während die syste-

matische Theologie vernachlässigt wurde. Zudem hatte L. Th. nicht die Hoffnung erfüllt, breite Kreise des Protestantismus zu erreichen; am ehesten erreichte sie noch das Bildungsbürgertum. Die offizielle Kirche hatte den politischen wie theologischen Liberalismus abgelehnt. In einzelnen Fällen wurden liberale Pfarrer mit Lehrzuchtverfahren bedacht (>Apostolikumstreit) (Jatho, Traub, Leimbach, Schrempf). Da die Kirche jedoch zur Ausbildung an den theologischen Fakultäten liberale Dozenten gewähren ließ, war dieses Verhalten in gewisser Weise inkonsequent.
Die Kritik der frühen >Dialektischen Theologie (Karl >Barth) setzte u. a. an der Vernachlässigung der Systematik an und an der Verbindung von Christentum und Kultur (Kulturprotestantismus). Eine Vorherrschaft moderner Wissenschaft, vor allem der >Historismus wurde aufgegeben. Bei der Dialektischen Theologie wurde von einer Neuorthodoxie / Neoorthodoxie gesprochen. Während des Kirchenkampfes im Dritten Reich bekam das alte Bekenntnis wieder Bedeutung. Es herrschte allgemein eine antiliberale Haltung. Zwar fanden einige liberale Theologen den Weg zur Bekennenden Kirche. Da bei dieser aber im Großen und Ganzen orthodox gedacht wurde, war dem Liberalismus der Weg dahin weithin verschlossen. Nach 1945 herrschte in den Kirchen selbst zunächst ein eher restaurativer Zug, an den evangelisch-theologischen Fakultäten dagegen schnell der Neoliberalismus, der von R. Bultmann und dessen Schülern vertreten wurde durch deren geschickte "Fakultätspolitik" herrschend wurde und dann auch auf die Gemeinden übergriff.

5. Neue Liberale Theologie

Gegenwärtig ist L. Th. nicht allein für ein bestimmtes Bildungsbürgertum ansprechend, sondern scheint als pragmatisch verstandene L. Th. die allgemein herrschende theologisch-kirchliche Richtung geworden zu sein. So zeigt z. B. Trutz Rendtorff, dass der Neoliberalismus kein Gegensatz mehr zur herrschenden Kirchentheologie ist. T. Rendtorff selbst ist einer der am maßgeblichsten auf Kirchentheologie einwirkenden akademischen Theologen. Möglicherweise lässt sich der Wandel von einer nach dem Kriege eher restaurativen Kirchentheologie hin zu einer stark neoliberalen zum Teil mit der Annahme erklären, dass, wenn eine protestantische Kirche nicht hinter dem demokratischen Staat und vor allem hinter einer pluralistischen Gesellschaft zurückbleiben will und ein Teil dieser pluralistischen Gesellschaft sein will, sie l.r Th. zu bedürfen scheint. Die neue L. Th. hat aber allem Anschein nach nicht mehr dieses Maß an Optimismus und Fortschrittsgläubigkeit. Sie scheint dafür aber mehr pragmatisch orientiert zu sein als die alte. Doch wurde die neue L. Th. vorbereitet. Emanuel Hirsch (1888-1972) trat mit seiner mehrbändigen Theologiegeschichte einer Ächtung des Neuprotestantismus, wie dies durch K. Barth geschah, entgegen. Paul >Tillich (1886-1965) hat durch seine ebenfalls mehrbändige Systematische Theologie das systematische Defizit l.r Th. aufzuheben versucht. R. >Bultmann hat in seinem umstrittenen Programm der >Entmythologisierung liberale Fragen in veränderter Form wieder aufgenommen und ist damit bei l.r Th. geblieben, wo er auch seinen Ausgangspunkt nahm, auch wenn er selbst dies anders eingeschätzt hat. In der (deutschsprachigen) Schweiz hat sich recht früh eine neue L. Th. herausgebildet und zwar aufgrund intensiver Rezeption der ethischen Theologie Albert Schweitzers, die dessen Schüler Martin Werner, Fritz Buri und auch Ulrich Neuenschwander ("Die neue liberale Theologie", 1953) vertraten, die sich auch durch den Philosophen Karl Jaspers (1883-1969) anregen ließen (>Konsequente Eschatologie).

6. Theologischer Liberalismus außerhalb des deutschsprachigen Raums und im Katholizismus

Einfluss gewann in den USA der Unitarismus, der die Trinitätslehre ablehnt und die volle Menschlichkeit Jesu betont. Er ist vom >Deismus geprägt und verbindet Religion und Moral. Tugendhafter Lebenswandel ist demnach das Wichtigste bei dieser religiösen Richtung. Die Willensfreiheit wird gelehrt und die Sünde moralisch verstanden, so dass von der Möglichkeit menschlicher Sühne der Sünden ausgegangen wird. Auch die Social-Gospel-Bewegung wird weithin von liberalen Ideen bestimmt. Während sich der europäische Liberalismus durch Profillosigkeit auszeichnet, trifft dies für den amerikanischen nicht zu. Von liberal-protestantischer Tradition bestimmt ist der Protestantismus Frankreichs, der Niederlande, der Tschechoslowakei, ebenso Schwedens, wo Erzbischof Nathan Söderblom (1866-1931) für freie religionswissenschaftliche Forschung sowie für die Einigung des Weltprotestantismus eintrat, womit durch den Ökumenischen Rat der Kirchen ein wichtiger Schritt erfolgt ist. In Norwegen spaltete sich 1908 in Oslo die pietistisch-konservativ ausgerichtete Gemeindefakultät von der Osloer Fakultät ab und wurde die bedeutendere. Liberale Traditionen im Katholizismus sind in Frankreich, den Niederlanden und Belgien vorhanden. Ideen von Vertretern eines liberalen Katholizismus, z. B. Alfred Loisy (1857-1940), versuchte Papst Pius X. (1835-1914, Papst 1903-1914) durch Antimodernistenmaßnahmen zu unterdrücken. Ein Teil dieser Ideen wurde jedoch durch das Zweite Vatikanische Konzil kirchenoffiziell aufgenommen.

7. Bleibende Folgen des theologischen Liberalismus

Wie sich am theologischen Neoliberalismus zeigt, hat der Altliberalismus bleibende Folgen hinterlassen, die allem Anschein nach als unaufgebbar angesehen werden: die historisch-kritische Methode, die Verbindung von Theologie und allgemeinem Geistesleben (Kulturprotestantismus), die Forderung nach religiöser Freiheit, der Versuch, dem modernen Menschen Glaubensforderungen und sperrige Aussagen von Schrift und Dogma zu ersparen (Bultmanns Entmythologisierungsprogramm, aber auch schon v. Harnack) und die moderne Erfahrungstheologie (Schleiermacher). Eines der Anliegen, wenn nicht das Hauptanliegen l.r Th., hat sich auch in weiten Teilen der sog. positiven Theologie durchgesetzt, die Anwendung historisch-kritischer Methode in Exegese, Kirchen- und Dogmengeschichte.

8. Beurteilung der Liberalen Theologie

Wie sich zeigte, ist der theologische Liberalismus nicht einheitlich, sondern zerfällt in verschiedene Strömungen und Epochen. Dennoch weist er einige Gemeinsamkeiten bei aller Verschiedenheit auf. Eines seiner Grundprinzipien ist, keine festen Glaubenswahrheiten mehr zu kennen, sondern diese jeweils den jeweiligen Umständen entsprechend neu zu formulieren. Unveränderbare Glaubenswahrheiten kennt der theologische Liberalismus nicht. Deshalb zeichnet ihn eine kritische Haltung gegenüber der dogmatischen und kirchlichen Tradition aus. Angestrebt wird ein undogmatisches Christentum. Theologischer Liberalismus will Glaube und Vernunft versöhnen, so dass sie sich nicht widersprechen. Zumeist vertritt L. Th. eine revelatio generalis; Offenbarung geschieht damit nicht allein durch das Wort Gottes, sondern auch in Natur, Geschichte, Selbstbewusstsein. Abgelehnt wird eine objektive Erlösungslehre. Die biblisch-reformatorische Rechtfertigungslehre wird durch eine ethische ersetzt und damit auch das Sündenverständnis moralistisch erweicht. Betonte traditionelle Theologie die Sündhaftigkeit des Menschen, so wird l.r Th. die Würde des Menschen wichtig. Zum optimistischen Menschenverständnis tritt ein ebensolches für die Geschichte. Aufgrund des Optimismus und Fortschrittsglaubens wird ein weltgestaltender Glaube vertreten. Ziel ist nicht mehr das von Gott heraufgeführte Reich Gottes mit einem neuen Himmel und einer neuen Erde (Jes 65,17: 66,22; 2. Petr 3,13; Offb 21,1), sondern das Reich Gottes soll sich innerweltlich durch menschliche Gestaltung verwirklichen. Zwar werden Institutionalismus (Kirche als Institution), Klerikalismus und Konfessionalismus abgelehnt, doch gibt es theologischen Liberalismus nicht allein als Privatchristentum, sondern auch in Gruppen und Vereinen (Protestantenverein, Schweizerischer Verein für freies Christentum). Aufgeschlossener als die kirchliche Theologie zeigte sich der theologische und kirchliche Liberalismus meist für die soziale Frage, die ökumenische und die Friedensbewegung. Dem Katholizismus gegenüber fühlt sich der theologische Liberalismus überlegen. Maßgebliche Glaubensinhalte sind im theologischen und kirchlichen Liberalismus aufgegeben. Seine Orientierung ist am (natürlichen) Menschen und damit innerweltlich. Auf Dauer wird es nicht gelingen, Theologie und Kirche bei Vorherrschen dieser theologisch-kirchlichen Richtung unbeschadet zu erhalten. Die Entwicklung der theologischen Fakultäten und Ausbildungseinrichtungen und Kirchen, bei welchen L. Th. mit ihrem (inzwischen) meist inhärenten theologisch-kirchlichen >Pragmatismus vorherrschen, ist hierfür ein Beleg.

S. auch: >Liberalismus; >Bibelkritik; >Entmythologisierung; >Genitiv-Theologien; >Konsequente Eschatologie; u.a.

Lit.: EKL, 3. Aufl., Bd. 3, Art. Liberale Theologie, Sp. 86-98, v. F. W. Graf; Ev. Gemeindelexikon, liberale Theologie, S. 327-329, v. M. Roensch; siehe auch: Theologie, Neuere, S. 503-507, v. H. Egelkraut; ELThG, Bd. 2, Liberale Theologie, S. 1238-1240, v. F. Flückiger; EStL, 2. Aufl. Art. Liberalismus, III. der Liberalismus in Theologie und Kirche, Sp. 1487-1490; RGG, 3. Aufl., Bd. 4, Sp. 351-355, Art. Theol. und kirchl. Liberalismus, v. H. Grass; U. Neuenschwander, Die neue liberale Theologie, 1953; W. Nigg, Geschichte des religiösen Liberalismus, 1937; A. Schweitzer, Geschichte der Leben Jesu Forschung, div. Aufl.

Walter Rominger

Libertinismus

Der Begriff Libertinismus (L.; lat. libertinus = "der Freigelassene") wird in mehrfacher Weise benutzt.

1. Allgemein bezeichnet er ein Abweichen von anerkannter Norm, Lehre, Moral. Der Begriff wird im Regelfall abwertend gebraucht.

2. Oft wird er im historischen Sinne benutzt.

- In Apg 6,9 werden Mitglieder einer Synagoge "Libertiner" genannt, die zur Verfolgung des Stephanus aufforderten.
- Am ausgehenden Mittelalter werden Genfer Patrioten, die für die politische Unabhängigkeit der Stadt eingetreten waren, als solche betrachtet. Hatten sie zunächst Calvin unterstützt, so standen sie später gegen ihn, da sie (als "Perrinisten") dessen strenge Kirchenzucht und den Zustrom von Franzosen nach Genf ablehnten.
- Ebenfalls am ausgehenden Mittelalter wird eine "Spiritualisten"-Bewegung ("Loisten") in Antwerpen, vor denen Luther 1525 in einem Brief gewarnt hat, mit dem Begriff L. bezeichnet.
- Schließlich wird eine nur etwa zwei Jahrzehnte später auftretende Gruppe, die möglicherweise mit den "Loisten" von Antwerpen in Zusammenhang stand, als L. bezeichnet. Diese 1545 u. a. von Calvin bekämpften Anhänger der Niederländer Coppin bzw. Quintin ("Quintinisten"), die in Frankreich auftraten, waren quietistische, pantheistische >Mystiker. Quintin wurde 1546 wegen Unsittlichkeit und Häresie in Tournay hingerichtet.

3. Wird der Begriff L. gegenwärtig nicht im historischen Sinn gebraucht, so bedeutet er abwertend moralische Freizügigkeit.

4. Darüber hinaus bezeichnet L. eine ungebundene, ja zügellose Lebensweise, die dem Neuen Testament gänzlich widerspricht und sich deshalb zu Unrecht auf die evangelische Freiheit beruft. Es ergeben sich also Berührungspunkte mit dem Antinomismus. Die Heilsbotschaft des Neuen Testaments wird missverstanden als Freiheit von jeglicher Ethik und damit faktisch zum Beharren in der Sünde (gegen Röm 6,1f.). - Das steht freilich gegen Jesus (Mt 5,17), Paulus und die gesamte Tendenz des Neuen Testaments, die die bleibende Be-

deutung des Gesetzes in dreifacher Weise festhielten, wie dies durch die Reformation wieder ins Bewusstsein gerufen wurde: als Riegel (usus politicus), Spiegel (usus elenchticus seu theologicus), Regel (tertius usus). Vom Neuen Testament her ist eine positive Aufnahme des Begriffes L. nicht möglich. Auch in seiner historischen Verwendung bezeichnet er durchweg negative Erscheinungen.

5. Libertinismus stellt das Gegenteil des >Perfektionismus dar. In der Praxis ist der Libertinismus mit "Zügellosigkeit" zu übersetzen. Alles sei erlaubt. Dietrich Bonhoeffer spricht von einer "billigen Gnade", welche der Libertinismus vertrete. Ein Christ könne leben wie er wolle, so wird behauptet, er habe ja die Gnade. "Tue was Du willst, das sei dein ganzes Gesetz", war aber auch das Motto des Satanisten Aleister Crowley. Der Libertinismus stellt die Auflösung aller Werte und göttlichen Gebote in der Gegenwart dar. *Kritik:* Jesus Christus spricht: "Wenn ihr mich liebt, so werdet ihr meine Gebote halten" (Joh 14,15). Als Frucht des Glaubens ist dies möglich. Paulus ist auch kein Gegner des Gesetzes an sich, sondern er wandte sich nur dagegen, dass das Gesetz als Heilsweg verstanden werde. In Röm. 13,8-10 beschreibt er, wie der Glaube durch den Gehorsam Auswirkungen hat: "Seid niemand etwas schuldig, außer, dass ihr euch untereinander liebt; denn wer den anderen liebt, der hat das Gesetz erfüllt ... Die Liebe tut dem Nächsten nichts Böses. So ist nun die Liebe die Erfüllung des Gesetzes." Es gibt also keine göttliche Liebe ohne die Gebote Gottes. Dies wäre eine willkürliche Interpretation und letztendlich Verführung. Der Libertinismus wird im antichristlichen Reich enden.

S. auch: >Ethik; >Gemeinde; >Liebe; >Gnade; >Autonomie; >Anarchismus; >Antichrist.

Lit.: Art. Libertiner 1. - 3. RE (Realenzyklopädie für protestantische Theologie), hg. v. A. Hauck, Bd. 11, 456-461, 1902.

Walter Rominger (1-4) / Lothar Gassmann (5)

Liebe

besitzt im Griechischen drei Bedeutungen:

a) *Eros* ist die leidenschaftliche Liebe (L.), die den anderen begehrt (vgl. Erotik). Sie will alles bekommen und nichts geben. Der erotisch L.nde sucht sich wahllos seine L.sobjekte, strebt nach inniger Verschmelzung mit ihnen (immer seelisch, oft auch körperlich) und will im Sinnenrausch seinen eigenen Lebenshunger stillen. Erotische L. ist wesensmäßig untreu. Der Rausch wurde bei den Griechen in der Verehrung des Gottes Eros zur Religion. (>Platon u. a. versuchten, den Eros einem höheren Humanitätsideal unterzuordnen. So bezeichnete Platon die körperliche Schönheit, an der sich der Eros entzündet, als Wegweiser zum Göttlichen. Dennoch bleibt der Eros im griechischen Denken ein naturhafter Trieb zur eigenen Lebenssteigerung.)

b) *Philia* ist die fürsorgende L. zwischen Freunden oder zwischen Göttern und Menschen. Sie ist nicht Trieb, sondern Aufgabe und Bestimmung. Hinter ihr steht der Gedanke der wechselseitigen Hilfe und Zuwendung ("Do, ut des" = "Ich gebe, damit du gibst"; geben, um zu bekommen).

c) *Agape* ist die auswählende, tätige und treue L., die sich dem anderen bedingungslos schenkt. Sie will nichts und gibt alles. Sie ist nicht auf leidenschaftlichen Genuss aus, sondern will dem, den sie erwählt hat, helfen und für ihn da sein. Im vorbiblischen Griechisch ist kaum oder nur in sehr verschwommener Bedeutung von Agape die Rede (manchmal sogar gleichlautend mit Eros oder Philia gebraucht), während im neutestamentlichen Griechisch Agape der zentrale L.sbegriff ist.

Das neutestamentliche Wort Agape steht in der Tradition des AT. Wo in der Septuaginta mit "Agape" übersetzt wird, steht im Hebräischen fast durchweg Ahaba. *Ahaba* bezeichnet:

a) die leidenschaftliche L. zwischen Mann und Frau: "L. ist stark wie der Tod und Leidenschaft unwiderstehlich wie das Totenreich" (Hhld 8,6); ferner Hos 3,1 u.a.;

b) die selbstlose Freundestreue: "Und Jonathan ließ nun David schwören bei der L. zu ihm; denn er hatte ihn so lieb wie sein eigenes Herz" (1. Sam 20,17);

c) das treue Festhalten an der Gerechtigkeit: "Du liebst Gerechtigkeit" (Ps 45,8); u. a.;

Das alttestamentliche, hebräische Wort Ahaba (bzw. das griechische Agape in der Septuaginta) umschließt somit den Reichtum aller drei Begriffe des weltlichen Griechisch für "L." (Eros, Philia und Agape). Es weist aber auch gewichtige Unterschiede - sowohl Einschränkungen als auch Erweiterungen - gegenüber ihnen auf:

a) Das alttestamentliche Wort für "L." ist streng von den orgiastischen Fruchtbarkeitskulten der heidnischen Umwelt Israels abgesetzt. Deshalb gibt es keine religiöse Verehrung des Eros.

b) Die alttestamentliche L. ist keine Allerwelts-L. wie der griechische Eros, sondern eine streng ausschließliche, exklusive L.. Gottes L. gehört seinem auserwählten Volk. Ihm bleibt er treu, wenn es seinen Bund und seine Gebote hält (1. Mose 20,2ff; 5. Mose 7,12f; Hos 1ff; u. ä.) Für das Verhältnis des Israeliten zu seinem Volksgenossen gilt:" Du sollst deinen Nächsten lieben wie dich selbst" (3. Mose 19,18).

c) Die tätige, rücksichtsvolle L. wird aber ausgedehnt auf den Fremden, der dem Volk Gottes angegliedert ist (2. Mose 20,10; 22,20; u.a.).

d) Sie wird auch ausgedehnt auf den Feind, wenn er auf konkrete Hilfe angewiesen ist. Es handelt sich allerdings nur um einzelne Liebeserweise, die situationsgebunden bleiben: "Wenn du dem Rind oder Esel deines Feindes begegnest, die sich verirrt haben, so sollst du sie ihm wieder zuführen ..." (2. Mose 23,4 f); "Hungert deinen Feind, so speise ihn; dürstet ihn, so tränke ihn mit Wasser!" (Spr 25,21).

Hier ergeht L. vor Recht, hier steht der Mensch vor der Rechtsperson, aber es gibt keine umfassende, allgemeingültige Feindesliebe. Im Gegenteil: Grundsätzlich wird gegen die Feinde Gottes, des Gottesvolkes und des Frommen das göttliche Gericht beschworen (2. Mose 34,12f; 5. Mose 7,1ff; Ps 109; u. a.). Die L. macht in der Regel an der Grenze des Gottesvolkes halt. Erst das NT bringt das radikal Neue: die Feindesliebe, die grundlegend gilt, die völlig selbstlos und opferbereit ist. Sie wird von Jesus vorgelebt und gelehrt. (>Feindesliebe). Eine „Allerweltsliebe“ oder gar „religionsvermischende“ Liebe im Sinne einer alles offen lassenden „Toleranz" gibt es im Neuen Testament nicht.

S. auch: >Toleranz; >Ökumene der Religionen; >Feindesliebe.
Lit.: Quell/Stauffer, Art. „agapao", ThWNT 1, 1950, 810ff.
Lothar Gassmann

Mensch

1. Griechische Philosophie

Bereits in der griechischen Philosophie des Altertums zeichnen sich Grundlinien ab, die bis heute die Diskussion um den Menschen bestimmen. Es ist der *Gegensatz zwischen Materialismus und Spiritualismus* (Denken in stofflichen oder geistigen Kategorien). Während materialistische Naturphilosophen wie *Leukipp* (5. Jh. v. Chr.) und *Demokrit* (470-360?) den Menschen als bloße Zusammenballung von groberen (Körper) und feineren (Seele) Atomen betrachten, die sich nach dem Tode zerstreuen, sprechen metaphysisch (geistig) orientierte Denker wie *Platon* (427-347) und *Aristoteles* (384-322) dem Menschen ein individuelles und unzerstörbares Sein zu.

Nach *Platon* ist der Mensch *die Seele* (he psyche), während *der Körper* (to soma) nur deren Kerker darstellt, aus dem sie sich beim Tode befreit (Zweiteilung/Dichotomie). Die Seele – sprich: der Mensch - wiederum ist dreigeteilt (Trichotomie) in:

a. *das Denken* (to logistikon) im Kopf - ihm entspricht die Tugend der Weisheit (he sophia), die den Gelehrten zukommt;
b. *das Wollen* (to thymoeides) in der Brust - ihm entspricht die Tugend der Tapferkeit (he andreia), die den Soldaten zukommt;
c. *das Begehren* (to epithymetikon) im Unterleib - ihm entspricht die Tugend der Maßhaltung oder Selbstbeherrschung (he sophrosyne), die den Arbeitern und Bauern eignet.

Stehen alle drei Seelenteile in Ausgewogenheit miteinander und tut jeder Selenteil das seine, dann ergibt sich als vierte Tugend die Gerechtigkeit (he dikaiosyne).

Als höchster, geradezu göttlicher Seelenteil gilt das Denken oder die Vernunft (nus), die eins mit der Weltseele und unsterblich ist. Erkenntnis entsteht durch Erinnerung (anamnesis) an frühere Verkörperungen der Seele.

Dieses platonische Menschenbild weist - wie die platonische Philosophie überhaupt - mancherlei Ähnlichkeiten zur *Brahman-Atman-Spekulation der hinduistischen Upanischaden* auf. *Brahman* ist die Weltseele, das unpersönliche Absolute, das höchste geistige Prinzip. *Atman* oder *Purusa* ist das innerste Selbst des Menschen, das - in der Scheinwelt (Maja) der Körperlichkeit gefangen - doch unwandelbar und unsterblich ist. Es verkörpert sich immer wieder, bis es durch Moksa (befreiende Erkenntnis) seine Einheit mit dem Brahman realisiert.

Diesem strengen Leib-Seele-Dualismus und der Abwertung des Leiblichen hat *Aristoteles* widersprochen. Nach seinem Verständnis ist die Seele die Formkraft oder belebende Wirklichkeit (energeia/entelecheia) des Körpers (*anima est forma corporis*). Die Seele (forma) gebraucht den Leib (materia) wie ein Tischler sein Werkzeug (organon). Der Leib wird von der Seele bewegt und eingesetzt, um das Erstrebte auszuführen. Die Seele ist nie ohne den Leib da. Beide bilden eine Einheit. Auch Aristoteles untergliedert die Seele - allerdings in fünf Teile: Ernährungsvermögen (treptikon), Wahrnehmungsvermögen (aisthetikon), Begehrungsvermögen (orektikon), Bewegungsvermögen (kinetikon) und Denkvermögen / Geist / Vernunft (dianoetikon / nus). Wie für Plato ist auch für ihn der Geist unsterblich. Der Mensch ist ein geist- oder vernunftbegabtes Lebewesen (griech. zoon logon echon; lat. animal rationale).

2. Patristik und Scholastik

In das christlich-abendländische Denken sind philosophische Elemente sowohl von Plato als auch von Aristoteles eingeflossen. Hier erlangte die biblisch begründete

Vorstellung der *Gottebenbildlichkeit (imago Dei)* Bedeutung, welche sich mit der platonischen Hochschätzung der Seele bzw. der platonisch-aristotelischen Betonung der Vernunft oder des Geistes verband.
So meinte der Kirchenvater *Ambrosius* (ca. 340-397), daß die Gottebenbildlichkeit sich in der Seele des Menschen spiegele. *Athanasius* (gest. 373) erblickte das Gottebenbildliche in der Vernunft, *Augustin* (354-430) in der Dreiteilung der Seele (etwa in memoria, intellectus und amor - Erinnerungsvermögen, Erkenntnisvermögen und Liebe) analog zur göttlichen Trinität (Dreieinigkeit). Der christliche Neuplatoniker *Boethius* (ca. 480-525) definierte die Person als unteilbare Substanz mit einer vernunftbegabten Natur (persona est naturae rationalis individua substantia). Auf dem *4. Konzil von Konstantinopel 869/70* allerdings verwarf die westliche Kirche die Dreiteilung des Menschen in Leib, Seele und Geist (letzterer als oberster, göttlicher Seelenteil). Sie unterschied zwischen dem menschlichen Geist, der dem Menschen von Natur zu eigen ist, und dem göttlichen Geist, der dem Christen als Gottes Gabe von außen zukommt.
Thomas von Aquin (1225-1274) nahm sehr stark aristotelische Gedanken auf, etwa indem er - gemäß dem forma-materia-Schema und Entelechie-Modell - die Seele als das allen Lebenserscheinungen zugrunde liegende formende Prinzip bezeichnete. Eine Verbindung aristotelischer, platonischer und neutestamentlicher Gedanken stellt wohl seine Lehre dar, daß die *Seele unsterblich* ist (Plato), daß sie aber *nicht ohne den Leib* sein will (Aristoteles) und es daher eine *leibliche Auferstehung* geben wird (Neues Testament). Auf dem *Konzil von Vienne 1311/12* wurde die aristotelische Definition "anima est forma corporis" (die Seele ist die Formkraft bzw. belebende Wirklichkeit des Körpers) dogmatisiert.

Ebenfalls auf aristotelische Kategorien geht die *scholastische Unterscheidung zwischen materia (Substanz) und forma (Akzidens)* zurück, die zu einer zweistufigen Ausbildung der imago-Dei-Lehre führte. Sie findet sich mit gewissen Variationen z.B. in den Schriften von Thomas von Aquin, Petrus Lombardus und Johannes Damaszenus. Unter Bezugnahme auf die beiden in Gen 1,26f. begegnenden Begriffe zur Kennzeichnung der Gottebenbildlichkeit wurde folgender Unterschied behauptet:

a. Die *imago* (wörtlich: Bild; hebr. zelem, griech. eikon) ist die materia (Substanz), das natürliche, kreatürliche Menschsein (status purorum naturalium), gekennzeichnet durch die (augustinischen) vestigia trinitatis (Spuren der Dreieinigkeit): memoria, intellectus et amor. Sie ist durch die Sünde nicht verlierbar, sondern nur lädierbar.

b. Die *similitudo* (wörtlich: Ähnlichkeit; hebr. demut, griech. homoiosis) ist die forma (Akzidens), die von Gott aus Gnaden geschenkte übernatürliche Ausstattung (donum superadditum gratiae), gekennzeichnet durch die ursprüngliche Gerechtigkeit (iustitia originalis). Sie ist durch die Sünde verlierbar

3. Reformation

Gegen das aristotelisch geprägte Menschenbild der Scholastik erhob *Martin Luther* (1483-1546) seinen schärfsten Protest. In seiner Disputation *"De homine"* (Über den Menschen) stellt er fest, daß die aristotelische Definition ("homo est animal rationale, sensitivum, corporeum" - der Mensch ist ein vernunftbegabtes Lebewesen mit Sinneswahrnehmung und Leib) nur den sterblichen und irdischen Menschen erfaßt. Die biblisch verankerte Theologie definiert hingegen "aus der Fülle ihrer Weisheit den ganzen und vollkommenen Menschen".

An die Stelle der substanzontologischen Aufteilung der Scholastik, welche die Stelle Gen 1,26f. überdehnt, setzt Luther die heilsgeschichtliche Dynamik, die den Menschen in seinen verschiedenen Status (Entwickungszuständen) erblickt: Im Anfang ist er zum Bilde Gottes (imago Dei) ohne Sünde erschaffen, nach Adams Fall aber der Macht von Sünde, Teufel und Tod unterworfen (imago diaboli), wovon er durch Jesus Christus befreit und mit dem ewigen Leben beschenkt wird. Davon ausgehend, deutet Luther das aristotelische materia-forma-Modell biblisch-eschatologisch um: "So ist denn der Mensch dieses Lebens Gottes bloßer Stoff zu dem Leben seiner künftigen Gestalt." In dieser wird "das Ebenbild Gottes wiederhergestellt und vollendet sein" (imago Dei reformata et perfecta).

Nicht ein *Teil* des Menschen ist also durch die Sünde verderbt, sondern *der ganze Mensch* mitsamt der Vernunft, die ihn über die Tiere erhebt: "Wer darum sagt, die natürlichen Kräfte des Menschen seien nach dem Fall unversehrt geblieben, philosophiert gottlos gegen die Theologie." Der Mensch läßt sich nicht *substanzontologisch* von seiner gefallenen Natur her, sondern nur *soteriologisch* von der Beziehung zu Gott her verstehen, der ihm in Jesus Christus die Rechtfertigung schenken möchte. Im Anschluß an Römer 3,28 definiert Luther folglich den Menschen als *ein Wesen, das durch den Glauben gerechtfertigt wird (hominem iustificari fide)*.

Diese theozentrische Sicht Luthers wurde bereits in der *altprotestantischen Orthodoxie* wieder aufgeweicht, um in der Aufklärung schließlich einem völligen Anthropozentrismus Platz zu machen. So sprach schon *Johann Gerhard* (1582-1637) von *"gewissen Resten"* der Gottebenbildlichkeit, die trotz des Sündenfalls erhalten geblieben seien. *J. A. Quenstedt* (1617-1688) und *David Hollaz* (1648-1713) unterschieden - unter Rückgriff auf das aristotelische forma-materia-Modell - zwischen

a. einer Gottebenbildlichkeit im allgemeinen Sinne *(imago Dei generaliter)* aufgrund der Innewohnung einer vernünftigen Seele (anima rationalis) mit Wille und Verstand - diese ist unverlierbar;

b. einer Gottebenbildlichkeit im speziellen Sinne *(imago Dei specialiter)* in Form der Urgerechtigkeit - diese ist verlorengegangen.

4. Aufklärung

In der Aufklärungs-Philosophie gelangte der Glaube an den Menschen und an die Macht seiner Vernunft mit Vehemenz zum Durchbruch. Der unter dem Ansturm der Reformation eine Zeitlang verschüttete *humanistische Optimismus* der platonisch-aristotelischen Philosophie wurde wiederbelebt. Nach Immanuel Kants bekannter Definition ist die Aufklärung der Versuch des Menschen, sich aus seiner selbstverschuldeten Unmündigkeit zu befreien, indem er sich seines eigenen Verstandes bedient: *sapere aude!*

René Descartes` (1596-1650) Motto *"Ich denke, also bin ich" (cogito, ergo sum)* löst die Wesensbestimmung des Menschen völlig aus der Beziehung zu Gott heraus, die bei Luther so entscheidend war. Der Mensch steht nun allein im Zentrum der Welt. Diese wird dichotomisch in *res extensa (Körperwelt)* und *res cogitans (geistige Welt/Denkwelt)* aufgeteilt Der Mensch gelangt zu Gott höchstens noch noetisch (erkenntnismäßig) durch verschiedene Denkbemühungen, verdankt sich ihm aber nicht ontisch-existentiell (seinsmäßig) als von ihm Geretteter und Gerechtfertigter.

Während allerdings Descartes trotz seines Anthropozentrismus wenigstens noch an einer Gottesidee festhalten will, gehen *Materialisten* wie *Denis Diderot* (1713-1784) und *J. O. de Lamettrie* (1709-1751) über ihn hinaus und verkünden die Materie (res extensa) als selbstwirkendes Prinzip. Gott ist überflüssig; ein selbständiger Geist im Menschen existiert nicht, sondern das Denken ist eine natürliche Funktion des Gehirns. In Vorwegnahme behavioristischer Modelle im 20. Jahrhundert betitelte Lamettrie ein Werk "Der Mensch als Maschine".

In anderer Hinsicht radikal war *Jean Jacques Rousseau* (1712-1778): Er trieb den optimistischen Humanismus auf die Spitze. Nach seiner Ansicht kommt der Mensch *gut* aus den Händen der Natur und wird erst durch die

Gesellschaft verdorben. Diese - heute weit verbreitete - Ansicht vertrat er in direktem Gegensatz zu den biblischen Aussagen, welche von der verderbten Natur des Menschenwesens von Anfang an handeln (Gen 8,21; Ps 51,7; Röm 3,23 u.a.).

5. Deutscher Idealismus

In deutlicher Anlehnung an die aristotelische Definition des Menschen als "animal rationale" betrachtete *Immanuel Kant* (1724-1804) den Menschen als "Bürger zweier Welten", und zwar

a. des *mundus sensibilis*, d.h. der sinnlich wahrnehmbaren und materiellen Welt der Erscheinungen, in die der Mensch durch seine Natur (Animalität) hineingeworfen und in der er unfrei ist;

b. des *mundus intelligibilis*, d.h. der übersinnlich erfaßten und geistigen Welt der Ideen, in die sich der Mensch durch reflektierendes Denken, durch den Gebrauch seiner Vernunft (ratio) erhebt (Transzendentalität) und in der er frei ist.

Die Freiheit des Willens ist Voraussetzung für Kants *kategorischen Imperativ*, für den Aufruf zu einem allgemein verantwortbaren moralischen Handeln: "Handle so, daß die Maxime deines Willens jederzeit zugleich als Prinzip einer allgemeinen Gesetzgebung gelten könne!" Kants moralische Weltordnung schließt *Gott, Freiheit und Unsterblichkeit* als denkmögliche Postulate ein. Gott sorgt nach dem Tod für einen gerechten Ausgleich im Blick auf die in der irdischen Existenz kaum je erreichte Glückseligkeit, die dem Maß der guten Taten (sprich: Glückwürdigkeit) entspricht.

Ein solches Postulat lehnt *Johann Gottlieb Fichte* (1762-1814) ab. Nach ihm ist der Mensch das denkende Subjekt oder *"Ich"* (vergleichbar der Descartschen res cogitans), das sich selbst setzt. Zugleich setzt es sich in einem vorbewußten Vorgang ein *"Nicht-Ich"*, ein Fremdes, ein Gegenüber (letztlich die Welt), an dem es moralisch tätig werden kann. Die daraus entstehende moralische Weltordnung selber ist "Gott". Einen darüber hinausgehenden Gott oder auch ein "Ding an sich" im

Kantschen Sinne braucht und gibt es nach Fichte nicht. Nicht ohne Grund wurde gegen Fichte der Atheismus-Vorworf erhoben.
Dem Ansatz Fichtes hat *F. W. J. Schelling* (1775-1854) in gewissem Sinne widersprochen. Nach dessen von Baruch de Spinoza beeinflußter *Identitätsphilosophie* ist die Natur (vergleichbar dem Fichteschen Nicht-Ich) nicht das Produkt des Geistes (= Ich), sondern der Geist ist das Produkt der Natur. Die Natur aber ist ursprünglich Geist, so daß Natur und Geist letztlich identisch sind. Der Geist materialisiert sich in unterschiedlichen Abstufungen, in unterschiedlichen stofflicher Dichte. Seine vollendete Selbstdarstellung erreicht er in Kunst und Philosophie, die vom menschlichen Geist hervorgebracht werden. - Während solche Gedanken des jungen Schelling geradewegs zur Hegelschen Vorstellung vom Weltgeist führten, hat sich Schelling selber in späteren Jahren - von Gedanken des Mystikers Jakob Böhme angeregt - stärker einer personalen und von der Offenbarung geprägten, wenn auch theosophischen Gottesvorstellung zugewandt und das menschliche Denken als ein Mitdenken mit dem Denken Gottes bezeichnet.
G. W. F. Hegel (1770-1831) wollte den "subjektiven I-dealismus" Fichtes und den "objektiven Idealismus" des jungen Schelling in seinem eigenen *"absoluten Idealismus"* vereinen und überbieten. In seinem an gnostische Vorbilder erinnernden dialektischen System spricht er vom absoluten Geist, der von seinem An-sich-Sein (These) ins Anderssein (Antithese), von seiner reinen Idealität in die Materialität gelangt und von dieser in einem komplizierten Entwicklungsprozeß zum An-und-für-sich-Sein (Synthese), zum Selbstbewußtsein der Geistigkeit aufsteigen soll. Das Zu-sich-selbst-Kommen des absoluten Geistes geschieht konkret im menschlichen Geist über die aufeinanderfolgenden Stufen

a. der *Kunst*, die durch äußere Sinnlichkeit die Subjekt-Objekt-Harmonie im Kunstwerk wahrnimmt;
b. der *Religion*, die durch Gefühl und Vorstellung zu einer inneren Wahrnehmung der Gottesidee gelangt;
c. der *Philosophie*, die als allerhöchste Form die reine begriffliche Form des Gedankens (ohne äußerlich-materielle oder innerlich-gefühlsmäßige Trübung) erreicht und in welcher der Geist ganz zu sich selbst gekommen ist.

Der Anthropozentrismus der idealistischen Philosophie hat auch die *Theologie* des 19. und beginnenden 20. Jahrhunderts in mannigfaltiger Weise geprägt. So entfaltet etwa *F. D. E. Schleiermacher* (1768-1834), der Zeitgenosse Hegels, seine Glaubenslehre vom "frommen Selbstbewußtsein" des Menschen her. Frömmigkeit ist für ihn eine Bestimmung des "schlechthinnigen Abhängigkeitsgefühls". Religion entsteht als "andächtiges Anschauen und Fühlen des Universums". - *Adolf von Harnack* (1851-1930) und *Ernst Troeltsch* (1865-1923) bezeichnen neben Gott dem Vater den "unendlichen Wert der Menschenseele" als Grundkonstitutivum des christlichen Glaubens. Nicht erst seit Hegel, aber durch ihn maßgeblich verstärkt hat ein tiefsitzender Rationalismus die Theologie beeinflußt und zur offenbarungs- und wunderfeindlichen Haltung vieler liberaler Theologen geführt, die sich bis heute auswirkt.

6. Feuerbach, Marx, Darwin und Nietzsche

Diese vier Denker haben gemeinsam, daß sie den Blick völlig auf den Menschen lenken und Gott auszuklammern versuchen.

Ludwig Feuerbach (1804-1872), der Gegenspieler jedes Idealismus, dreht das biblische Schöpfungsverständnis herum: Nicht Gott hat den Menschen erschaffen, sondern der Mensch ist der Schöpfer der Götter, in die er seine eigenen unerreichten Ideale hineinprojiziert *(Projektionshypothese)*. Für Feuerbach ist der Mensch der Mittelpunkt der Welt und - wie für Protagoras - das Maß aller Dinge, aber - das behauptet er über Protagoras

hinausgehend - auch das Maß der Götter, die letztlich nur in seiner Phantasie existieren. Der Mensch soll sich endlich von seinen Wunschträumen freimachen und auf seine eigenen Beine kommen.
Von Feuerbach ist es nur ein kleiner Schritt zu *Karl Marx* (1808-1883), der an jenen anknüpft. Marx erklärt Religion als Opium für das Volk. Er möchte Hegels dialektischen Prozeß von den Höhen des Weltgeistes auf die Erde holen, wo die geknechtete und entfremdete Arbeiterklasse sich selbst in einem revolutionären Prozeß die klassenlose Gesellschaft, das Paradies auf Erden erkämpft. Hinter solchen Gedanken steht ein materialistisches und zugleich äußerst optimistisches Menschenbild.
Ein schwerer Schlag gegen das menschliche Selbstvertrauen erfolgte hingegen in Gestalt der Evolutionslehre von *Charles Darwin* (1809-1882), die - philosophisch vorbereitet durch den Entwicklungsgedanken bei G. W. F. Hegel und Herbert Spencer (1820-1903) und ideologisch ausgebaut durch Ernst Haeckel (1834-1919) - das Denken zahlreicher Wissenschaftszweige bis heute prägt. Nach dieser Lehre ist der Mensch nur eine durch Selektion und Mutation aus dem Tierreich hervorgegangene höhere Lebensform, und auch der menschliche Geist ist nur das Produkt einer bestimmten Stufe der Evolution. Im Haeckelschen Monismus wird der Unterschied zwischen Geist und Natur aufgehoben. Die Überlegenheit des Menschen über die Natur wird ebenso bestritten wie die Existenz eines außerhalb der Natur existierenden Gottes.
Auch *Friedrich Nietzsche* (1844-1900) bestreitet die Existenz eines Gottes, zieht daraus aber die Konsequenz, den Menschen an Gottes Stelle zu setzen: "Tot sind alle Götter: Nun wollen wir, daß der Übermensch lebe", läßt er seinen Zarathustra ausrufen. Der *Übermensch* ist der Mensch, der "der Erde treu" bleibt, der sich nicht durch idealistische oder christliche Ideale vom

Genuß des Irdischen abhalten läßt und der sich angesichts der nihilistischen Auflösung und Umwertung aller Werte seine eigenen Werte schafft. Daß der Mensch mit dieser Rolle heillos überfordert ist, zeigt Nietzsches eigenes Schicksal: Nach einer immer schlimmeren Hineinsteigerung in menschlichen Größenwahn erlitt er im Jahre 1889 einen völligen Zusammenbruch und verbrachte die letzten zwölf Jahre seines Lebens in einem geistigen Dämmerzustand.

7. Existenzphilosophie

In schroffem Gegensatz zu Nietzsche stand der früher wirkende, aber erst im 20. Jahrhundert zu voller Wirksamkeit gelangende *Sören Kierkegaard* (1813-1855), der als maßgeblicher Begründer der Existenzphilosophie gilt. Er drang von seiner Betrachtung des menschlichen Daseins unausweichlich zur Anerkennung der Existenz Gottes vor. Darin sind ihm allerdings nicht alle Existenzphilosophen gefolgt.

Nach Kierkegaard ist der Mensch ein Wesen, das seine Existenz zunächst als Fremdheit zur Welt und zu sich selber erfährt. Diese Erfahrung der Fremdheit, der Zerrissenheit verursacht Angst und Verzweiflung. Der Mensch verfällt der "Krankheit zum Tode". Zugleich drängt ihn aber die Angst dazu, sich - mittels der ihm zueignenden Freiheit des Wählens - zwischen den *Existenzmöglichkeiten* zu entscheiden, die ihm gegeben sind. Sein ist Seinkönnen, Existenz ist Essenz, ist Wahlmöglichkeit. Kierkegaard unterscheidet folgende Möglichkeiten zu existieren oder "Stadien auf dem Lebensweg":

a. *das ästhetische Stadium*, in dem der Mensch im bloßen Anschauen und unverbindlichen Experimentieren mit Möglichkeiten verharrt, ohne sich für eine konkrete Möglichkeit tätig und verantwortlich zu entscheiden - wer so lebt, verfällt der Daseinsleere und Unwirklichkeit;

b. *das ethische Stadium*, in dem der Mensch sich aktiv für eine Möglichkeit entscheidet, zu sich selbst kommt und eine Aufgabe findet - aber auch hier entdeckt er schließlich seine Endlichkeit und Nichtigkeit und endet in der Verzweiflung;
c. *das religiöse Stadium*, in dem er sich als Wesen erfährt, das aus Endlichkeit und Unendlichkeit gewoben ist und dessen Sehnsucht erst im Unendlichen oder in Gott zur Ruhe kommt, dem es durch Offenheit begegnen muß.

Auch *Martin Heidegger* (1889-1976) erblickt den Menschen als Wesen der Möglichkeiten, auf die hin er sich entwirft. *Dasein* ist konstituiert als "In-der-Welt-Sein" unter anderem Seiendem sowie als "Mitsein mit anderen". Der Mensch ist dem "Man" oder der Welt verfallen. Er ist geprägt von der Seinsart der Sorge und der Grunderfahrung der Angst, ausgelöst durch die Begegnung mit Tod und Nichtigkeit. Dasein ist "Sein-zum-Tode" und unterworfen der *Zeitlichkeit* in ihren drei Formen:

a. *"Sich-vorweg-Sein"* als Entworfensein auf die Zukunft hin;
b. *"Schon-Sein-in"* als Bestimmtsein durch die Vergangenheit;
c. *"Sein-bei"* als Gegenwärtigsein.

Bestimmt durch die Zeitlichkeit und das "Sein zum Tode", erlebt der Mensch seine *"Ek-sistenz"* als Hinausstehen in das Nichts, hinter dem sich wiederum das - nicht gegenständlich faßbare und nur "andenkbare" - Sein verbirgt. Dieses *Sein jenseits des Nichts* ist nach Heidegger nicht identisch mit Gott, da er diesen dem Seienden diesseits des Nichts zuordnet (gewissermaßen als höchstes Seiendes) und über ihn hinauszufragen versucht (ontologische Differenz zwischen dem Seienden und dem Sein an sich). Aus christlicher Sicht - so sei hier angemerkt - ist ein solches Fragen über den Schöpfer hinaus und hinter seine Schöpfung zurück freilich ein unmögliches Unterfangen.

Eine bei aller Ähnlichkeit doch etwas andere Prägung besitzt deshalb z.B. das Denken von *Karl Jaspers* (1883-1969). Auch nach ihm ist der Mensch kraft seiner *Freiheit und Weltoffenheit* in die Entscheidung gestellt,

seine Existenz, sein Selbstsein als äußerste Möglichkeit (Essenz) zu verwirklichen. Dabei erlebt er jedoch sein Scheitern. *Grenzerfahrungen* des Scheiterns zeigen sich in Schicksal, Schuld, Kampf, Leid und Tod. Der Mensch erkennt seine eigene Nichtigkeit und wird gepackt von der Angst. Die Befreiung liegt darin, die Unbegreiflichkeit des Daseins zu *bejahen* und im Aushalten der Grenzsituationen zur eigentlichen Existenz zu gelangen. Damit verbunden ist die Erfahrung des *Geschenktwerdens*, des Sich-Verdankens, die in den "Glauben an die Transzendenz" oder die Existenz eines Gottes mündet.
Ganz anders der atheistische Existentialismus eines *Jean-Paul Sartre* (1905-1980) und *Albert Camus* (1913-1960). Sartre etwa definiert die Existenz des Menschen als einfaches, pures, *nacktes Sein*, das sich von nichts anderem (z.B. einem Gott) ableiten läßt. Der zur Freiheit verurteilte Mensch muß sich aus dem Nichts selber erschaffen *(Nihilismus)*. Er muß seine nackte Existenz (Dasein) in die Essenz (Sosein) überführen, indem er sich - z.B. politisch - engagiert und sich selbst seine Werte setzt. Vom Nihilismus eines Sartre und Camus - so möchte ich kritisch anmerken - ist es nur ein kurzer Schritt entweder zum Anarchismus oder zur Depression infolge der scheinbaren Absurdität des Daseins.
Die Existenzphilosophie hat - ähnlich wie vorher der Idealismus, aber mit zeitlicher Verschiebung - die *Theologie des 20. Jahrhunderts* sehr stark beeinflußt. Am stärksten wirkten hier wohl Kierkegaard und Heidegger: Kierkegaard vor allem auf die dialektische Wort-Gottes-Theologie (auf deren wichtigsten Vertreter Karl >Barth gehe ich weiter unten ein), Heidegger insbesondere auf den mit ihm befreundeten Rudolf >Bultmann.

Nach *Bultmann* (1884-1976) wird der Mensch Mensch in der *Entscheidung*. Er hat die Wahl

a. zwischen sich selbst absichernder und verschließender und sich dabei zugleich an das "Man" bzw. die Welt des Vorhandenen verlierender *Eigenmächtigkeit* (= "Sünde"), verbunden mit der Sorge um sich selbst auf dem Grunde der Angst - und

b. dem Gewinnen der *Eigentlichkeit* in der Preisgabe aller Sicherungen und der rückhaltlosen Freigabe für die Zukunft.

Die Preisgabe aller Sicherungen und Absage an die Eigenmächtigkeit geschieht, indem sich der Mensch "mit Christus kreuzigen" läßt. Dabei ist für Bultmann die Frage nach der Historizität der Kreuzigung Jesu Christi - ebenso wie die der anderen "mythischen" Ereignisse im Neuen Testament - nebensächlich. Wesentlich ist für ihn, daß der Mensch die Bedeutsamkeit dieser Vorbildtaten für die Gegenwart und die eigene Existenz erkennt. Sich mit Christus kreuzigen lassen, heißt also für Bultmann nichts mehr und nichts weniger als eben: die vergangenheitsorientierte Absicherung und Eigenmächtigkeit fahren lassen und sich der Zukunft öffnen. Konsequenterweise ist für Bultmann Theologie nichts weiter als Anthropologie, und Hermeneutik ist die Suche nach menschlichen Existentialien in der Heiligen Schrift. Nicht ohne Grund wurde Bultmann im Blick auf die biblischen Aussagen Reduktionismus und Verfremdung mittels philosophischer Kategorien vorgeworfen.

8. Philosophische Anthropologie des 20. Jahrhunderts

Im 20. Jh. haben die *Erfahrungswissenschaften* vielfältige Erkenntnisse im Blick auf Einzelbereiche des Menschseins erlangt. Biologie, Psychologie und Soziologie haben die natürliche Beschaffenheit und gesellschaftliche Verflochtenheit des Menschen analysiert und - oft unterschiedlich - definiert. Im Dialog mit den empirischen Humanwissenschaften und doch über sie hinausgehend möchte die philosophische Anthropologie nicht Teilaspekte, sondern das *Ganze* des Menschseins in den Blick bekommen.

Dies wird z. B. in der Diskussion mit dem *amerikanischen Behaviorismus* deutlich. Sein wichtigster Vertreter, *B. F. Skinner*, betrachtet alle menschlichen Eigentümlichkeiten lediglich als Varianten *tierischer* Lebensformen und Verhaltensweisen. Verhalten entsteht als Anpassung an Umweltbedingungen durch Reiz und Reaktion. Der Mensch ist ein Lebewesen "jenseits von Freiheit und Würde". Auf einen Geist- oder Bewußtseinsbegriff wird verzichtet.

Im Gegensatz zu solchen Modellen betonen *philosophische Anthropologen* wie Max Scheler, Helmuth Plessner und Arnold Gehlen die *Sonderstellung des Menschen* gegenüber der Tier- und Pflanzenwelt.

Max Scheler (1874-1928) etwa spricht von einer *Stufenfolge psychischer Kräfte*. Sie reicht

a. vom bewußt-, empfindungs- und vorstellungslosen Gefühlsdrang (in Mensch und Tier, aber auch schon in der Pflanze)

b. über den Instinkt, das gewohnheitsmäßige und das intelligente Verhalten (in aufsteigender Reihenfolge im Menschen, aber auch noch in Tieren)

c. bis hin zum Geist und zum Selbstbewußtsein, wodurch der Mensch als Person konstituiert wird.

Als *geistiges Wesen* ist der Mensch nicht mehr dem Schema von Reiz und Reaktion unterworfen, sondern frei und *"weltoffen"*. Er lebt nicht mehr einfach in einer Umwelt, sondern er *hat* Welt, die er selbst gestaltet. Die Möglichkeit zu freier Triebhemmung ist ein deutlicher Hinweis auf den Geist. Da der Geist aus der Evolution unableitbar ist, erblickt Scheler darin einen Hinweis auf Gott.

Auch für *Helmuth Plessner* (geb. 1892) stehen "Die Stufen des Organischen und der Mensch" (so der Titel seines 1928 veröffentlichten Hauptwerks) im Mittelpunkt des Denkens. Von ihm stammt die Unterscheidung zwischen *Zentralität (Selbstverhältnis)* und *Exzentrizität (Weltverhältnis)*. Zentralität eignet Mensch und Tier, Exzentrizität nur dem Menschen. Mensch und Tier haben ihr Zentrum in sich (Zentralität), der Mensch aber gleichzeitig außerhalb seiner selbst (Exzentrizität). Während das Tier nur von seinem Zentrum her seine Umgebung erlebt, kann der Mensch auch sich selbst erleben, indem er zu sich selber in Distanz tritt und quasi einen Standpunkt außerhalb von sich selbst einnimmt. Er existiert so gleichzeitig in der Welt und doch aus ihr entrückt und kann sachlich zu ihr Stellung beziehen (Exzentrizität). Die exzentrische Selbsttranszendenz, das Sein beim anderen seiner selbst, konstituiert den Menschen als Ich oder Person.

Ergebnisse der Verhaltensforschung aufnehmend, definiert *Arnold Gehlen* (1904-1976) das Tier als Wesen, das durch seinen Instinkt auf eine bestimmte Umwelt festgelegt und mit allen zum Überleben notwendigen Fähigkeiten ausgestattet ist. Der Mensch hingegen kommt als *"Mängelwesen"* (J. G Herder) zur Welt. Unfertig und hilflos geboren (z. B. fehlt die Körperbehaarung), würde er in einer natürlichen Umwelt sterben. Deshalb ist er auf die *künstliche Umwelt* und Pflege seiner Eltern angewiesen. Die Mängel werden durch Anlagen kompensiert, die ihm ein "weltoffenes" Verhalten ermöglichen: aufrechter Gang, großes Gehirn, die Formung seiner Hand u.a. Mittels solcher Anlagen kann er durch Handeln seine eigene *Kultur* formen. Technik dient ihm als Ersatz für fehlende Organe. Sprache ermöglicht ihm die Beherrschung der Welt, die Erfassung und Gliederung der Dinge durch Symbole. Der Mensch wird zum "Wesen, das sich selbst erschafft".

Unter den *Theologen* hat besonders *Wolfhart Pannenberg* (geb. 1928) auf Erkenntnisse der philosophischen Anthropologie Schelers, Plessners und Gehlens zurückgegriffen. Im Anschluß an diese möchte er den Menschen zunächst unter Absehung vom Glauben (remota fide) und seinem Sündersein - rein von der Geschöpflichkeit her - definieren.

Auch für Pannenberg ist die *"Weltoffenheit"* ein Konstitutivum des Menschseins. Weltoffenheit betrachtet er als die Freiheit des Menschen, über alle vorfindliche Regelung seines Daseins hinauszufragen und hinwegzuschreiten. Die Weltoffenheit schließt für Pannenberg die *"Gottoffenheit"* ein. Denn der Mensch als "Mängelwesen" fragt - getrieben von einem Antriebsüberschuß - über sich hinaus. Die Gottesfrage ist dem Menschen unentrinnbar eingegeben. Pannenberg definiert Gott - in deutlicher Anlehnung an Schleiermacher - als das Gegenüber der grenzenlosen Angewiesenheit des Menschen. Sünde hingegen wird ontologisch als Verfehlung der Bestimmung zur Exzentrizität, als in sich verschlossene Ichhaftigkeit und Selbstbehauptung bestimmt.
Gegen Pannenberg läßt sich einwenden, daß ein Menschenbild illusionär ist, welches bei der natürlichen Geschöpflichkeit des Menschen unter Außerachtlassung seiner Sündhaftigkeit und Angewiesenheit auf den Glauben ansetzt. Man kann über den Menschen nicht so reden, als wäre die göttliche Offenbarung nicht ergangen. Einer solchen Prinzipalisierung (Voransetzung) der >*Natürlichen Theologie* als praeambula fidei (Voraussetzung für den Glauben) bei Pannenberg setzt z.B. *Eberhard Jüngel* (geb. 1934) die Aussage entgegen, daß die - an Karl Barth anknüpfende - Wort-Gottes-Theologie die "natürlichere Theologie" ist, weil sie von der vorfindlichen Situation des Menschen - simul iustus et peccator (zugleich Gerechtfertigter und Sünder) - ausgeht und ihn unter dem Blickwinkel des Glaubens und der Gnade sieht.

9. Wort-Gottes-Theologie

Der Begründer und Hauptvertreter der Dialektischen oder Wort-Gottes-Theologie, *Karl >Barth* (1886-1968), vertritt die Ansicht, daß die *Gottebenbildlichkeit* des Menschen kein natürliches Gegebenes (datum), sondern ein ihm je und je von der göttlichen Gnade zu Verleihen-

des (dandum) ist. Sie ist kein Besitz des Menschen, sondern *allein Gottes Werk und Gabe*. Humanität entsteht durch die Einhauchung des Geistes durch Gott und die Begegnung mit Gott im Bund. Hier nimmt Barth vielfältige Traditionen auf: vom biblischen Schöpfungsbericht über die Föderaltheologie des Coccejus bis zur Existenzphilosophie Kierkegaards und zum Dialogismus Martin Bubers und Franz Rosenzweigs.
Barth entfaltet seine Anthropologie von der *Christologie* her. Er spricht von der Gottebenbildlichkeit des *einen* wirklichen Menschen Jesus, an der wir Anteil bekommen können: Das menschliche Sein, das von Natur aus ganz und gar verderbt ist, wird konstituiert durch das Zusammensein mit Jesus. Der Mensch ist ein in Christus miterwähltes Geschöpf, welches sein Sein durch das Wort Gottes empfängt (creatio ex nihilo). Es gibt keine Seinsanalogie (analogia entis) zwischen Schöpfer und Geschöpf im Sinne einer natürlichen Theologie, sondern eine dreifach gefächerte *Beziehungsanalogie (analogia relationis)*: Der innertrinitarischen Beziehung (Ich-Du) der göttlichen Personen entspricht die Beziehung zwischen Gott und Mensch sowie die Beziehung zwischen Mensch und Mensch, also die Mitmenschlichkeit, vor allem in Form des Gegenübers von Mann und Frau.
Dem hat *Emil Brunner* in seiner 1935 erschienenen Schrift "Natur und Gnade" heftig widersprochen. Nach Brunner ist zwar die materiale Gottebenbildlichkeit *(imago Dei materialis)*, das *quid* des Personseins, völlig verlorengegangen, weil der Mensch als Sünder im Widerspruch zu Gott und seiner Bestimmung lebt. Aber die formale Gottebenbildlichkeit *(imago Dei formalis)*, das *quod* des Personseins, ist erhalten geblieben: das, was den Menschen als Menschen konstituiert, sein Humanum, seine Wortfähigkeit und Verantwortlichkeit als Voraussetzung, um überhaupt sündigen zu können.

Brunner greift damit auf das aristotelisch-scholastische forma-materia-Schema zurück, wobei er allerdings etwas variiert und die Befrifflichkeit umkehrt (nach scholastischer Ansicht ist nicht die materia, sondern die forma als das donum superadditum gratiae, als übernatürliche Gnadengabe, durch die Sünde verlierbar). So hat denn auch Karl Barth in seiner Antwortschrift mit dem pathetischen Titel "Nein!" gegen Brunner eingewandt, daß dessen erhalten gebliebene Formalimago in Wirklichkeit eine Materialimago ist. Das Heil ist jedoch mehr als eine Reparatur der Naturimago. Es ist - ebenso wie die Sündenerkenntnis - das völlig von außen kommende, allein in Christus zuteil werdende, unverdiente Gnadengeschenk Gottes.

Ähnlich wie Barth bestimmt auch *Gerhard Ebeling* (geb. 1912) das Sein des Menschen nicht von einem hypothetischen supralapsarischen (vor dem Sündenfall liegenden) Ausgangspunkt, sondern infralapsarisch (nach dem Sündenfall liegend) von seinem Sündersein und seiner Erlösungsbedürftigkeit her. Die *coram-Relation*, d.h. das Stehen vor Gott und In-Beziehung-Gesetzt-Sein zu ihm, ist für Ebeling der ontologische Schlüssel. Vom Dialogismus und der Sprachphilosophie beeinflußt, definiert er das Sein als Zusammensein, Sprachlichsein und Verantwortlichsein vor sich selbst, der Welt und Gott, das jedoch von der Sünde (existential als Beziehungsverlust verstanden) zerstört ist.

Die Gottebenbildlichkeit ist somit nicht Eigentum des Menschen, sondern das ihm *zugesprochene Einsetzungswort Gottes* (vergleichbar den Einsetzungsworten bei Taufe und Abendmahl): "Accedit verbum ad elementum - et fit sacramentum (das Wort tritt zum Element - und es wird zum Sakrament)" (Augustin). Der Mensch als Element, als animal wird durch Wort und Glaube zu Gottes Ebenbild eingesetzt. Die Zueignung der imago Dei erfolgt somit als Sprachereignis.

Auch *Eberhard Jüngel* (geb. 1934) sieht den Menschen als Gemeinschafts-, Sprach- und Verhältniswesen, das durch das schöpferische und rechtfertigende Wort Gottes konstituiert wird. Er knüpft an Luthers Definition "hominem iustificari fide" an und verbindet diese mit Aussagen der Existential- und Wort-Gottes-Theologie.
Sein ist nach Jüngel *empfangenes Sein*, das sich dem Überfluß von Gottes Liebe verdankt. "Früher als die (menschliche) Frage ist das (von Gott geschenkte) Sein", wendet er kritisch gegen Pannenbergs anthropozentrischen Ansatz ein. Es gibt für Jüngel - wie für Barth - keine analogia entis, sondern nur eine analogia relationis: Der wahre Mensch ist der Gott entsprechende Mensch, der auf menschliche Weise das ist, was Gott auf göttliche Weise ist: der Mensch dem Menschen ein Mensch *(homo homini homo)*. Dieses wahre Sein erlangt der Mensch durch Anteilgabe an Jesus Christus als *dem* neuen Menschen oder Urbild des Menschseins: "Das wahre Sein des Menschen ist seine durch ein ihn anredendes Wort ermöglichte Entsprechung zu der in Jesus Christus geschehenen Bewegung Gottes herab zum Menschen." Die anthropologische Aufgabe besteht darin, in Jesus Christus Gott Mensch sein und gerade deshalb den Menschen nicht Gott werden zu lassen.
Im Bemühen, die substanzontologischen Aporien anthropologischer Definitionen zu überwinden, greift Jüngel zu existentialen Kategorien und unterscheidet *drei Aspekte* (nicht Teile) des Menschen: Der Mensch hat Geist, ist Seele und ist da als Leib.

a. Als *Leib* steht er in einem *Weltverhältnis*: Als Wesen der Wirklichkeit ist er bei sich selbst, ist auf sich fixiert, vermittelt aber auch die Sinneseindrücke an die Seele und ist zu einem fürsorglichen dominium (nicht gewalttätigen imperium!) terrae (Herrschaft über die Erde) berufen.

b. Als *Seele* steht er in einem *Selbstverhältnis*: Als Wesen der Möglichkeit kommt er zu sich selbst, kann aus sich herausgehen und ist zur Gemeinschaft (Ich-Du) fähig.

c. Als *Geist* hat er ein *Gottesverhältnis*: Als Wesen der Freiheit verdankt er sich Gott, dankt ihm, hört, bittet und lobt ihn.

10. Wer ist der Mensch?

Wer ist der Mensch? Wir haben gesehen, daß seine Definition stark von dem weltanschaulichen Hintergrund der jeweiligen Denker abhängt. Wir haben ferner gesehen, daß die Definition unterschiedlich ausfällt, je nach dem, ob Gott ausgeklammert wird oder nicht. Aber auch da, wo von Gott die Rede ist, kommt es häufig zu unterschiedlichen Begriffsbestimmungen.

Wenn ich abschließend einige Gedanken über das Wesen des Menschen formuliere, so maße ich mir keineswegs an, damit ein endgültiges Urteil abzugeben. Es kann sich nur um den Versuch handeln, von den Aussagen des Alten und Neuen Testaments her einige anthropologische Ansichten der skizzierten Denker einzuordnen, ihnen zuzustimmen oder sie abzulehnen.

Als Ausgangspunkt zitiere ich die klassische Stelle über die Erschaffung des Menschen in *Gen 2,7: "Und Jahwe Gott formte den Menschen aus Staub vom Erdboden (hebr adamah; LXX: gaia) und hauchte in seine Nase Lebensatem (hebr. neschamah; LXX: pnoe zoes); so wurde der Mensch ein lebendes Wesen (hebr. näphäsch hajah; LXX: psyche zosa)."*

Folgendes wird deutlich:

a. Der Mensch verdankt seine Erschaffung Gott. Er ist kein Produkt des Zufalls und auch nicht sein eigener Schöpfer, sondern er ist ein *Geschöpf Gottes*.

b. Die Grundlage seiner Geschöpflichkeit ist die *Materie*: Gott formt ihn aus Staub vom Ackerboden. Gott übergeht die Materie nicht, sondern er würdigt und gebraucht sie.

c. Der Mensch ist aber nicht nur Materie, sondern er wird erst zum Menschen, indem ihm Gott den *Lebensatem* - oft steht auch das Wort *"Geist"* (hebr. ruach; LXX: pneuma) - einhaucht.

d. Der Mensch ist somit eine *Einheit* aus Materie und Geist.

e. Der aus Materie und Geist als Einheit geschaffene Mensch wird bezeichnet als "lebendes Wesen" bzw. *"lebende Seele"*. "Seele" in diesem Zusammenhang ist somit kein besonderer

Teil des Menschen, sondern bezeichnet den ganzen Menschen in seiner von Gott geschaffenen Art.

Wie in Gen 2,7, so wird auch im Alten und Neuen Testament insgesamt nicht von "Leib, Seele und Geist" im Sinne einer platonisch-aristotelischen Zwei- oder Dreiteilung geredet, die bis heute leider weithin unsere Auffassung vom Menschen prägt. Nein, es geht darum, die Einheit des Menschen und sein *Bezogensein auf Gott den Schöpfer* als sein Gegenüber zu betonen. In der Bibel gibt es keine Anthropologie losgelöst von der Theologie. Das Menschsein wird vielmehr konstituiert in der Begegnung mit Gott - und als Folge davon auch in der Begegnung mit dem Menschen und der Welt. Das - so meine ich - ist die ungekünsteltste und zutreffendste Deutung der vielstrapazierten Bibelstelle Gen 1,26f.: "Und Gott schuf den Menschen nach seinem Bilde, nach dem Bilde Gottes schuf er ihn, als Mann und Frau schuf er sie."

Von dieser Einheitlichkeit und Bezogenheit auf Gott her definieren sich auch die meist mit "Leib", "Seele" und "Geist" übersetzten biblischen Begriffe als - nicht streng gegeneinander abgrenzbare - Aspekte im Blick auf die Vorfindlichkeit des Menschseins:

a. *"Leib"* (griech. soma) beschreibt den Menschen als Ich, als Person im Bereich der konkreten irdischen Existenz, die zum Guten wie zum Bösen fähig ist.

b. Der zusätzliche Begriff *"Fleisch"* (hebr. basar; griech. sarx) bezeichnet den Menschen im Blick auf seine Sündhaftigkeit (sprich: Aufkündigung der Gottesbeziehung) und dadurch hervorgerufene Vergänglichkeit.

c. *"Geist"* (hebr. ruach; griech. pneuma) meint den Menschen als Lebendigen: als denjenigen, der durch seine Beziehung zu Gott seine Lebendigkeit erhält bzw. infolge der Rechtfertigung durch Jesus Christus wiedererlangt.

d. *"Seele"* (hebr. näphäsch; griech. psyche) ist ein vielfältiger Begriff, der sich sowohl auf die menschliche Person als Ganze als auch auf deren wesentliche Eigenschaften und Befindlichkeiten beziehen kann. Altes und Neues Testament beschreiben den Menschen als Seele, aber auch als Geist-Seele-Leib-

Einheit, die beim leiblichen Tod zeitweise aufgelöst und bei der leiblichen Auferstehung wiederhergestellt wird.

e. Der zusätzliche alttestamentliche Begriff *"Herz"* (hebr. leb) bezeichnet das innere Wesen des Menschen; er besitzt in Septuaginta und NT zwei griechische Äquivalente: "kardia" betont das Fühlen und Wollen, "nus" das Denken oder die Vernunft, die als ein Aspekt des Menschen ebenso geschöpflich ist wie der Mensch an sich. Eng mit dem "nus" zusammen hängt der Aspekt des "Gewissens" (griech. syneidesis) als Vermögen, in der Bezogenheit auf Gott zwischen Gut und Böse zu unterscheiden.

Es wäre zwar sicherlich noch etliches zu nennen, doch ich möchte mich mit diesen biblisch-theologischen Grundlinien begnügen. Manches wurde ja auch schon in den vorausgegangenen Abschnitten bei der Gegenüberstellung der verschiedenen anthropologischen Systeme gesagt. Auf viele Fragen habe ich freilich selber keine Antwort. Hier bleibt mir der Mensch - und damit auch ich selbst - rätselhaft. So möchte ich lieber weniger sagen als mancher Denker, der viel sagen wollte, sich in ein philosophisches System verrannt hat und am Ende in eine falsche Richtung gelaufen ist.

Dennoch - oder gerade deshalb - möchte ich abschließend im Licht der biblisch-theologischen Aussagen vier Abgrenzungen vornehmen, um solche Irrwege kenntlich zu machen.

Der *erste Irrweg* besteht darin, *Gott* völlig aus der Definition des Menschen *auszuklammern*. Hier redet man "etsi Deus non daretur" (als ob es Gott nicht gäbe). Die Folge ist ein verkürztes und verzerrtes Menschenbild: der Mensch als Tier, Maschine oder manipulierbares Massenwesen auf der einen, die Selbstvergottung des Menschen auf der anderen Seite. Diesen Gefahren sind insbesondere Denker der materialistischen, atheistischen und marxistischen Richtung erlegen.

Der *zweite Irrweg* besteht darin, Gott zwar nicht aus der Definition des Menschen auszuklammern, aber Schöpfer und Geschöpf, Göttliches und Menschliches nicht deutlich genug voneinander zu trennen. Hier wird die *Schöpfung* - und namentlich die *Vernunft* des Menschen - *vergöttlicht*, während doch die Heilige Schrift ihre Gefallenheit und Erlösungsbedürftigkeit betont. Dieser Gefahr sind insbesondere Denker der griechischen Philosophie, der Scholastik, der Aufklärung und des Idealismus erlegen.

Der *dritte Irrweg* hängt mit dem zweiten eng zusammen. Er besteht darin, den Menschen in einzelne *Teile* aufzulösen und deren unterschiedliche Wertigkeit zu behaupten. Diese bis heute sehr einflußreiche Vorstellung entspricht - wie gezeigt - dem analytischen Sreben der griechischen Philosophie, aber nicht dem ganzheitlichen Menschenverständnis des Alten und Neuen Testaments.

Der *vierte Irrweg* besteht darin, den Menschen von seinen *Existentialien* oder von seinem *Unterschied zum Tier* her erfassen zu wollen und dann erst zu Gott vorzudringen - oder auch nicht (je nach weltanschaulichem Hintergrund), anstatt die Offenbarung Gottes in seinem Wort als Ausgangspunkt zu nehmen. Hier wird gewissermaßen das Pferd vom Schwanz her aufgezäumt. Die Gottesfrage, falls sie überhaupt noch vorkommt, wirkt aufgesetzt. Der Mensch soll letztlich doch aus sich selbst heraus verstanden werden. Dieser Gefahr sind manche Denker der Existenzphilosophie und der Philosophischen Anthropologie erlegen.

Wenn ich positiv formuliere, welchem Verständnis des Menschen ich aufgrund des biblischen Befundes am ehesten zuneige, so ist die Antwort schnell gegeben. Es ist das Menschenverständnis Martin Luthers. Der Reformator sagt in seiner Disputation "De homine":

"Der Mensch ist Gottes Geschöpf aus Fleisch und lebendiger Seele bestehend, von Anbeginn zum Bilde Gottes gemacht ohne Sünde, mit der Bestimmung, Nachkommenschaft zu zeugen und über die Dinge zu herrschen und niemals zu sterben; das aber nach Adams Fall der Macht des Teufels unterworfen ist, näm-

lich der Sünde und dem Tode - beides Übel, die durch seine Kräfte nicht zu überwinden und ewig sind; und das nur durch den Sohn Gottes Jesus Christus zu befreien ist (sofern es an ihn glaubt) und mit der Ewigkeit des Lebens zu beschenken."

Lit.: L. Gassmann, Wer ist der Mensch?, 1998 (darin zahlreiche Lit.-Hinweise).

Lothar Gassmann

Mythos

Im Volksmund wird Mythos (M.) sehr schnell gleichgesetzt mit "Märchen", "Fabel", "frei erfundene Geschichte". In Wirklichkeit aber bestehen beträchtliche Unterschiede. Formal wie inhaltlich haben die biblischen Berichte, etwa über die >Auferstehung Jesu Christi, mit Märchen, Fabeln und dergleichen gar nichts gemeinsam. Hingegen werden zum Teil Sprach- und Gedankenbilder verwendet, die an Mythen erinnern. Was Ist überhaupt ein M.? Mythen sind entstanden, als es noch keine verstandesmäßig-wissenschaftliche Erforschung der Welt gab. Sie stammen also aus sehr früher Zeit. Damals versuchte man, das, was man nicht verstehen konnte, in Symbolen und Göttersagen auszudrücken. Mythen sind symbolischer Ausdruck für ein zwar nicht historisches, aber doch wirkliches (zum Teil jenseitiges) Sein. Sie sind also keine total freie Erfindung der Phantasie, sondern knüpfen an Eindrücke und Erfahrungen an. So sind etwa unter dem überwältigenden Eindruck der Jahreszeiten oder das Sternenhimmels Natur- und Astralmythen entstanden. Sämtliche Erscheinungen wurden bestimmten Göttern zugeteilt. Man ahnte etwas von der Macht, die hinter religiösen Erfahrungen oder Naturerscheinungen steht, aber man kannte sie nicht wirklich. Es lässt sich sagen: a) Mythen sind menschliche Erklärungsversuche für un- oder übergeschichtliche Geschehnisse oder unbegreifliche Naturereignisse. b) Mythen (besonders Fruchtbarkeitsmythen) schildern

Geschehnisse, die sich immer wiederholen (z. B. Wechsel der Jahreszeiten). c) Mythen schildern diese Geschehnisse in symbolischer, oft vergottender Sprache (Personalisierung von Unpersönlichem).
Der einflussreiche Theologe Rudolf >Bultmann (1884-1976) behauptete, dass auch die Bibel aus mythischen Quellen gespeist sei. Insbesondere die Engel- und Dämonenvorstellungen, die Wundererzählungen, die Endzeiterwartungen, aber auch die Rede von der "stellvertretenden Genugtuung durch den Tod Christi" und die Zeugnisberichte von der Auferstehung bezeichnete er als "mythologisch". In der Schilderung der Geschichte Christi (insbesondere in Philipper 2,5-11) glaubte er, Motive aus dem iranisch-gnostischen Erlöser-M. vom Urmenschen wiederzuerkennen. (Dieser M. beschreibt, wie ein göttliches Wesen vom Himmel heruntersteigt, um die Menschheit zu erlösen.) Bultmanns Folgerung: Alle Stellen der Bibel, die an mythische Vorstellungen der urchristlichen Umwelt erinnern, sind zu entmythologisieren (>Entmythologisierung). Ihnen kommt keine historische Bedeutung zu. So behauptete er in seinem 1941 gehaltenen und vieldiskutierten Vortrag "Neues Testament und Mythologie": "Das Osterereignis als die Auferstehung Christi ist kein historisches Ereignis." Viele bibelkritische Theologen sind dieser Ansicht Bultmanns gefolgt.
Lässt sich aber die Heilige Schrift, lassen sich insbesondere Kreuz und Auferstehung Jesu Christi mit Mythen in Verbindung bringen? Die Antwort lautet "Nein".
a) Mythen sind Ausdruck des suchenden religiösen Menschen nach Wahrheit, nach Hintergrunderkenntnis. - Die Heilige Schrift hingegen zeigt uns die offenbarte Wahrheit: "Jesus spricht: Ich bin der Weg, die Wahrheit und das Leben; niemand kommt zum Vater - außer durch mich" (Joh 14,6). Die Frage ist nur, wie das von Gott kommende Offenbarungsgeschehen in menschliche Worte gefasst werden kann. Die menschliche Spra-

che ist ein unvollkommenes Gefäß. Wie soll aber in einem unvollkommenen Gefäß der vollkommene Gott zur Sprache kommen? Die Schreiber der Bibel können nicht anders, als die göttliche Offenbarung, geleitet vom Heiligen Geist, in menschlichen Worten und Bildern auszudrücken. Nur so ist und wird sie verständlich. Diese Bilder können der Form nach an Bilder der Mythen erinnern, sind aber dem Inhalt nach radikal vom M. unterschieden. Der M. zeigt den Menschen als Fragenden und Spekulierenden, die Heilige Schrift zeigt Gott als Antwortenden.

b) Deshalb kommt den Berichten der Bibel, auch wenn sie zum Teil formale Ähnlichkeiten mit mythischen Erzählungen haben, historische Wirklichkeit zu. Denn Gott antwortet in der Weltgeschichte. Er ist kein ideenhaftes Götterwesen, das irgendwann einmal vom Himmel herniedersteigt, sondern er wird wirklich und ganz Mensch in seinem Sohn Jesus Christus, als die Zeit erfüllt ist. Im Gegensatz zu allen mythischen Erzählungen "wimmelt" es in der Bibel geradezu von konkreten Personen-, Zeit- und Ortsangaben.

c) Der M. sieht den Erlöser als Symbol für eine allgemeine Wahrheit jenseits aller Geschichte. - Der Bibel hingegen geht es um die Botschaft von Jesus Christus, dem gekreuzigten, auferstandenen und wiederkommenden Herrn. Gott, der in Jesus ganz Mensch geworden ist, wurde für die Jünger konkret erfahrbar (und lässt sich - auf der Grundlage ihrer Bezeugung - auch heute erfahren!).

d) Tod und Auferstehung Jesu Christi unterbrechen radikal den Kreislauf von Werden und Vergehen, der in den mythischen Gedankenbildern vorherrscht. Nun ist der Tod ein für allemal besiegt. Der, der glaubt, erhält ewiges Leben bei Gott. Nicht endlose Wiederholung des immer Gleichen, sondern Einmaligkeit und Neuschöpfung zeichnen das Wirken Gottes aus.

e) Nochmals: Die Mythen sind Ausdruck einer Religiosität, die aus dem Suchen des Menschen kommt, aber letztlich in den menschlichen Ideen stecken bleibt. - Die Botschaft der Bibel hingegen übersteigt alle menschliche Vorstellungskraft. In ihr bricht eine Wirklichkeit in die Welt ein, über die der Mensch von sich aus nicht verfügt: "Was kein Auge gesehen und kein Ohr gehört hat ..." (Jes 64,3; 1. Kor 2,9). Die Folge: Viele können es nicht glauben. "Das Wort vom Kreuz ist eine Torheit denen, die verloren gehen" (1. Kor 1,18). Selbst die Jünger konnten zunächst nicht verstehen, dass Jesus für die Welt leiden, sterben und auferstehen musste (Lukas 18,34). Sogar als sie den Auferstandenen sehen, sind sie zuerst blind und können die Neuartigkeit des Geschehens nicht fassen.

f) Die Kreuzes- und Auferstehungsbotschaft ist somit radikal anders als alles bisher Dagewesene und vielen ein Ärgernis (1. Korinther 1). Gerade deshalb konnten die Jünger allein dadurch, dass ihnen der Auferstandene tatsächlich, historisch und leiblich erschienen ist, zum Glauben an ihn finden.

g) Jesus, der von Gott beglaubigt wurde und wirklich lebendig ist (im Gegensatz zu allen anderen "Religionsstiftern"), erhebt einen umfassenden und absoluten Anspruch an jeden Menschen. Deshalb konnte die heidnische Umwelt schon zur Zeit der Apostel das Christentum nicht dulden. Die große Offenheit, die man sonst gegenüber neuen Religionen besaß, ließ (und lässt!) sich nicht mit dem Absolutheitsanspruch Jesu (Joh 14,6) vereinbaren. Dass man die Christen zu verfolgen begann, ist ein sicherer Hinweis, dass sie etwas radikal Anderes brachten als die geduldeten Mythenreligionen, Totenfeiern und Mysterienkulte.

Lit.: L. Gassmann, Auferstehung – das zentrale Ereignis, 1999.
Lothar Gassmann

Natürliche Theologie

1. Natürliche Theologie - was bedeutet das? - Der Begriff

Natürliche Theologie (n. Th.) (lat. theologia naturalis) ist der alte, stets wiederkehrende Versuch, die Frage zu beantworten: Was weiß der Mensch vor bzw. außerhalb der Offenbarung Gottes von Gott. Damit verbunden ist die Frage des Verhältnisses von christlichem Glauben und nichtchristlichen Religionen. N. Th. baut bezüglich der Gotteserkenntnis auf der natürlichen Vernunft auf und steht damit im Gegensatz zur Offenbarungstheologie. N. Th., wie sie sich besonders seit dem >Rationalismus (3. Phase der deutschen >Aufklärung, Anfang 19. Jhd.) zeigt, ordnet die Vernunft der >Offenbarung über. Seit der Aufklärung wird n. Th. als dem natürlichen Vermögen möglich gehalten. Damit wird n. Th. zu einem ständig virulenten Thema in Theologie und Kirche und kann nicht als gewissermaßen eigenständig betrachtet werden. Sie lässt sich charakterisieren mit dem Postulat, der Mensch sei durch seine Vernunft zu einer gewissen Gotteserkenntnis fähig, wobei die Ansichten darüber, wie weit diese reicht, auseinander gehen. Die Gotteserkenntnis wird bei n. Th., gleichgültig wie viel ihr zugetraut wird, aus einer besonderen Offenbarung herausgenommen. Beruft sich n. Th. auf das Neue Testament, wird auf Joh. 1,9; Apg. 14,17; 17,27f.; Röm. 1,19f.; 2,14f. verwiesen, wonach es ein "natürliches" Wissen von Gott gebe.

2. Natürliche Theologie - ein altes, aber immer wiederkehrendes Phänomen. - Ihre Geschichte

Begriff und Sache n.r Th. gehen bereits in vorchristliche Zeit zurück, in die mittlere Stoa, welche die dreifache Einteilung traf in mystische, natürliche und politische ("zivile") Theologie. Diese Einteilung lässt sich über Augustinus (354-430) und Thomas von Aquin (1225-1274)

bis in die Anfänge der Aufklärung (Hugo Grotius) verfolgen. Altkirchliche Theologen, die vom >Platonismus abhängig waren, gingen von der Teilhabe an ewigen Ideen (Gottes) aus, welche der Seele bei denkender Annäherung oder mystischer Versenkung mit dem ewigen Licht zuteil werde (>Mystik). Dagegen hielt der vom >Aristotelismus beeinflusste >Thomas von Aquin eine Teilhabe an den ewigen Ideen sowie eine zumindest teilweise Kenntnis des ewigen Gesetzes für angeboren. Spanische Spätscholastiker (Suarca, Vasques) schufen aufgrund der Annahme einer "natürlichen Teilhabe an ewigen Gesetzen in der rationalen Kreatur" ein System natürlicher Gotteserkenntnis und natürlichen Rechts. Dieses entfernte die Aufklärungsphilosophie (z. B. Grotius, Pufendorf) aus seinem theologischen Zusammenhang. Fortsetzung dieses Weges bedeutete, dass Offenbarung überflüssig wurde (z. B. >Rousseau), so dass die Aufklärung n. Th. zugunsten von Offenbarung vertrat. Aufklärungstheologie rechnet mit zwei verschiedenen Erkenntnisquellen. Die Unterscheidung einer zweifachen Offenbarung, einer natürlichen und einer übernatürlichen, hatte es schon vordem gegeben. I. >Kant (1724-1804) zufolge vermag die Vernunftreligion lediglich ethische Feststellungen zu treffen. Diese Erschütterung wurde später durch die (Natur)Wissenschaften fortgesetzt, da diese das natürlich Erkennbare auf das Wahrnehmbare beschränkten. Während all diese Ablehnungen der n. Th. nicht aus der Theologie selbst kamen und deshalb auch nicht theologische Kriterien den Ausschlag gaben, erfolgte die Ablehnung n. Th. durch die ">Dialektische Theologie" (Karl >Barth), die als Neoorthodoxie gilt, mitten aus der Theologie heraus.
Die Problematik n. Th. stellte sich auch in der neueren römisch-katholischen Theologie und zwar in der Zuordnung von Natur und Gnade. Diese werden zwar nicht auf derselben Stufe gesehen, aber keineswegs als Gegensätze, sondern positiv aufeinander bezogen. Die Natur

ist der Gnade vorlaufend; die Gnade setzt die Natur voraus und bleibt auf die ergehende Offenbarung bezogen. Der Glaube nimmt die natürliche Vernunft in Dienst. Das 1. Vatikanische Konzil hat denn auch die Möglichkeit einer Erkenntnis Gottes aufgrund der Vernunft, aber nicht, dass dies tatsächlich geschieht, festgehalten. Damit ist die Funktion der n.n Th. Bestimmt als die "von Natur her" bestehende Ausrichtung des Menschen auf die Offenbarung. Haben sich auch Funktionen und der jeweilige Stellenwert der n.n. Th. in ihrer langen Geschichte immer wieder gewandelt und sich damit als variabel erwiesen, so blieb das Anliegen der n.n Th., gleichgültig wie diese beurteilt wird, bestehen, weil es ein ständiges Fragen zum Ausdruck bringt, das Verhältnis von sinnlich-rationalem Erkennen und Glauben. Die Beschäftigung mit dieser Spannung ist des Nachdenkens wert.

3. Natürliche Theologie im Widerstreit mit Offenbarungstheologie

Wegen n.r Th. ist im 20. Jhd. ein langandauernder Streit entstanden. N. Th. stand durchaus in hohem Ansehen, erfuhr dann innerhalb der evangelischen Theologie eine schroffe Ablehnung (z. B. durch K. Barth, K. Heim; anders z. B. A. Schlatter, P. Althaus [Uroffenbarung]). Selbst die Möglichkeit der "Anküpfung" (E. Brunner) wurde bestritten (K. Barth). Einer n.n Th. wurde die Offenbarungstheologie (lat. theologia revelata) entgegengesetzt. Offenbarungstheologie geht davon aus, Gott habe sich dem Menschen geoffenbart in seinem Wort. Von sich aus kann der Mensch nichts über Gott wissen und aussagen und nicht zu Gott gelangen. Zwar setze Römer 1,18ff. ursprünglich die Möglichkeit der Erkenntnis des Schöpfers durch das menschliche Geschöpf anhand der Werke des Schöpfers voraus, doch sei das "unverständige Herz" des Menschen seit dem Sündenfall "verfinstert" (Röm. 1,21) und dieser "dahingegeben"

(Röm 1,24.26.28). Demnach bestehe für den natürlichen Menschen keine Erkenntnis mehr aus der Schöpfung. Diese Möglichkeit ergebe sich erst wieder durch den >Glauben.
Reformatorischer Lehre zufolge ist die Gnade ausschließlich an das Evangelium gebunden und kommt der Glaube an Gott aus der Predigt des Wortes Gottes (Röm. 10,17). Die Gnade auch in der natürlichen Befindlichkeit des Menschen und seiner Verantwortung zu verorten, wie dies die Gefahr n.r Th. ist, und sei es auch nur, dass darin ein "Anknüpfungspunkt" (E. Brunner) für das Evangelium gesehen wird, wurde als Verleugnung des "solus Christus" angesehen und n. Th. könnte als die Postulation eines zweiten Heilsweges erscheinen. Die Barmer Theologische Erklärung, welche das "erste Dokument einer bekenntnismäßigen Auseinandersetzung ... mit dem Problem der n.n Th." (K. Barth) ist, lehrt in ihrer ersten These, wahre Gotteserkenntnis gebe es nur durch Christus. ("Jesus Christus, wie er uns in der Heiligen Schrift bezeugt wird, ist das eine Wort Gottes, das wir zu hören, dem wir im Leben und im Sterben zu vertrauen und zu gehorchen haben. Wir verwerfen die falsche Lehre, als könne und müsse die Kirche als Quelle ihrer Verkündigung außer und neben diesem einen Wort Gottes auch noch andere Ereignisse und Mächte, Gestalten und Wahrheiten als Gottes Offenbarung anerkennen." Barmen 1)
In neuerer Zeit, in der der Einfluss der Dialektischen Theologie geschwunden ist, kommt in der Ethik die n. Th. wieder zum Zuge: Aufgrund ihres universalen Wahrheitsanspruchs ist sie vor allem im angelsächsischen Bereich wieder anziehend geworden. Auch hat sie in die amerikanische >Prozesstheologie durch den Gedanken der "schöpferischen Umwandlung" (J. B. Cobb) Eingang gefunden.

4. Bewertung und Versuch, aus der Aporie „natürliche Theologie oder Offenbarungstheologie“ herauszufinden

Ob n. Th. jemals zur richtigen Gotteserkenntnis geführt hat, lässt römisch-katholische Lehre offen. Ihre Aufgabe ist, auf die Offenbarung vorzubereiten. Auch die Vorstellung einer "Uroffenbarung" (P. Althaus), die in den Bereich n.r Th. gehört, besagt gerade nicht, dass Gott dadurch zum Heil erkannt wird; schließlich steht ihr die "Heilsoffenbarung" entgegen. Zweifache Erkenntnisweise Gottes, einerseits aufgrund n.r Th. und andererseits aufgrund von Offenbarung, scheidet aus. Das liefe auf zwei mögliche Heilswege hinaus und negierte das "solus Christus". Aufgrund biblisch-reformatorischer Position ist solch eine Vorstellung abzuweisen. Christliche Theologie gründet nämlich auf >Offenbarung. Sie ist auf die Selbstmitteilung Gottes in seinem Wort unabdingbar angewiesen. Dieses Wort wirkt den Glauben. Der Mensch als Sünder hat nicht die qualitativen Voraussetzungen in sich, um zum Glauben zu finden. Dies ist ein Werk außerhalb seiner. Kritik an n.r Th. erledigt nicht schon die Fragestellungen einer "Theologie der Natur". Die "Dialektische Theologie" (K. Barth) schoss über das Ziel hinaus, indem sie, da sie jegliche n. Th. verwarf, auch jede natürliche Ethik verneinte, wobei die Empirie dem widerspricht und auch die biblische und reformatorische Sichtweise eine solche festhält. Zum menschlichen Miteinander mag diese genügen. Wenn man so will, mag man sie dem 1. Glaubensartikel zurechnen. Zum Heil trägt sie nichts bei. Den allein rettenden Glauben an den dreieinigen Gott wirkt sie nicht. Dazu bedarf es der besonderen Offenbarung (nicht theologia naturalis, sondern theologia revelata). Der Glaube, der zum Heil führt, "kommt ... aus der Predigt, das predigen aber durch das Wort Christi" (Röm. 10,17). Dieser Glaube kommt allein durch die Offenbarung in Christus. Keine Religion (der christliche Glaube hat es mit >Offenbarung, nicht einfach mit >Religion zu tun) vermag das Heil zu schenken. Von daher darf der Begriff Religion nicht positiv gefüllt werden. N. Th. bringt durchaus theologisch Relevantes zur Sprache, ist aber mehrdeutig und interpretationsfreudig, wie dies auch die Entwicklung belegt (allgemeinreligiöse, völkische, >pantheistische oder zumindest >panentheistische Vorstellungen können sich damit verbinden und zu einer zweiten Offenbarungsquelle werden lassen), so dass der Begriff nicht sorglos verwendet werden kann und am besten auf ihn verzichtet wird, bedenkt man, welche falschen Vorstellungen schon mit ihm verbunden wurden. Geeigneter und weniger missbräuchlich erscheinen Begriffe wie "Schöpfungstheologie" oder "Theologie der Natur".

S. auch: >Offenbarung; >Glaube und Vernunft; >Dialektische Theologie.

Lit.: K. Barth, Kirchliche Dogmatik II/1, IV/3; K. Rahner, Die anonymen Christen, in: ders., Schriften zur Theologie VI, 1965, 545-554; W. Pannenberg, Einsicht und Glaube, in: ders., Grundfragen systematischer Theologie, 1967, 223-236; C. Gestrich, Die unbewältigte natürliche Theologie, in: Zeitschrift für Theologie und Kirche (ZThK) 68, 1971, 82-120; E. Jüngel, Das Dilemma der natürlichen Theologie und die Wahrheit ihres Problems, in: ders. Entsprechungen. Gott - Wahrheit - Mensch, 1980, 158-177.

Walter Rominger

Predigtlehre (Homiletik)

"Wir sollen als Theologen von Gott reden. Wir sind aber Menschen und können als solche nicht von Gott reden. Wir sollen beides, unser Sollen und unser Nicht-Können, wissen und eben damit Gott die Ehre geben. Das ist unsere Bedrängnis. Alles andere ist daneben ein Kinderspiel.1 Mit diesen geradezu klassisch gewordenen Sätzen hat Karl Barth im Jahre 1924 die Not des Predigers beschrieben, der vor der schönen aber zugleich schweren Aufgabe steht, das Wort Gottes weiterzusagen. Und noch schwieriger wird die Situation.

---

[1] K. Barth, Das Wort Gottes und die Aufgabe der Theologie, München 1924, S. 158.

wenn die Gemeinde in den Blick kommt, der das Wort gesagt werden soll. Läßt sich die Gemeinde durch das gepredigte Wort verändern? Oder wird das gepredigte Wort seinerseits durch die Gemeinde beeinflußt und verändert? Wird es gar verfälscht? Ist es überhaupt "Wort Gottes", was der Prediger verkündigt, oder nur Menschenwort? Ist die Predigt Zuspruch einer Botschaft "von oben", von Gott, her oder bloße zwischenmenschliche Kommunikation? Kann und soll es eine "gemeindegemäße" Predigt geben? Die Antworten auf diese Fragen fallen unterschiedlich aus. Einige davon möchte ich nachfolgend skizzieren und miteinander ins Gespräch bringen.

1. Karl Barth

Karl Barth hat sich in seinen Bonner Homiletik-Seminaren der Jahre 1932 und 1933 unter anderem mit der Frage der "Gemeindemäßigkeit der Predigt" beschäftigt. 2 Ferner liegt eine stenographische Nachschrift eines Vortrags zu dieser Thematik vor, den er am 9.1.1935 auf einer Studentenfreizeit in Kaiserswerth gehalten hat. 3 Barth nimmt seinen Ausgangspunkt bei der Priorität des Wortes Gottes gegenüber allem menschlich-subjektiven (Erkenntnis-) Bemühen. Predigt ist für ihn Wort Gottes, gesprochen von Gott selber, unter Inanspruchnahme des Dienstes der zur Auslegung beauftragten Kirche und ihrer Diener, die das Wort in freier Rede in die jeweilige Gegenwart hinein anzusagen haben. Die Kirche unternimmt dabei den Versuch, Gottes Wort nachzusprechen. So prägte Barth die bekannt gewordene Doppeldefinition der Predigt:

---

[2] Abgedruckt in: K. Barth, Homiletik. Wesen und Vorbereitung der Predigt, Zürich, 3. Aufl. 1986, S. 67 f.

[3] K. Barth, Die Gemeindemäßigkeit der Predigt, in: G. Hummel (Hrsg.), Aufgabe der Predigt, Darmstadt 1971, S. 165-178.

„Die Predigt ist Gottes Wort, gesprochen von ihm selbst unter Inanspruchnahme des Dienstes der in freier Rede stattfindenden, Menschen der Gegenwart angehenden Erklärung eines biblischen Textes durch einen in der ihrem Auftrag gehorsamen Kirche dazu Berufenen ... Die Predigt ist der der Kirche befohlene Versuch, dem Worte Gottes selbst durch einen dazu Berufenen so zu dienen, daß ein biblischer Text Menschen der Gegenwart als gerade sie angehend in freier Rede erklärt wird als Ankündigung dessen, was sie von Gott selbst zu hören haben.“[4]

Gegen einen menschlich-subjektiven Zeugen- und Verkündigungsanspruch setzt Barth den Aufruf zum Nachsprechen der empfangenen Offenbarung Gottes. Der Prediger sagt "das von ihm gehörte Schriftwort als sein eigenes, selbständiges Wort".[5]

Wie stellt Barth nun den Bezug zur Gemeinde und ihrer Situation her? Indem er - vom Wort Gottes ausgehend - die Menschen als solche sieht, an denen Gott bereits gehandelt hat. Die Gemeinde wird als "ekklesia", als von Gott versöhnte und aus der Verlorenheit herausgerufene Gemeinschaft betrachtet: "Für diese Menschen da vor mir ist Christus gestorben und auferstanden: das ist die Wahrheit über sie selber, die ich ihnen zu sagen habe.“[6]

Zur ekklesia gewinnt der Prediger ein dialektisches Verhältnis von Nähe und Distanz. Die Nähe ergibt sich daraus, daß er mit der Gemeinde lebt. Die Distanz beruht darauf, daß er ihr Gottes Wort auszurichten hat. Wenn Barth von der "Überlegenheit" des Predigers redet, dann meint er damit nicht dessen Überlegenheit als Person, sondern die Überlegenheit Gottes und seines Wortes über die Gemeinde und ihre Situation:

"Zur Gemeindemäßigkeit gehört die Aufgeschlossenheit für die wirkliche Situation der Gemeinde und die Überlegenheit dieser Situation gegenüber, sie in die Predigt mit hineinzunehmen... Die Gemeinde wartet darauf, daß das bewegte Leben von Gott

---

[4] K. Barth, Homiletik, S. 30 (im Original hervorgehoben).

[5] A.a.O., S. 31.

[6] A.a.O., S. 67.

aus beleuchtet werde, nicht darauf, daß auch der Prediger in eines jener Hörner, die da (im Dorfalltag) geblasen werden, stößt."7

Die Dialektik von Nähe und Distanz kann Barth an einer anderen Stelle auch durch das Verhältnis von Transzendenz und Inkarnation verdeutlichen:

"Die Gemeinde erwartet von uns diejenige Verkündigung, die ihrer Menschlichkeit gewiß nahekommt, gewiß hineingeht in die tiefsten Tiefen dieser Menschlichkeit, gewiß sie aufnimmt und annimmt und herannimmt, aber nun eben so, daß die Verkündigung zum Menschen als Menschen, als Sünder und Sterbender kommt, nicht sozusagen auf einer Ebene, sondern die zu ihm kommt wirklich aus der Höhe, wirklich von oben, und zwar senkrecht von oben. Wie die Gnade zur Natur kommt, wie das Wunder eintritt in unsere Welt!"

Und unter Bezugnahme auf die Menschwerdung Jesu Christi führt er weiter aus:

"In der Predigt will es geschehen, daß Gottes ewiges Wort Mensch wird, menschliche Natur annimmt, also Wort eines Menschen, eines Sünders, eines Sterbenden wird und Wort, das von Menschen, von Sündern, von Sterbenden gehört werden soll."8

Das Eingehen auf die Situation der Gemeinde nun erfordert die neutestamentlich begründeten Gaben oder "Tugenden" der Liebe (1. Kor 13), des Taktes (Kol 3,16 u.a.) und des richtigen Zeitpunktes (vgl. Gal 4,4). Voraussetzung ist das Leben mit, in und für die Gemeinde. Mit anderen Worten: Der Pfarrer darf kein "Einsiedler", kein "Tyrann" und kein Anpasser sein, sondern Zeuge, der Gottes Wort in die Situation hinein in Liebe, Takt und zur rechten Zeit ausrichtet:

---

[7] A.a.O.

[8] K. Barth, Gemeindemäßigkeit, S. 170 ff.

"Der Pfarrer als Tyrann, der Pfarrer, der es den Leuten recht macht, und der Pfarrer als Einsiedler sind die Folgeerscheinungen, wenn die Forderung der Gemeindemäßigkeit außer acht gelassen wird."9

Der Pfarrer darf also nicht der Mund der Gemeinde auf der Kanzel sein, sondern der Mund Gottes, der die Situation von Gottes Wort her beleuchtet und zur Veränderung ruft. Er hat zwar "fortwährend zu bedenken,.. das Leben dieser Menschen... Aber es darf auf keinen Fall geschehen, daß eine Umkehrung eintritt, daß, was diese Menschen bewegt und was sie mitbringen, die Führung bekommt in den Gedanken des Predigers, daß das Schriftwort hinzukommt als Erläuterung dieses Ersten!"10

2. Hans-Joachim Iwand

Ganz ähnlich wie Barth äußert sich Hans-Joachim Iwand in einer Homiletik-Vorlesung am illegalen Predigerseminar der Bekennenden Kirche in Bloestau aus dem Jahre 1935 oder 1936. Ich zitiere nachfolgend aus dem mir vorliegenden, bisher unveröffentlichten Manuskript. Iwand geht aus von Martin Luthers Definition der Kirche als Schöpfung des Wortes Gottes (vgl. Röm 10,17; Act 2,42). Dem Wort Gottes kommt absolute Priorität zu. Seine Verkündigung baut oder zerstört Gemeinde - je nach dem, ob sie dem Wort Gottes gemäß ist oder nicht. Nicht das Wort soll der Gemeinde und deren Situation angepaßt werden, sondern die Gemeinde soll sich am Wort ausrichten. Für Iwand ist ja bekanntlich die biblische Kategorie des Hörens entscheidend: "Der Glaube kommt aus dem Hören, das Hören aber durch das Wort Christi" (Röm 10,17). Nachfolgend zitiere ich längere Passagen aus Iwands Vorlesung, die das Gesagte verdeutlichen:

---

[9] K. Barth, Homiletik, S. 68.

[10] K. Barth, Gemeindemäßigkeit, S. 173.

"Das Wort schafft die Kirche, die Verkündigung baut oder zerstört, sammelt oder zerstreut. Darum ist es Irrlehre, die Gemeinde als konstant zu sehen und in der Predigt eine Lebensfunktion der Gemeinde zu finden... Diese Rede von der gemeindegemäßen Verkündigung kehrt die Verhältnisse schlechthin um. Denn die Gemeinde soll prüfen, ob die Predigt dem Worte Gottes gemäß ist, darf aber nicht prüfen, ob die Predigt gemeindegemäß ist. Das widerspräche ihrem Auftrag. Dann würde sie sich selbst zum letzten Maßstab der Predigt machen."

Gegen subjektivistische Tendenzen - etwa in der Predigtlehre Schleiermachers (Anknüpfung bei der religiösen Empfindung des Menschen, Gefühl schlechthinniger Abhängigkeit) - setzt Iwand die Objektivität des gegebenen Wortes Gottes. Er wehrt sich gegen die Anpassung des Predigers an die Kasual-Bedürfnisse oder Erwartungen von Gemeindegliedern:

"Hier (etwa bei Schleiermacher) ist der Prediger nicht der Mund des Wortes Gottes, sondern der Gemeinde, der zum Ausdruck bringt, was die Gemeinde bewegt. Bei Beerdigungen, Hochzeiten, großen Feiertagen wird das deutlich; der Pfarrer gleicht einem Dichter und Redner, der dem Gefühl der Menge Worte verleiht, sodaß sich die Gemeinde durch den Prediger selbst versteht. Diese Gemeindegemäßheit ist eine Irrlehre. Dann redet der Prediger nicht mehr Gottes Wort in die Gemeinde hinein, sondern dann redet er aus der Gemeinde heraus. Das ist nicht mehr eine Gemeinde unter Gottes Wort, sondern eine Gemeinde, die über das Wort verfügt. Gerade dadurch wird das Amt zerstört."

Nach Iwand ist also "weder der Wille des Predigers noch der Wille der Gemeinde der Maßstab für die Verkündigung", sondern allein das Wort Gottes. "Die Gemeinde ist aufgerufen, ihren Prediger an diesem Maßstab zu prüfen." Anläßlich der Situation der Bekennenden Kirche im Dritten Reich ist Iwands Argumentation gut verständlich, das Wort Gottes als einzigen Maßstab auch gegenüber der Bestimmtheit des Pfarrers und der Gemeinde zu betonen. Viele Gemeinden und Pfarrer hatten sich "anderen Herren" als

Christus unterworfen (vgl. die erste These der Barmer Theologischen Erklärung von 1934). Freilich gilt dieser Maßstab allezeit, da immer die Gefahr droht, daß Gemeinden oder ihre "Hirten" vom Wort Gottes abirren. Hier ist es hilfreich; wenn die von Iwand aufgezeigte gegenseitige Hilfe und Korrektur zwischen Pfarrer und Gemeinde im gemeinsamen Hören auf das Wort stattfindet. Voraussetzung ist die Lehre vom allgemeinen Priestertum aller Gläubigen (vgl. 1. Petr 2,9), welche die geordnete Beauftragung einzelner Diener am Wort nicht ausschließt (vgl. das Augsburger Bekenntnis, Artikel 14). Der Auftrag, Lehre zu prüfen, findet sich immer wieder im Neuen Testament (z.B. 1. Joh 4,1; 2. Thess 5,21).

3. Dietrich Bonhoeffer

Über das Verhältnis von "Wort und Gemeinde" hat sich Dietrich Bonhoeffer in einer Vorlesung[11] geäußert, die er im Wintersemester 1935/36 am illegalen Finkenwalder Predigerseminar gehalten hat. Wie Barth geht er aus von der Selbstwirksamkeit und Eigenbewegung des Wortes Gottes, aber viel stärker als jener betont er seinen inkarnatorischen Charakter (Fleischwerdung des Wortes). Denn die Eigenbewegung des Wortes ist eine Bewegung zur Gemeinde hin und in die Gemeinde hinein entsprechend zur Inkarnation (Fleischwerdung, Menschwerdung) Jesu Christi. So kann Bonhoeffer sogar sagen: "Das Predigtwort ist der inkarnierte Christus selbst." Er meint dies offensichtlich in dem existentialen Sinn, daß es - wie Christus und in der Kraft Christi - den schuldbeladenen Menschen annimmt und trägt:

---

[11] Abgedruckt als „Finkenwalder Homiletik“ in: D. Bonhoeffer, Gesammelte Schriften, Bd. IV: Auslegungen – Predigten, 1933-1944, München 1961, S. 237-289.

"Es (das Predigtwort) ist nicht eine neue Inkarnation, sondern der Inkarnierte, welcher der Welt Sünde trägt. Durch den Heiligen Geist ist es die Aktualisierung dieses Annehmens und Tragens. Menschen annehmen will das Wort der Predigt, sonst nichts... Alle Sünde soll in der Gemeinde auf das Wort fallen."[12]

Aus dieser Eigenschaft des Wortes Gottes folgt sein Bezug zur Gemeinde:

"Weil das Wort die neue Menschheit trägt, darum ist es seinem Wesen nach schon immer auf die Gemeinde gerichtet... Es geht von selbst zur Gemeinde, um sie zu tragen."

Sehr eindrücklich beschreibt Bonhoeffer, wie er sich diese Eigenbewegung des Wortes zur Gemeinde hin vorstellt:

"Das Wort steigt gleichsam aus der Bibel heraus, nimmt Gestalt an als Predigt und geht so zur Gemeinde, sie zu tragen."[13]

Wichtig ist, zu beachten, daß auch für Bonhoeffer - wie für Barth und Iwand - diese Bewegung eine einseitige, in einer Richtung verlaufende ist: vom Wort zur Gemeinde und nicht umgekehrt. Anders gesagt: Das Wort soll die Gemeinde tragen - und nicht die Gemeinde das Wort. Dem Wort soll sich niemand in den Weg stellen, auch nicht der Prediger:

"Diese Eigenbewegung des Wortes zur Gemeinde soll der Prediger nicht hindern, sondern anerkennen. Ihr soll er sich nicht mit eigenen Bewegungen in den Weg stellen. Wenn wir das Wort bewegen, dann wird es als unser Eigenwort entstellt zum Lehr-Wort, zum Erziehungs-Wort, zum Erlebnis-Wort. Auf diese Weise trägt und tröstet es nicht mehr. Auf Christus als das Predigtwort aber soll alle Not, Sünde und Sterben der Gemeinde fallen dürfen."[14]

---

[12] A.a.O., S. 241 f.
[13] A.a.O. S. 242.
[14] A.a.O., S. 242 f.

4. Ernst Lange

Eine andere Position als Barth, Iwand und auch Bonhoeffer vertreten die Autoren, die von der empirischen Wende in den sechziger Jahren des 20. Jahrhunderts geprägt sind. Was sich bereits bei Otto Haendler15 seit den vierziger Jahren angekündigt hat (nämlich die verstärkte Aufnahme von Erkenntnissen der säkularen Humanwissenschaften und die Schwerpunktverlagerung weg vom Wort Gottes hin zum Ich des Predigers) - das ist bei Ernst Lange, Gert Otto und anderen vollends zum Durchbruch gekommen. Bei Ernst Lange nun ist es weder das Wort Gottes noch der Prediger, der im Mittelpunkt des Interesses steht, sondern der Hörer. Lange entwirft seine Homiletik von den Adressaten her. Er führt aus:

"Der eigentliche Gegenstand christlicher Rede ist eben nicht ein biblischer Text oder ein anderes Dokument aus der Geschichte des Glaubens, sondern nichts anderes als die alltägliche Wirklichkeit des Hörers selbst - im Lichte der Verheißung... Predigen heißt: Ich rede mit dem Hörer über sein Leben."16

Predigt ist somit für Lange ein Kommunikations-Geschehen. Die christliche (und nichtchristliche) Tradition wird in ihrer Relevanz für die Gegenwart zur Sprache gebracht. Die Bibel wird zwar nicht ausgeschlossen, aber sie besitzt keine normative Bedeutung im Dialog zwischen Hörer (Gemeinde), Prediger und ihr selbst. Normativ ist vielmehr der Hörer und seine Situation:

---

[15] Vgl. O. Haendler. Die Predigt. Tiefenpsychologische Grundlagen und Grundfragen, 1941.

[16] E. Lange, Predigen als Beruf. Zur Theorie und Praxis der Predigtarbeit. Gesammelte Aufsätze, hrsg. v. E. Schloz, München 1982, S. 58.

"Erst wenn den Hörer angeht, was ich sage, geht ihn auch an, daß und inwieweit ich es aufgrund der Heiligen Schrift, im Einklang mit der Überlieferung der Geschichte des Glaubens, im Auftrag meiner Kirche und persönlich überzeugend sage."17

Das Predigtwort wird somit bei Lange nicht "von oben her" in die Gemeindesituation hineingesprochen, es vollführt auch keine inkarnatorische Bewegung in Richtung der Gemeinde, sondern die Situation der Gemeinde und - bei Lange wichtig - der Welt bestimmt, was gepredigt wird. Die homiletische Situation definiert er deshalb als "diejenige Situation, durch die die Kirche sich, eingedenk ihres Auftrages, jeweils in einem ganz bestimmten Sinn zur Predigt herausgefordert sieht".18

5. Gert Otto

Auch für den langjährigen Mainzer Praktischen Theologen Gert Otto liegt der Bezugspunkt der Predigt im Zeitgeschehen und somit in der Hörersituation:

"In der Predigt geht es darum, auf dem Forum der Kirche öffentlich, verständlich und wirksam ins Zeitgespräch zu. bringen, was christlicher Glaube heute heißt, im gegenwärtigen Gefüge von Zeit, Welt und Gesellschaft."19

Otto definiert Predigt als "Rhetorik", wobei Rhetorik verstanden wird als Wahrheitssuche durch Gespräch nach Art des Diskursmodells der Frankfurter Schule (Th. W. Adorno, J. Habermas):

"Rhetorik ist ... für uns das Stichwort, das einen komplexen Prozeß anvisieren hilft: das Finden von Wahrheit, die mitteilbar gemacht werden soll für Zeitgenossen ... Es gibt keine unvermittelte Wahrheit, sondern sie ist nur vermittelt zu haben, vermittelt durch einen Prozeß gemeinsamer Suchbemühungen, in dem die einzelnen durch gemeinsame Mit-Teilung miteinander verbunden werden. Wahrheit wird also

---

[17] A.a.O., S. 57.

[18] A.a.O., S. 25.

[19] G. Otto, Die Predigt als Rede- und Kommunikationsprozeß in der Gemeinde, in: Handbuch der Praktischen Theologie (HPTh), Bd. III, Gütersloh 1983, S. 135.

nicht erst gefunden und dann mitgeteilt, sondern durch Mitteilung gefunden. So sind Redner und jeweiliger Hörer miteinander verbunden."20

Hier kommt also der Hörerschaft bzw. Gemeinde eine entscheidende Bedeutung zu, da durch die Kommunikation mit ihr Wahrheitsfindung in der Predigt geschehen soll. Die Bibel verliert völlig ihre normative Funktion und dient nur noch als ein "Materiallieferant" neben anderen Quellen:

"So sehr der, der allsonntäglich predigen muß, auf Anregungen und Material und also zum Beispiel auf das `Potential` biblischer Überlieferung angewiesen ist, so sehr ist vor einer Bindung der Predigt an den `Text` zu warnen, die so beschaffen ist, daß sie unfrei oder den Prediger zum Rezitator von Tradition statt zum lebendigen Redner in einer konkreten Situation macht."21

Kommen Bibeltexte zur Anwendung, dann werden sie der gegenwärtigen Situation angepaßt - manchmal bis zur Unkenntlichkeit:

„Predigt schmilzt den Bibeltext ein, schmilzt ihn um in Wort, Vorstellung, Problematik, Leben gegenwärtiger Hörer. Das Bild vom Einschmelzen sagt deutlich genug, daß biblische Texte in der Predigt unkenntlich, unerkennbar werden können."22

Ein größerer Gegensatz zum "senkrecht von oben" in die Gemeinde einfallenden Offenbarungswort Gottes in der Dialektischen Theologie des frühen Karl Barth, aber auch zum Wahrheitsanspruch der Heiligen Schrift selber (vgl. Joh 17,17; 2. Tim 3,16 u.a.) ist kaum denkbar.

---

[20] A.a.O., S. 141.

[21] G. Otto, Predigt als rhetorische Aufgabe. Homiletische Perspektiven, Neukirchen-Vluyn 1987, S. 49.

[22] A.a.O.

6. Rudolf Bohren

Im Unterschied zu Ernst Lange und Gert Otto hält der langjährige Heidelberger Praktische Theologe Rudolf Bohren an der transzendenten Wirklichkeit und Wahrheitsrelevanz des Wortes Gottes fest. Bohrens Homiletik ist der Versuch, „das Predigen als menschliches Werk zu betonen, ohne die Herkunft von einer Theologie des Wortes Gottes verleugnen zu wollen.“[23]

Bohren ist bestrebt, den dialektischen Ansatz des frühen Barth (Theozentrik) über die Pneumatologie (Blumhardt d. Ä. u. J.; Anton A. van Ruler) mit der Situation des Menschen (Anthropologie) in Verbindung zu bringen:

"Der pneumatologische Aspekt ermöglicht - ohne den theologischen Primat zu leugnen - dem anthropologischen Aspekt gerecht zu werden." Er ermöglicht "eine neue Betonung des Menschlichen und des Machbaren ... Das Predigen, ganz und gar in Gottes Möglichkeit beschlossen, wird im Geist und durch den Geist ganz und gar Sache des Predigers und Sache des Hörers, wird im Geist und durch den Geist zur menschlichen Möglichkeit in Kunst und Technik.“[24]

Der Mensch wird also durch den Heiligen Geist berufen und befähigt, das Wort Gottes weiterzusagen bzw. zu hören und zu verstehen. Dabei bleibt der Primat des Wirkens Gottes und seines Wortes erhalten. Im Anschluß an A. A. van Ruler spricht Bohren deshalb von der "theonomen Reziprozität":

"Die `theonome Reziprozität' meint als gottgesetzte Wechselseitigkeit und Gegenseitigkeit eine Art Austausch, eine eigentümliche Partnerschaft, die das Intolerante, `das der Christologie eigen ist`, aufhebt ... Ist alles, aber auch alles von Gott her zu erwarten und erscheint alles tief menschlich, umschreibt die Rede von der theonomen Reziprozität den Primat Gottes und vergißt nicht des Menschen Dabeisein: Die Geistesgegenwart gerät in Bewegung, die Begriffe werden austauschbar. Die Gegenwart des Geistes wird zur

---

[23] R. Bohren, Predigtlehre, München, 4. Aufl. 1980, S. 53.

[24] A.a.O., S. 74.

Geistesgegenwart des Sprechenden und Hörenden, ohne in ihr aufzugehen."25

Im Gegensatz zur Enhypostasie (Einwohnung) der göttlichen Natur in Jesus Christus kommt es zu einer Einwohnung (keiner Identität) des Heiligen Geistes im Menschen. Der Mensch kann über den Geist nicht verfügen, sondern sich immer neu von ihm beschenken lassen und das Empfangene an die Gemeinde weitergeben, welche ihrerseits eine Empfangende ist:

"Das Wunder der Predigt ist von pfingstlicher Art, und der Prediger darf hoffen, daß im Weitergeben eines geistgeschenkten Wortes der Geist selber sich schenke. Drum wird er besorgt sein, daß sein Eigenes dem Geist nicht das Spiel verderbe ... Predigen heißt, den Tod erfahren: und zur `Begeisterung für das Sein` kommt es nur, weil die Auferstehung mächtig wird."26

Was den Gemeindebezug der Predigt angeht, so plädiert Bohren für "Freiheit vom Hörer", die sich gerade als "Freiheit für den Hörer" erweist. Denn gerade im "neuen Respekt vor Gott" und der Absage an alles Menschengefällige und Situationsangepaßte liegt die wahre Humanität, betont er in Anschluß an seinen Lehrer Eduard Thurneysen. Bohren möchte somit der Gemeinde und ihrer Situation durchaus Raum geben, wendet sich aber gegen die - seiner Meinung nach z.B. bei Ernst Lange - auftauchende Gefahr, daß "der Hörer und seine Situation heimlicherweise zum Gesetz der Predigt wird". Demgegenüber gilt:

"Predigt, die ihrer Situation gerecht wird, hat sich der Frage zu stellen, ob sie Gott recht sei. Die Rücksichtnahme auf den Hörer muß in neuem Respekt vor Gott gefunden werden, wie ja der Respekt vor Gott die Rücksichtnahme auf den Hörer in Freiheit einschließt."27

[25] A.a.O., S. 76.
[26] A.a.O., S. 87.
[27] A.a.O., S. 446 f. 454.

7. Predigt als Wort-Antwort-Geschehen – eine biblische Antwort

Ich selber tendiere am ehesten zur Position des frühen Wolfgang Trillhaas, der zwar den Wort-Gottes-Charakter der Predigt betont, aber zugleich - ähnlich wie Dietrich Bonhoeffer - die Kondeszendenz (Herablassung) dieses Wortes in den Mittelpunkt stellt:

"Die Predigt ist zwar Gottes Wort, aber `Gottes unerforschliche Majestät` verbietet es, daraus einen Grundsatz zu machen, mit dann in der Predigtlehre weitergebaut werden könnte. Der Prediger soll und kann nichts anderes tun, als predigend Gottes Wort sagen zu wollen und dabei von dem in Christus Fleisch gewordenen Wort Gottes herzukommen. Die Christlichkeit seiner Predigt entscheidet sich einfach daran, daß er die von ihm vernommene Botschaft ´ausrichtet`, d.h. dem Inhalt wie der Richtung nach zur Geltung bringt. Alles andere ist Gottes Geheimnis, das Gott, indem er zu uns redet, nicht lüftet, sondern wahrt ... Wer im Worte Gottes nur eine Paradoxie sähe, die uns kaum mehr als das bloße Nachsprechen des Textes erlaubte, täte der Majestät Gottes gerade keine Ehre an, er überginge Gottes Kondeszendenz."[28]

Dabei ist es mir persönlich wichtig, die Parallele zwischen dem "vere Deus - vere homo" (wahrer Gottheit und Menschheit) Jesu Christi und dem göttlichen und zugleich menschlichen Charakter der biblischen Texte zu ziehen. Menschen, getrieben vom Geist Gottes, haben hier geredet und geschrieben (vgl. 2. Tim 3,16; 2. Petr 1,21). Somit läßt sich das Wort der Heiligen Schrift nicht wie ein "vom Himmel gefallenes Wort" der Gemeinde "auf den Kopf zusagen“, sondern nur in menschlicher Vermittlung und Interpretation. Hier geschieht quasi eine neue Kondeszendenz (Herablassung) des Wortes Gottes in der Predigt - und das ist nur möglich in der Offenheit des Predigers und

[28] So fasst Jürgen Henkys die Position des frühen Trillhaas zusammen in: Handbuch der Predigt (HdP), Berlin 1990, S. 40; vgl. W. Trillhaas, Evangelische Predigtlehre, München 1935, S. 34 ff. 100 ff.

der Gemeinde für die Gabe des Heiligen Geistes, der das Wort für die jeweilige Situation immer neu erschließt, ohne es menschlichem Gutdünken zu unterwerfen (vgl R. Bohren).
Folglich kann in der Predigt die Gemeindesituation zur Sprache kommen, solange sie nicht das Wort an sich reißt oder verfälscht. Mit Barth und Iwand halte ich durchaus an der Überlegenheit des Wortes Gottes fest und lehne seine situationsbedingte Verfälschung ab. Aber - und das wollen auch Barth und Iwand nicht - wir können die Situation der Gemeinde nicht verschweigen, wenn wir predigen. Predigt bewegt sich nicht im luftleeren Raum, sondern im Bereich der Menschen und ihrer Welt, in die Gott sein richtendes und rettendes Wort hineinspricht, ja selbst als "das Wort" hineingeht, indem er in Jesus Christus Mensch geworden ist.
Ich denke, das Ereignis der Predigt läßt sich am besten als Wort-Antwort-Geschehen beschreiben, als nie endender Dialog zwischen Gott und Mensch. Gott spricht sein Wort in die Gemeinde hinein. Die Gemeindeglieder antworten durch ihr Hören oder Nichthören, durch ihren Gehorsam oder Ungehorsam. Darauf ergeht wiederum Gottes Wort, worauf die Gemeinde wiederum so oder so reagiert. Aber auch die Predigt ihrerseits ist zumindest teilweise Antwort auf die Reaktion der Gemeinde: Die Situation der Gemeinde kommt zur Sprache (ohne Priorität zu erlangen) - und Gottes Wort gibt die angemessene Antwort darauf.
Diese Position ist nicht mit dem Modell der "Predigt als Kommunikation" zu verwechseln, wie sie Ernst Lange und Gert Otto vorschwebt. Bei diesen bewegen sich Gottes Wort, Menschenwort und Situation der Gemeinde letztlich auf der gleichen Ebene. Das ist hier nicht der Fall und - so meine ich - biblisch nicht haltbar. Vielmehr bleibt Gottes Wort normativ. Es verändert die Situation der Gemeinde und ihrer Glieder autoritativ und wird nicht seinerseits von der Situation der Gemeinde her

verändert, sondern nur mit unterschiedlicher Akzentuierung zugesprochen. So kann man mit dem Beter des 119. Psalms sagen: "Dein Wort ist meinem Munde süßer als Honig. Dein Wort macht mich klug; darum hasse ich alle falschen Wege. Dein Wort ist meines Fußes Leuchte und ein Licht auf meinem Weg" (Ps 119,103-105).
Das Wort Gottes soll in der Predigt zu Worten aus unserem Munde werden. Die "institutionelle Hörversammlung" des Gottesdienstes soll zu einem Ort werden, in den hinein Gottes prophetischer Ruf in aufdeckender und zurechtbringender Weise erklingt. Das ist das bleibende homiletische Grundproblem, für das es keine Lösung gibt - außer dem Vertrauen auf die Zusage der Gegenwart Gottes und die Verheißung seines Heiligen Geistes, der uns in alle Wahrheit leiten wird. Die Predigt stützt sich somit auf die gleiche biblische Zusage, die auch dem Gebet gilt: "Der Geist hilft unserer Schwachheit auf. Denn wir wissen nicht, was wir beten sollen, wie es sich gebührt, aber der Geist selbst vertritt uns mit unaussprechlichem Seufzen" (Röm 8,26).

8. Kriterien der Predigt

Abschließend nenne ich - neben der Gemeindebezogenheit - in Kürze einige weitere Kriterien, die m.E. für eine christliche Predigt wichtig sind. Dabei greife ich in freier Variation auf eine Aufzählung bei Karl Barth 29 zurück.

Offenbarungsmäßigkeit: Christliche Predigt sollte an Gottes Offenbarung ausgerichtet sein als Quelle und Ursache (causa) des Wortes. Sie sollte nicht (primär) aus eigenen Gedanken, Schöngeistigkeiten und ähnlichem schöpfen, sondern aus dem Hören auf Gottes Wille in Heil und Gericht.

---

[29] Vgl. K. Barth, Homiletik, S. 32-72.

Daraus ergibt sich als weiteres Kriterium die *Textgemäßheit* oder Biblizität: Predigt sollte sich auf den Bibeltext stützen. Sie kann zwar auch einmal andere Texte zugrunde legen (z.B. Katechismusstücke, Lieder), doch erfolgt auch dann die Predigt im biblischen Kon-Text, d.h.die Botschaft der Bibel steht im Vordergrund.

Amtsmäßigkeit: Obwohl das allgemeine Priestertum aller Gläubigen besteht und auch Laien zum Predigen berufen sein können, ist doch die ordentliche Berufung von hierzu speziell beauftragten Dienern unverzichtbar; denn Gott will, daß alles geordnet zugehe (vgl. 1. Kor 12,28; 14,33; Augsburger Bekenntnis, Artikel 14).

Damit hängt zusammen das Kriterium der *Kirchlichkeit*: Predigt geschieht in und für die Kirche (Gemeinde), aber auch für die Welt. "Die Kirche ist eine Schöpfunq des Wortes Gottes" (Luther) - und als solche hat die Kirche den Auftrag, für die rechte Wortverkündigung und Evangeliumsverwaltung zu sorgen (vgl. das Augsburgische Bekenntnis, Artikel 7).

Rhetorik ist für die Predigt hilfreich, aber nicht konstitutiv. Sie kann die Predigt unterstützen, aber auch verfälschen (z.B. als Agitation, falsches Pathos, Unwahrhaftigkeit). Eine rhetorische Kommunikation des Evangelium im Sinne Gert Ottos steht m.E. zu der Offenbarungsmäßigkeit des Wortes Gottes im Widerspruch.

Glaubensgemäßheit: Christliche Predigt sollte dem christlichen Glauben gemäß sein und diesen vermitteln. Das ist ihre ureigene Aufgabe (vgl. Röm 10,17). Der christliche Glaube ist konzentriert in den altkirchlichen Bekenntnissen (Symbolum Apostolicum, Symbolum Nicaeno-Constantinopolitanum) zusammengefaßt. Eng mit der Glaubensgemäßheit hängt daher die Bekenntnismäßigkeit der Predigt zusammen, die auch ein Prüfstein für wahre und falsche Lehre sein kann.

Christusgemäßheit: In der christlichen Predigt sollte Christus verkündigt werden. Luther nennt als zentrales Kriterium: "was Christum treibet". Hier entsteht das Problem der Auslegung alttestamentlicher Texte. Sind sie auszulegen: Nach dem Schema Verheißung (Altes Testament) - Erfüllung (Neues Testament)? Christozentrisch (W. Vischer, K. Barth)? Heilsgeschichtlich-theologisch (G. v. Rad)?

Traditionsgeschichtlich (H. Gese)? Durch das Aufsuchen analoger Strukturen (H.-D. Preuß) oder Situationen (W. Herrmann) im Alten und Neuen Testament? Oder nach der Vorstellung, daß das Alte Testament die "Geschichte des Scheiterns", das Neue Testament hingegen der Zuspruch der Rechtfertigung ist (F. Baumgärtel, R. Bultmann)? - Ich denke, die Entscheidung muß der jeweilige Kontext bringen. Wenn Jesus z.B. in Lk 24 auf Jes 53 Bezug nimmt, so ist eine christologische Auslegung vom Neuen Testament her gegeben. An anderen Stellen wiederum ist dies nicht ohne weiteres möglich. Auf diese Fragen kann ich an dieser Stelle nicht weiter eingehen. Doch denke ich grundsätzlich, daß eine Predigt nicht christozentrisch "um jeden Preis" sein, sondern das Alte Testament seine eigene Stimme kundtun lassen sollte.

Geistlichkeit: Jede gelungene Predigt ist ein Wunder des Heiligen Geistes. Ihn im Gebet zu erbitten, ist das A und O jeder homiletischen Bemühung. "Man kann nicht predigen, ohne zu beten" 30 (Karl Barth).

Lothar Gassmann

Prozesstheologie

1. Prozesstheologie (P.) greift auf Einsichten des englischen Mathematikers, Naturwissenschaftlers und Philosophen Alfred North Whitehead (1861 - 1947) zurück und macht sie für die Religionsphilosophie und Theologie fruchtbar. Diese von J. B. Cobb begründete, seit etwa 1970 einflussreiche theologische Richtung dürfte über die Vereinigten Staaten von Amerika hinaus diejenige sein, die in der zweiten Hälfte des 20. Jhd.s den größten Einfluss gewann. Diese angelsächsische Hauptrichtung der Theologie will im Anschluss an die Prozessphilosophie A. N. Whiteheads eine Theologie entwickeln, die mit der Wirklichkeitserfahrung des vielfältigen gegenwärtigen >Pluralismus verträglich erscheint. Whiteheads Theorie ist stark interdisziplinär und hält daher Verbindung zu Naturwissenschaften, klassischen Philo-

[30] K. Barth, Homiletik, S. 68.

sophien und Religion(en) und will auch dem „gesunden Menschenverstand“ gerecht werden.

2. Grundlegend hat Whitehead seine Neukonzeption in seinem Hauptwerk "Prozess und Realität" (1929) beschrieben. Dieses Werk gilt als eines der wichtigsten philosophischen Werke des 20. Jhd.s. Whitehead versucht darin, die Grundlagen des abendländischen Denkens neu zu konzipieren, indem er zum einen die Ereignisse der modernen Naturwissenschaften, zum anderen Grundelemente der „biblischen Religion“ ernst zu nehmen versucht. Die daraus sich ergebende Prozessphilosophie bricht mit der aristotelisch-neuzeitlichen Anschauung (>Aristotelismus). Dieser zufolge wird Seiendes als in der Zeit Beharrendes gedacht. Whitehead entfaltet den Prozessgedanken so weit, dass es nichts mehr gibt, das den Prozess trägt; dieser selbst ist die Wirklichkeit. Damit wird die traditionelle aristotelische Substanzmetaphysik durch eine Ereignismetaphysik ersetzt. Whiteheads Kosmologie gehört zu den relativistischen Theorien des 20. Jahrhunderts, die als "nachneuzeitlich" oder "postmodern" bezeichnet werden (>Postmodernismus). Laut Whitehead unterliegt Gott nicht dem Prozess von Werden und Vergehen. Im Gegensatz zu aktuellen Einzelwesen (actual entity) ist Gott ein "eternal object", der die Ur-Ordnung aller naturgegebenen Ordnung verkörpert, welche die Welt in einer hierarchischen Struktur mit physikalischer, biologischer und humanzivilisatorischer Ebene erscheinen lässt. Für Whitehead sind die traditionellen Attribute Gottes, die dessen Unwandelbarkeit, Ewigkeit usw. besagen, Bezeichnungen, die nicht die ganze Wirklichkeit Gottes erfassen und ihm mit diesen Attributen auch nicht gerecht werden.

3. Auf die Konsequenzen, die mit diesem epochalen Neuansatz für das Gottes- und auch für das Menschenbild verbunden sind, haben die beiden Religionsphiloso-

phen Charles Hartshorne und Henry Nelson Wieman hingewiesen. Vornehmlich die Divinity School der Universität Chicago brachte das Denken Whiteheads in die Theologie. Aus dieser Divinity School gingen als wichtige Prozesstheologen Schubert M. Ogden, Bernard Loomer, John B. Cobb Jr. hervor. Unter den deutschen Theologen hat sich besonders Michael Welker mit der Prozesstheologie befasst (vgl. M. Welker, Universalität Gottes und Relativität der Welt. Theologische Kosmologie im Dialog mit dem amerikanischen Prozessdenken nach Whitehead, 1981). Die Gotteskonzeption der genannten amerikanischen Prozesstheologen fasst M. Welker folgendermassen zusammen: "Gott: Das Selbst der Welt" (Ogden); "Gott: Grundfaktor aller Erfahrung" (Loomer); "Gott: Grund unseres Lebens in Gemeinde und universaler Gemeinschaft" (Cobb). Die P. ist inzwischen in so gut wie allen christlichen Denominationen diskutiert worden. Ebenso hat sie auf so gut wie alle Themen der Theologie eingewirkt. In der P. wurden der naturwissenschaftliche und die weiteren interdisziplinären Aspekte im Denken Whiteheads nur ungenügend berücksichtigt, so dass Whiteheads Denken in dieser theologischen Schule zumeist verflacht erscheint. Um dem Denken Whitehaeds gerecht zu werden, müsste die Theologie sich intensiv mit modernen Naturwissenschaften beschäftigen, in einen fruchtbaren Dialog mit diesen treten und darüber hinaus ganz allgemein interdisziplinär arbeiten. Dieser Wissenschaftsdialog ist im Protestantismus spätestens seit K. >Barth und R. >Bultmann abgerissen. K. Heim und A. Köberle blieben in der neueren Theologiegeschichte seltene Ausnahmen, die den interdisziplinären Austausch pflegten. Deren Schüler, z. B. H. W. Beck und die Studiengemeinschaft "Wort und Wissen", versuchen, das Erbe K. Heims aufzugreifen. Im main stream zumindest der protestantischen Theologie zeichnet sich noch keine Kursänderung ab: sie verharrt nach wir vor auf ihren Positionen, versucht nicht, das interdisziplinäre Gespräch zu führen und ist u.a. deshalb in ethischen Fragen so hilflos und sprachlos. Nicht allein am unwandelbar absoluten Gott wurde durch die P. Kritik geübt, sondern teilweise zielte sie auch auf die Überwindung der Priorität der maskulinen Sprache der christlichen Theologie (J. B. Cobb, P. R. Griffin), was für den theologischen >Feminismus Impulse bot.

4. Die P. enthält auch einen Widerspruch gegen die herkömmliche christliche Lehre der creatio ex nihilo (Erschaffung aus dem Nichts). Die von der P. fruchtbar gemachte Gottesvorstellung A. N. Whiteheads wirkt nicht durch machtvolles schöpferisches Handeln, sondern durch Überredung, was diese Vorstellung attraktiv gemacht hat. Zwischen dieser Vorstellung und darin, dass Gott in der Bibel als gütig und langmütig beschrieben werden kann, besteht nur scheinbare Entsprechung. Gott geht laut biblischer Lehre seinen Geschöpfen zwar in Langmut nach, aber die Geschöpfe verdanken sich einer creatio ex nihilo. Gottes Langmut entspringt nicht, wie dies die P. nahelegt, aus Ohnmacht, sondern aus Liebe. Die P. hat darauf hingewiesen, der herkömmlichen christlichen Auffassung bereite durch die Lehre von der creatio ex nihilo die Existenz des Bösen Schwierigkeiten. Dessen Existenz hat immer wieder Zweifel aufkommen lassen, dass Gott, der allmächtige Schöpfer, zugleich der von Jesus verkündete Gott der Liebe sein könne. Die Existenz des Bösen scheint die Allmacht Gottes infrage zu stellen. Die P. scheint darauf eine auf den ersten Blick überzeugende Antwort zu bieten, indem deren Anhänger die Macht Gottes als beschränkt auffassen. Doch damit hinge das Geschöpf nicht allein von Gott ab, sondern genauso von anderen Mächten und könnte das Vertrauen zur Überwindung des Übels in der Welt nicht allein auf Gott gesetzt werden. Demgegenüber ist biblischer Überlieferung zufolge auch das Böse auf Gott zurückzuführen (Jes 45,7 f.; Jer 45,4 f.; Am 3, 6)

und ist keine gegenüber Gott selbständige Macht des Bösen anzuerkennen. In dieser Hinsicht kennt die Bibel keinen Dualismus. Auch lässt sich die in der Prozesstheologie aufgenommene Verhältnisbestimmung Whiteheads von Gott und Welt biblisch nicht dadurch legitimieren, indem darauf hingewiesen wird, die Formel der creatio ex nihilo sei erst nachbiblisch, denn der Sache nach ist sie biblisch. Zudem gehört die gegen die creatio ex nihilo angeführte Formel einer creatio continuata (fortgesetzte Erschaffung), die mit Whiteheads Prozessdenken in Einklang gesehen wird, einer noch viel späteren Zeit an, dem abendländischen Mittelalter, und setzt vor allem die creatio ex nihilo bereits voraus, indem die Erhaltungstätigkeit Gottes als Fortsetzung der creatio ex nihilo charakterisiert wird. Creatio ex nihilo und creatio continuata sind keine Gegensätze. Alttestamentliche Schöpfungsaussagen (Ps 104,14-30; 139,13; 147,8f.) besagen keine Begrenzung der Schöpfermacht Gottes, sondern Gottes unumschränkt freies Schöpfungshandeln, was mit der Formel der creatio ex nihilo ausgedrückt wird.

5. Die P. vermag zwar den Blick auf gegenwärtig in der Theologie zu wenig berücksichtigte Aspekte zu lenken, bildet aber als gesamte keine Alternative zur traditionellen Theologie. Sie verwertet die Theorie Whiteheads nur selektiv und berücksichtigt die naturwissenschaftlichen und interdisziplinären Aspekte Whiteheads kaum, so dass auch sie, obwohl sie von ihrem Ansatz her hier mehr leisten könnte, interdisziplinär wenig austrägt und damit ein fruchtbares Gespräch mit anderen Wissenschaften bislang im großen und ganzen ausgeblieben ist. Die P. ist zudem vor erheblichem Missbrauch nicht geschützt (>Feminismus). Sie selbst müsste reformiert werden in dem Sinne, dass ihre Schwächen und Fehler beseitigt und bislang unbeachtete Aspekte der Theorie Whiteheads aufgenommen werden. Dann könnte sie auch positiv die traditionelle Theologie befruchten. Als

fruchtbar könnte sich das Gespräch zwischen einer reformierten P. und einer heilsgeschichtlichen Theologie, welche letztmalig überzeugend von Oscar Cullmann (1902-1999) dargestellt wurde (Christus und die Zeit, 1946; Heil als Geschichte, 1965) erweisen, da hier eine bislang nicht wahrgenommene Affinität besteht (>Heilsgeschichte).

Lit.: EKL, 3. Aufl. (Neufassung), Sp. 1360 - 1366 (Art. Prozessphilosophie und Art. Prozesstheologie); ELThG, Bd. 3, S. 1625 f.; A. N. Whitehead, Prozess und Realität, 1929; J. B. Cobb, P. R. Griffin, Prozess-Theologie. Eine einführende Darstellung (Übers. M. Mühlenberg) 1979; M. Welker, Universalität Gottes und Relativität der Welt. Theologische Kosmologie im Dialog mit dem amerikanischen Prozessdenken nach Whitehead, 1981.
Walter Rominger

Seele

Ist der Mensch (als Ganzheit) eine lebendige Seele (S.) - oder *hat* er eine S.? Die Bibel sagt beides. Dass der Mensch als "nefesch haja" (hebr.: "lebendige S."; man könnte auch allgemeiner übersetzen: "lebendiges Wesen") von Gott erschaffen wurde, geht deutlich aus der grundlegenden Stelle 1. Mose 2,7 hervor: "Da machte Gott JHWH den Menschen aus Erde vom Acker und blies ihm den Odem des Lebens in seine Nase. Und so ward der Mensch ein lebendiges Wesen (nefesch haja)." Der Alttestamentler Claus Westermann kommentiert diese Stelle so: "... der Mensch besteht nicht aus mehreren Bestandteilen (wie Leib und S. o. ä.), sondern er besteht in einem ´Etwas` [Staub vom Ackerboden; L. G.], das durch die Belebung zum Menschen wird ... der Mensch bekommt nicht den Atem Gottes in sich, sondern Gott bläst ihm Lebensatem ein ... Der ´Lebensatem` bedeutet also einfach die Lebendigkeit, das Einhauchen des Lebensatems die Belebung des Menschen ... Der von Gott geschaffene Mensch ist der lebendige Mensch ... der Mensch wird zur nefesch haja geschaffen, es wird nicht in seinen Körper eine ´lebendige S.` hineingegeben. Der Mensch in seinem Lebendigsein ist ganzheitlich verstanden" (C. Westermann, Genesis. Kapitel 1-11, BK I/1, 1976, 282f.).

Der Mensch ist also als Ganzer eine "lebendige S.", die Gott aus Erde geformt und mit seinem Lebensatem erfüllt hat. Aber weil der "nefesch"- und "psyché"-Begriff im Alten und Neuen Testament weiter gefasst wird und eine Reihe von Bedeutungsnuancen aufweist, kann er auch noch anders verwendet werden, nämlich in folgenden Bedeutungen: "seine S. (psyché) ist in ihm (en auto)" (Apg 20,10; vgl. 1. Kön 17,21 f.); "S.n besitzen (ta echonta psychas)" (Offb 8,9) u. ä. Es gibt in der Bibel auch Stellen, die von einer Unterscheidung oder gar Trennung von Leib und S. handeln, z.B. Mt 10,28: "Fürchtet euch nicht vor denen, die den Leib töten und die S. (psyché) nicht töten können; fürchtet euch aber vielmehr vor dem, der Leib und S. verderben kann in der Hölle."

Im Theologischen Begriffslexikon zum Neuen Testament werden folgende Bedeutungsnuancen der Begriffe "nefesch" (hebr.) und "psyché" (griech.) in der Heiligen Schrift aufgelistet und durch Bibelstellen belegt:

"der Sitz des Lebens oder das Leben", "das ganze natürliche Sein und Leben des Menschen", "lebendige S.", "das innermenschliche Leben ... Ich, Person, Persönlichkeit, mit den verschiedenen Kräften der S. ... Person mit allen Kräften des Bewusstseins", "die Lebendigkeit und die Seite des Willens und Gemütes im Menschen", "das eschatologische Leben", "jene Größe, innerhalb deren sich Tod und Leben, Verderben und Seligkeit entscheiden" (TBLNT II/1977, 1.116ff.).

Will man diese verwirrende Breite der Definitionen (und das sind noch nicht alle) auf einen Nenner bringen, dann kann man so formulieren: "S." ist ein Begriff, der sich sowohl auf die menschliche Person als Ganze als auch auf deren wesentliche Eigenschaften und Befindlichkeiten beziehen kann.

S. auch: >Mensch, >Ganztod-Hypothese; Seelsorge.
Lothar Gassmann

Seelsorge und Pastoralpsychologie

Seelsorge (S.; Sorge an der Seele) als Teilgebiet der Praktischen Theologie ist heute ein ebenso umkämpftes Gebiet wie die Theologie insgesamt. Denn die heutige S. ist weithin nicht mehr vom biblisch-christlichen Menschenbild, sondern von unbiblischen Methoden der Pastoralpsychologie geprägt (>Humanistische Psychologie). Das Ziel ist weithin nicht mehr die Hinführung des Menschen zu Gott, sondern die >Selbstverwirklichung des Menschen. Die Heilung wird nicht mehr primär in der Heilung der Gottesbeziehung gesucht, sondern in der Entfaltung der "im Menschen liegenden Kraftpotentiale". Damit ist der christlichen S. das Eigentliche verlorengegangen: das Wort Gottes, das uns unverfügbar von außen trifft, das unseren von der Sünde gezeichneten Lebenszusammenhang radikal unterbricht und das allein uns von Grund auf verändern, heilen und erneuern kann. Nachfolgend entfalte ich in acht Thesen biblische S. im Kontrast zur sog. Modernen Seelsorgebewegung oder Pastoralpsychologie, insbesondere an den namentlich genannten Vertretern dieser einflussreichen Bewegung.

1. Pastoralpsychologie vertraut optimistisch auf Selbstheilungskräfte im Menschen und übersieht den Graben der Sünde.

"Eine der revolutionärsten Einsichten, die sich aus unserer klinischen Erfahrung entwickelt hat, ist die wachsende Erkenntnis: der innerste Kern der menschlichen Natur, die am tiefsten liegenden Schichten seiner Persönlichkeit, die Grundlage seiner tierischen Natur ist von Natur aus positiv - von Grund auf sozial, vorwärtsgerichtet, rational und realistisch. Dieser Standpunkt ist unserer gegenwärtigen Kultur so fremd, dass ich kaum mit Zustimmung rechne, und er ist in seinen Implikationen in der Tat so revolutionär, dass er ohne gründliche Überprüfung nicht akzeptiert werden sollte."

Diese Sätze schrieb Carl Rogers erstmals in einem Aufsatz aus dem Jahre 1953. Rogers selbst rechnete mit der Ablehnung durch die "Religion, vor allem die protestantische Tradition" wegen ihrer "Grundansicht (...), dass der Mensch im Wesen sündhaft ist", sowie durch "Freud und seine Jünger" wegen deren triebdeterministischem Menschenbild. Inzwischen ist jedoch die erstaunliche Situation eingetreten, dass Rogers` psychotherapeutische Ansichten (und damit unweigerlich auch sein Menschenbild) von der kirchlichen (vor allem von der protestantischen) S. weitgehend unkritisch übernommen worden sind und sich hier mit theologischen Begriffen verbunden haben. Neben dem Einfluss von Rogers wurden folgende Thesen von Cabot und Dicks für die "moderne S.-Bewegung" maßgeblich:

"Dem Menschen als einem Geschöpf Gottes wohnt grundsätzlich eine heilende Kraft inne: ´vis medicatrix dei` (...) Der Arzt und der Seelsorger sind selbständige Glieder des therapeutischen Teams. Sie verstehen sich vornehmlich als Handlanger dieser heilenden Kraft Gottes. (...) Ihre Kunst besteht darin, den Prozess verborgenen Wachstums (´growth`) zu erkennen und zu entdecken, wo das heilende Potential (´growing edge`) des Patienten hervorbrechen will und wo es zu hegen ist."

Nach H. J. Thilo soll die Beratung dem Menschen helfen, "das zu werden, woraufhin er angelegt ist". - H. J. Clinebell schreibt:

"Die beratende S. bezeugt, dass alles Heilen und Reifen von Gott kommt. Werden die von Gott geschenkten Heilkräfte, die im Innern des Menschen und in seinen mitmenschlichen Beziehungen liegen, nicht von dem befreit, was sie blockiert, kann ein Heilungsprozess nicht in Gang kommen. Der Berater ist der Katalysator in einem Vorgang, den er nicht hervorbringt, den er nur auslösen und fördern kann."

Wenn von "Sünde" die Rede ist, dann nur in einer sehr eingeschränkten und verschwommenen Form:

"Der Mensch" ist "Sünder (´sinful`) und Bild Gottes (´image of God`) zugleich" (S. Hiltner). Im Anschluss an W. E. Hulme spricht D. Stollberg von einer "Spaltung im Menschen, der ´gerecht und Sünder zugleich` ist. In der Einheit von Schöpfung und Erlösung vollzieht sich das ´innere Wachstum`(...) S. trägt bei zur Realisation der als Potenz vorhandenen Imago Dei, welche die Kluft zwischen protologischem Urstand, präsentischem Konflikt und eschatologischer Vollendung schließt."
In all diesen Aussagen wird entweder die Realität der >Sünde ganz geleugnet oder ihre Radikalität verharmlost: Der Mensch sei "von Natur aus gut" oder in ihm wohne zumindest "ein guter Kern", ein "Rest der ursprünglichen Gottebenbildlichkeit", den es zu entfalten und für die Heilung einzusetzen gelte. Eine geradezu mystisch anmutende Verbundenheit zwischen Göttlichem und Menschlichem kommt bei vielen dieser Autoren zum Ausdruck. "Ich weiss, dass in mir, das heisst in meinem Fleisch, nichts Gutes wohnt", betont demgegenüber Paulus (Röm 7,18). "Gut ist nur einer", nämlich Gott (Mt 19,17). Die ganze Bibel spricht von dem Graben zwischen Gott und dem Menschen, den die Sünde aufgerissen hat - und zwar gerade die Sünde des Strebens nach menschlicher Selbstverwirklichung, nach dem "Sein-Wollen-wie-Gott" (1 Mo 3,5)! Nicht die menschliche Selbstverwirklichung, die den Graben verursacht hat, kann ihn überbrücken, sondern allein die Sündenvergebung. Diese können wir uns aber niemals selber (auch nicht gegenseitig, auch nicht in der Gruppe) zusprechen, sondern sie kommt von außen: von dem einen und lebendigen Gott, der jenseits unserer Geschöpflichkeit und Gefallenheit steht und dem Glaubenden aus freiem Erbarmen die Versöhnung schenkt.

Aus diesem Versöhntsein des Glaubenden (nicht des ungläubigen, "natürlichen" Menschen!) mit Gott erwächst die Kraft zu einem neuen Leben - zur Heilung, zur Heiligung und zum Heil. Nicht aus uns kommen die Kräfte hierzu, sondern von außerhalb, von Gott strömen sie in uns ein.

2. Pastoralpsychologie ordnet das Handeln, die Erfahrung und die zwischenmenschliche Beziehung dem gesprochenen und gehörten Wort Gottes über.

Ausgehend von dem Gedanken, dass S. auf Beichte, Umkehr und Sündenvergebung zielt, war Hans Asmussen zu folgender Definition gelangt: "S. ist die Verkündigung des Wortes Gottes an den einzelnen". In ihr wird "dem einzelnen auf seinen Kopf zu die Botschaft gesagt". "Wort Gottes kann nur verkündigend gesagt werden." Ähnlich führt Eduard Thurneysen aus:

"S. findet sich in der Kirche vor als Ausrichtung des Wortes Gottes an den einzelnen." - "S. vollzieht sich in Gestalt eines Gespräches, das herkommt vom Worte Gottes und hinführt zu seiner Verkündigung in der Gemeinde." "Weil das S.gespräch das ganze Feld des menschlichen Lebens mit allen darin wirksamen psychologischen, weltanschaulichen, soziologischen und moralischen Deutungen und Beurteilungen dem Urteile des Wortes Gottes unterstellt, darum geht durch das ganze Gespräch eine Bruchlinie, die anzeigt, dass das menschliche Urteilen und Bewerten und das ihm entsprechende Verhalten hier zwar nicht außer Kraft gesetzt, aber dass es in seiner Vorläufigkeit erkannt ist. Da der Mensch sich diese Relativierung und damit gegebene Beschränkung seines natürlichen Urteiles nicht gefallen lässt, sondern sich dagegen zur Wehr setzt, wird das S.gespräch zum Kampfgespräch, in welchem um die Durchsetzung des Urteiles Gottes zum Heil des Menschen gerungen wird."

Gegen solche Aussagen meldete sich in der "praxisorientierten S." und besonders in der "modernen S.-Bewegung" lebhafter Protest an. Joachim Scharfenberg warf der von Asmussen und Thurneysen geprägten S. einen "autoritären oder methodistischen Missbrauch der Sprache" vor. "Autoritär muss jede Gesprächsführung genannt werden, die das Gespräch nur dazu benutzen will, um etwas Vorgegebenes, an der Vergangenheit Orientiertes, Bekanntes und Verfügbares ´auszurichten`." An die Stelle der "Verkündigung" als "Zuspruch von etwas Festem, Unwandelbarem, objektiv Vorgegebenem" müsse das "Gespräch" treten, das durch "Offenheit, Zweideutigkeit", durch "bipolares, partnerschaftliches Hin und Her von menschlicher Rede" geprägt sei. Die Beichte, die im Gefolge der Reformatoren besonders Asmussen hervorhob, setze "eine bestimmte psychologische Situation [...] eines Menschen, der unter einem angefochtenen und verstörten Gewissen leide", voraus. Weil es fraglich sei, "ob diese psychologische Situation heute als Massenerscheinung noch gegeben sein kann", solle an ihre Stelle die "selbstkritische Gruppenaussprache" treten, "in der der einzelne bereit ist, seine eigenen Fehler und Vorurteile zuzugeben und in der Gemeinschaft zur Diskussion zu stellen". "An die Stelle der hierarchischen Struktur von Anweisung und Gehorsam ist damit die dialogisch-zirkelhafte Struktur des Verstehens getreten." Statt einer als "autoritär" angesehenen "Offenbarungstheologie" soll nun eine "Erfahrungstheologie" das Feld beherrschen. "Erfahrung ist für mich die höchste Autorität." Diesen Satz mit seinen Konsequenzen fanden wir bereits bei C. Rogers. Und W. Zijlstra schreibt in seinem Buch über das Clinical Pastoral Training (CPT): "Man könnte sagen, dass es im CPT eigentlich um eine moderne Form von ´Erfahrungstheologie` geht."

Hier werden wir konfrontiert mit einer letztlich immanentistischen (rein innerweltlichen) S., die auch dann, wenn sie den Namen Gottes im Munde führt, im Grunde nur den Menschen meint. Dies hängt zusammen mit einer Vermenschlichung Gottes im Rahmen einer umgedeuteten Kondeszendenz- und Inkarnations-Theologie (Mensch- und Fleischwerdung Gottes), die mit einer Vergöttlichung des Menschen (d.h. einer Umsprechung geschöpflich-sündhafter Kräfte zu angeblich gottgeschenkten Selbstheilungskräften) einhergeht. Zu solchen Ansichten kann nur der kommen, der den Graben der Sünde übersieht oder verharmlost. Eine mit der Wirklichkeit der Sünde rechnende S. hingegen kann auf die Verkündigung des Wortes Gottes nicht verzichten. Nur das von außen kommende Wort Gottes kann Sünde als Sünde entlarven - gerade die Sünde, dass der Mensch auf seine mutmaßlichen Selbstheilungskräfte vertraut, dabei dem wirklichen Gott nichts zutraut und im Streben nach Selbsterlösung endet. Nur wo uns das göttliche Wort trifft und uns in unserem menschlichen Selbstbezug (als einzelner oder in der Gruppe) radikal unterbricht, wird Sünde in ihrer unergründlichen Tiefe und Hässlichkeit erkannt und im Bekennen vergeben. Nur wer sich dem - oft schmerzlichen, aber heilenden - Anruf Gottes stellt, wird wahrhaft frei.
Jede Heilung in der S. setzt die Heilung der Gottesbeziehung voraus. Die Gottesbeziehung wurde durch das Kreuzesopfer Jesu wiederhergestellt. Die Annahme des Kreuzesopfers Jesu geschieht im Glauben. „Der Glaube kommt aus der Predigt, die Predigt aber durch das Wort Christi“ (Röm 10,17). Wir entdecken hier eine „Kette“ mit den Gliedern: Heilung- Gottesbeziehung - Kreuzesopfer Jesu - Glauben - Predigt - Wort Christi. Keines dieser Glieder darf fehlen. Das Kreuzesopfer Jesu und der Glaube stehen im Zentrum.

Die Heilung geht auf das Wort Christi zurück, das durch die Predigt (wörtlich: das Hören) dem Glaubenden vermittelt wird. Somit ist das Wort Christi (oder Wort Gottes) für die S. unverzichtbar, und zwar das Wort, das hörbar in Form der Verkündigung zugesprochen wird. Wird das Wort nicht hörbar zugesprochen, sondern nur "gelebt" bzw. auf nonverbale oder beziehungsimmanente Art mitgeteilt, so bleibt es vieldeutig, sprachlos und in seiner Sprachlosigkeit heillos Es kann den in der Sünde gefangenen Menschen nicht zu einem neuen Leben im Glauben herausrufen, sondern höchstens ein Gefühl mitmenschlicher Wärme und religiösen Ahnens in ihm wachrufen. Gottes Wort muss dem Menschen also in Predigt und S. hörbar zugesprochen werden. Es muss ihm unüberhörbar zugesprochen werden in Wort und Tat, aber nie ohne das Wort. Wortlose S. ist heillose S., weil sie vor dem Heiland, der im Wort zu uns kommen will, das Ohr - und damit das Herz - zusperrt.
S. unter Gottes Wort ist schließlich nie autoritär, weil sich beide - Seelsorger und Klient - unter Gott beugen. Die einzige - und notwendige - Autorität, die zum Zuge kommen soll und darf, ist die Autorität Gottes, des wahren Seelsorgers. Menschliche und göttliche Autorität sind klar zu unterscheiden. H. Asmussen betont:

"Man hat häufig dem Seelsorger vorgeworfen, er behandle die Menschen ´von oben herab`. [...] Selbst wenn der Seelsorger der demütigste Mensch ist, den man sich denken kann, ist er gar nicht imstande, seinen Auftrag etwa nicht ´von oben her` auszurichten. Welches Interesse sollte er daran haben, zu verschweigen, dass sein Auftrag von oben herkommt, dass dieser Auftrag gewaltig den ganzen Menschen mit Beschlag belegt? Seine Demut bleibe mit dem Auftrag unvermengt!"

E. Thurneysen schreibt:

"Die Verkündigung komme [...] ganz von oben und gehe ganz nach unten und führe wieder empor nach oben." Beim seelsorgerlichen Gespräch geht es "um eine Begegnung unter Menschen vor Gott. Wobei einer dem andern sich eröffnet, einer dem andern Gottes Wort ausrichtet und einer dem andern zum Nächsten wird. Und damit zum Helfer!" "Man darf (...) den Menschen in seiner subjektiven Verfassung in keiner Weise außer acht lassen, wenn man ihm Zuspruch geben will. Nicht nur das Wort Gottes, sondern auch der Mensch muss eine Auslegung erfahren" - eben beide(s)! Und daraus folgt, dass dem Menschen das Wort Gottes nicht suggestiv und aufdringlich, sondern einfühlsam und liebevoll zum rechten Zeitpunkt gesagt wird. Aber dass es wirklich gesagt wird! Denn sein Verschweigen wäre gerade kein Zeichen der Liebe.

3. Pastoralpsychologie verwässert die Begriffe "Beraten" und "Bezeugen", verwischt den Unterschied zwischen ihnen und räumt dem "Beraten" einen übergroßen Rang ein.

Wie auf vielen Gebieten, so ist auch auf dem Gebiet der S. eine heillose Begriffsverwirrung eingetreten. Nicht nur der Unterschied zwischen Beraten und Bezeugen wird verwischt, sondern auch diese Begriffe selbst werden ihrer ursprünglichen Bedeutung entfremdet (letzteres ist die Voraussetzung für ersteres).´"Beraten" soll in der pastoralpsychologisch geprägten "beratenden S." gerade nicht mehr heißen, dass dem Menschen von außen her ein Wort oder Ratschlag zugesprochen wird. Vielmehr soll der Berater "Katalysator" sein, um die "im Innern des Menschen und in seinen mitmenschlichen Beziehungen" liegenden Heilkräfte zu befreien. W. Jentsch zitiert den seiner Ansicht nach "fast grotesken Satz: Die beratende S. berät nicht!"

Im Rahmen eines Vergleichs zwischen "modernem" und biblischem Beratungsbegriff gelangt Jentsch zu der Feststellung: "Der Vorgang des ´Beratens` im modernen Sinn findet in der Wortgruppe ´raten/Rat` (griech.: buleuo/bule) keinen Niederschlag. Nur das Medium im Sinne von ´mit sich zu Rate gehen` (Lk 14,31) kommt vor." Grundsätzlich gilt in biblischer Sicht: "[...] an Gott findet der Mensch die Grenzen seines Beratens [...] Gott hat das eigentliche Monopol der Beratung." In der heutigen "beratenden S." ging diese entscheidende transzendente Dimension (die Dimension des von außen in unser Leben eingreifenden und es verändernden Ratschlusses Gottes) verloren.

Eine ähnliche Entleerung erfuhr der Begriff "Bezeugen". "Die beratende S. bezeugt, dass alles Heilen und Reifen von Gott kommt", schreibt H. J. Clinebell. Dann aber ist nur noch von Heilkräften die Rede, "die im Innern des Menschen und in seinen mitmenschlichen Beziehungen liegen" (s.o.). H. Tacke bemerkt kritisch hierzu:

"Die Funktion des Bezeugens der von Gott gewirkten Heilkraft scheint zunächst in die Richtung einer kerygmatischen Intention zu weisen. Das Spezifische dieses Bezeugens liegt allerdings darin, dass es weniger verkündigend als deutend in Erscheinung tritt. Die im Menschen verborgenen Heilkräfte bilden das eigentliche Bezugs- und Bewährungsfeld der S., die sich mit katalysatorischen Wirkungen den immanenten therapeutischen Reserven zuwendet. Das begleitende Bezeugen, mag es auch verbal zur Geltung kommen, ist ein ´Deutewort`. Es deklariert den seelsorgerlichen Prozess, der im Innern des Menschen verankert ist, als Kraft und Gabe Gottes."

"Bezeugen" ist hier also nur noch "Deutewort", nur noch Außenansicht für das, was durch das "Beraten" im (nicht: am) Klienten selber geschieht. Alles spielt sich auf immanenter Ebene ab, alles bleibt im Klienten "stecken". Beraten und Bezeugen verlieren hier ihre eigentliche Dimension und werden fast ununterscheidbar, weil sich das "Beraten" auf keine von außen kommende Kraft und das "Bezeugen" auf keinen von außen kommenden

Spender dieser Kraft bezieht. Doch die Begriffsverwirrung durch die Pastoralpsychologie geht noch weiter:

4. Pastoralpsychologie ordnet psychologische und soziologische Prozesse der Theologie über und "tauft" sie mit theologischen Namen.

Nach H. J. Clinebell "soll die Beratung erreichen, dass der Mensch tüchtiger darin wird, vertrauensvoll, liebend und schöpferisch mit anderen und mit Gott zu kommunizieren". Die "von Gott geschenkten Heilkräfte, die im Innern des Menschen und in seinen mitmenschlichen Beziehungen liegen", sollen von dem "befreit" werden, "was sie blockiert". Der Berater ist "Katalysator", Annahme und Agape sind "Techniken", Bibel, Sakramente, Gebet und christliche Tradition sind die "religiösen Kraftquellen" zur Freisetzung dieser Heilkräfte. Der "Glaube" ist "das Zutrauen, das im anderen entsteht, wenn ein tiefes Einvernehmen (rapport) zwischen beiden [Berater und Klient] erwächst, wie es im Wirkungsfeld akzeptierender Liebe gedeiht". Seward Hiltner möchte die drei klassischen Formen kirchlicher S. - Erbauung, Tröstung und Kirchenzucht - durch die "Trias Heilen - Beistehen - Leiten" ersetzen: "Heilen wird (...) als Vorgang der Wiederherstellung einer vorläufig gestörten ´funktionalen Ganzheit` verstanden", und zwar durch eine "ganzheitliche Therapie". -"Beistehen" ist "solidarischer Beistand angesichts der Ausweglosigkeit, in welcher alle Worte versagen". Ihr Sinn liegt im "Stiften von Hoffnung". - "Leiten (...) ist nicht Führen (...) Es ´hilft heraus`, und zwar im Hinblick auf ´etwas`, was potentiell im Partner steckt." - "Motiv dieser S. ist die Mobilisierung von Selbstvertrauen angesichts von Ängstlichkeit, Entschlusslosigkeit und Verzagtheit."

"Als allgemeinmenschliche Erscheinung lässt sich S. auch definieren als zwischenmenschliche Hilfe mit seelischen Mitteln", als "therapeutische Kommunikationsform" mit besonderer "Affinität zum Gespräch", schreibt Dietrich Stollberg. Bezogen auf ihr "spezifisches Proprium" ist "S. [...] Psychotherapie im kirchlichen Kontext". "Indem Gott in dieser Welt menschlich präsent wird, kann alle zwischenmenschliche Hilfe als Medium der Hilfe Gottes verstanden werden."

Wie anders lauten hier doch die Aussagen der Bibel selbst! Glaube ist kein "Zentrum", das durch zwischenmenschliche Annahme "im anderen entsteht", sondern "Gottes Werk" (Joh 6,29), eine "Frucht des Geistes" (Gal 5,22), die uns im Hören auf Gottes Wort geschenkt wird (Röm 10,17). Im Licht des Glaubens erkennen wir unsere Sünde und Verlorenheit und den, der uns daraus erretten kann: Jesus Christus (Joh 3,16). Glauben heisst, dass ich mich völlig auf Jesus verlasse, dass ich ganz in Verbindung mit Jesus lebe und daraus die Kraft bekomme, meinen Nächsten anzunehmen (nicht umgekehrt!). Zwischenmenschliche Annahme in der Kraft Jesu ist etwas völlig anderes als zwischenmenschliche Annahme ohne Jesus. Denn allein Jesus kann unser durch die Sünde bedingtes "Verkrümmtsein in uns selbst" (Luther) aufsprengen und Gemeinschaft schenken, in der keiner den anderen verletzt und manipuliert. Die Herzen werden zusammengefügt, aber nicht durch Technik, sondern durch die göttliche Liebe (Agape), die Kraft schenkt, auch den Feind und den Unsympathischen zu lieben. Auch Liebe aus göttlicher Kraft heraus (Agape) ist etwas völlig anderes als Liebe aus rein menschlicher Kraft heraus (Eros und Philia). Während Eros und Philia durch das Streben des Menschen nach Selbsterfüllung und Selbstverwirklichung geprägt und damit letztlich egoistisch sind, ist Agape die auswählende, tätige und treue Liebe, die sich dem anderen bedingungslos schenkt. Solche Liebe, die für die S. entscheidend ist, kommt von Gott (1 Joh 4,7). Sie ist eine "Frucht des Geistes" (Gal 5,22) und Folge des "Glaubens, der durch die Liebe tätig ist" (Gal 5,6).

5. Pastoralpsychologie behauptet, dass man Gott "in der Begegnung mit den Menschen" erlebe, und steht damit in der Gefahr, Gott in ein mitmenschliches Existential und Theologie in Anthropologie aufzulösen.

Hans-Joachim Thilo schreibt:

"Eine Theologie der Inkarnation oder Inkarnation als Ort, besser gesagt als Ausgangspunkt theologischer Erwägung, würde zu einem neuen Verständnis dessen führen, was der Mensch ist. [...] Alle Begriffe von Inkarnation beinhalten die eine Aussage: Gott wird sichtbar, fassbar, schaubar, aber auch real in dem Symbol bzw. in dem Bild, in dem er sich inkarniert. Inkarnation ist keineswegs ein christlicher Begriff, aber in keiner anderen Inkarnationsreligion ist so entscheidend formuliert worden, wie es im Neuen Testament geschieht: Gott ist Mensch geworden. [...] Gott begegnet uns als ´ganz gewöhnlicher Mensch`. [...] Gott erlebt man also in der Begegnung mit den Menschen [...] Wenn wir also vom Ort der Theologie reden, können wir nun im Hinblick auf den logos Gottes den Menschen in seiner alltäglichen Existenz als diesen Ort bezeichnen. Es ist also nicht die Frage nach dem Glaubensobjekt, die im Vordergrund unseres theologischen Interesses steht [...] Von hier aus, nämlich von einem ontologischen, existentialen Menschenverständnis, wird das Neue Testament für den heutigen Menschen wieder verständlich gemacht werden können."

Ähnlich formuliert Dietrich Stollberg:

"Denn wie wir Gott nur als Menschen ´haben` - ohne dass er selbst im Menschsein aufginge -, so ist uns Theologie nur als Anthropologie möglich bzw. als Erfassen der theologischen Dimension allgemein wahrnehmbarer ´immanenter`, ´säkularer` Phänomene." "Indem Gott in dieser Welt menschlich präsent wird, kann alle zwischenmenschliche Hilfe als Medium der Hilfe Gottes verstanden werden. Damit wird ihre Unvollkommenheit erträglich: Einerseits ist sie ja nur menschliche Hilfe, relativ und überholbar, weil Gottes Hilfe sie relativiert, andererseits verbirgt sich in all ihrer Unvollkommenheit

Gott selber, er lässt Unvollkommenes unvollkommen sein, nimmt die Welt so an, wie sie ist, und die S. so, wie wir [!] sie vermögen. (Theologia incarnationis, Kenosistheologie, Kondeszendenz)."

Welches Verständnis von Kondeszendenz und >Inkarnation liegt solchen Aussagen zugrunde? Wir müssen es deutlich aussprechen: Es ist nicht das biblische, sondern das mystische Verständnis (>Mystik). Es ist die Vorstellung, dass Gott in jedem Menschen lebe, dass in jedem Menschen etwas Göttliches sei, dass man deshalb Gott "in der Begegnung mit den Menschen" erlebe. "Inkarnation ist keineswegs ein christlicher Begriff", bemerkt Thilo selber. Nur sei eben die Menschwerdung Gottes "in keiner anderen Inkarnationsreligion [...] so entscheidend formuliert worden" wie im Christentum (s. o.). "In der Begegnung mit eben diesem Jesus von Nazareth als dem geistlichen Menschen, als dem Menschen von oben, als dem Urtyp des Menschen, so wie ihn Gott gewollt hat, gelingt und ereignet sich die Begegnung mit Gott. Aus ihm kommt als Frucht methodischer, erlernbarer Erfahrung das, was Paul Tillich das ´neue Sein` nennt." An der Person Jesu als "Urtyp des Menschen" lasse sich also besonders eindrücklich lernen, wie die Begegnung des Menschen mit Gott (anders ausgedrückt: die Inkarnation Gottes im Menschen) funktioniere bzw. wie der Mensch das werden kann, "woraufhin er angelegt ist". Hier büßt Jesus seine Einzigartigkeit als Sohn Gottes ein und wird "Platzhalter" für die Selbstverwirklichung des Menschen. Die Inkarnation Jesu wird verallgemeinert. Ein inklusives Menschsein Jesu, ein Hineingenommensein aller Menschen in seine Person wird postuliert (vgl. Thilos Nebeneinanderstellung der Sätze "Gott begegnet uns als ´ganz gewöhnlicher Mensch`", womit er auf die Menschwerdung Jesu Bezug nimmt, und "Gott erlebt man also in der Begegnung mit den [!] Menschen", womit er die Menschwerdung Jesu verallgemeinert). Der Mensch (jeder Mensch) wird hier

zum "Text", an dem man Gott und sein Wirken erkennen kann.
Eine solche Argumentation ist aus biblischer Sicht unhaltbar. Der Grundirrtum liegt wiederum darin, dass man den Graben übersieht oder verharmlost, den die Sünde zwischen Gott und Mensch aufgerissen hat (s. o.). Wo aber die Sünde nicht klar erkannt wird, da erscheint die Erlöserfunktion Jesu überflüssig oder zweitrangig. Da ist Jesus nur noch das "Urbild" des (angeblich von Natur aus mit Gott verbundenen) Menschen ("Urbildchristologie"), ein "Symbol" oder "Bild", in dem sich Gott inkarniert (H. J. Thilo), ein "Symbol des Selbst" (C. G. Jung). Mit einer so verstandenen "Kenosistheologie" ist die verhängnisvollste Entleerung der biblischen Botschaft eingetreten: die Preisgabe der Rechtfertigungslehre und der Ausfall der biblischen Christologie. Der Ausfall der Christologie erfolgt nicht erst dann, wenn Christus verschwiegen wird, sondern bereits dann, wenn seine Person und sein Werk verkürzt und damit verfälscht werden. Christus wird nur in der ganzen Fülle seiner Macht als Christus erkannt - oder er wird gar nicht erkannt. Christus ist nicht nur wahrer Mensch, sondern auch wahrer Gott (Konzil von Chalkedon, 451; s. Röm 1,3f., Joh 1 u. a.) und hat dadurch die Kraft, uns zu erlösen. Wird das nicht beachtet, dann droht die Auflösung Gottes in ein mitmenschliches Existential und die Auflösung der Theologie in Anthropologie. Hierin liegt die Gefahr einer existentialistisch-ontologischen Bibelauslegung (etwa im Gefolge der >Bultmann-Schule), die Thilo, Stollberg u. a. übernehmen.
Christi Annahme der menschlichen Natur (assumptio carnis) ist klar zu unterscheiden von Gottes Annahme des Menschen (acceptatio hominis), die wegen Christus durch den Glauben (propter Christum per fidem) erfolgt.

Die Menschwerdung Gottes in Jesus bedeutet keine Gottwerdung des Menschen allgemein, sondern führt zur Erkenntnis der menschlichen Gottverlassenheit und Erlösungsbedürftigkeit (vgl. Jesu stellvertretenden Ausruf "Mein Gott, mein Gott, warum hast du mich verlassen?"; Mt 27,46). Allein in Jesus Christus ist die durch die Sünde verwirkte Gottebenbildlichkeit des Menschen neu verwirklicht und wird dem Glaubenden rettend angeboten (2 Kor 4,4; Kol 1,15). Lebt nicht "Christus in mir" (Gal 2,20), dann bin ich nicht ein "Text" für Gott und sein Heilswerk, sondern für Satan und sein Blendwerk. Hier gibt es keine Neutralität. "So ist der menschliche Wille in der Mitte hingestellt wie ein Lasttier; wenn Gott darauf sitzt, will er und geht, wohin Gott will. [...] Wenn der Satan darauf sitzt, will er und geht, wohin Satan will" (Martin Luther).

6. Pastoralpsychologie relativiert oder missachtet biblische Schöpfungsordnungen und Gebote zugunsten einer falsch verstandenen "Rechtfertigung allein aus Gnaden".

Gott in biblischer Sicht ist ein Gott, der in die Immanenz eingeht, aber nicht in ihr aufgeht, der bei allem, was er tut, der lebendige und souveräne Gott bleibt, der der liebende, aber auch - und gerade darin - der heilige und gerechte Gott ist, der sich offenbart, wie und wann er will und sich nicht menschlichen Maßstäben und Wunschvorstellungen unterwirft. An seine Stelle tritt bei Stollberg ein Gott der "absoluten Liebe", "der keine Bedingungen stellt", der uns nicht nur "die Nähe seiner Menschwerdung" und "brüderliche Solidarität", sondern sogar den "Verzicht auf Macht uns gegenüber" anbietet. Seine "Jenseitigkeit" in ethischer Hinsicht besteht darin, dass er "jenseits unserer Moralvorstellungen" steht und die "Relativität aller Normen und Ordnungen" bezeugt, auch die Relativität "für göttlich gehaltener Bedingungen". Sein Gesetz ist lediglich "´Laufstall` für Kinder" und wird

"irgendwann überschritten". Es ist "so zu vermitteln, dass es nicht das Kind-bleiben-Wollen verfestigt, sondern dass es anleitet zu selbständiger und schöpferischer Verantwortung". "S. ist (...) antimoralistisch (...) ´amoralisch` (nicht ´wertfrei`, aber nicht wertend) und tolerant (antigesetzlich)", schreibt Stollberg weiter.
Untersucht man seine Aussagen genauer, dann fällt eine mangelhafte Unterscheidung auf zwischen dem Setzen göttlicher Gebote einerseits und dem sündigen Streben des Menschen, sich mittels Einhaltung dieser Gebote selbst zu erlösen, andererseits. Das Gebot ist in neutestamentlicher Sicht "heilig, recht und gut" (Röm 7,12). Jede Werkgerechtigkeit und Moralisiererei jedoch, durch die sich der Mensch selbst erlösen will, ist ein Missbrauch des Gebots. Das Gebot selber bleibt trotz dieser Gefahr des Missbrauchs "heilig, recht und gut" - ja noch mehr: Es bleibt wegen seines göttlichen Offenbarungscharakters und seiner ordnenden Funktion gültig, solange die Erde steht. Wer nicht beachtet, dass das göttliche Gebot eine grundsätzlich andere Qualität hat als menschliche Moralvorschriften (oder auch menschliche Verdrehungen des göttlichen Gebots), kommt zu verhängnisvollen Fehlschlüssen. Das grundsätzlich gute göttliche Gebot ist von seinem menschlich-sündhaften Missbrauch zu unterscheiden. Martin Luther hat sich gegen die "Antinomer" (Gesetzesfeinde) genauso deutlich gewandt wie gegen die Moralisierer oder "Werker". Die Gebote sind nicht nur "´Laufstall` für Kinder" (Stollberg), sondern wegen unserer irdischen Schwäche und Unvollkommenheit (auch des Christen!) das ganze Leben gültig - und zwar als Riegel (gegen die Ungerechtigkeit), Spiegel (der Sünde) und Regel (für das Christenleben) (primus, secundus et tertius usus legis).

Für den Christen haben sie freilich (wie auch Stollberg im Blick auf den tertius usus zu Recht betont) nicht mehr imperativischen, sondern indikativischen Charakter: Weil Jesus uns vergeben hat, können wir ein neues Leben führen. Nur in diesem indikativischen Charakter entsprechen sie der vom Leistungszwang (auch vom geistlichen Leistungszwang) freimachenden Botschaft Jesu: dem Evangelium. Das ganze Leben aber bleibt die Spannungseinheit von Gesetz und Evangelium erhalten.

7. Pastoralpsychologie stellt menschliche Selbstfindung über oder an die Stelle der Gottesfindung.

"Indem er heimkehrt, kommt er auch zu sich selbst. Indem er zu sich kommt, kehrt er auch heim", so zitiert R. Riess S. Hiltners Auffassung über die Heimkehr des verlorenen Sohnes (Lk 15) ins Vaterhaus. "Unter einem Nächsten verstehen wir denjenigen, mit dem und durch den wir uns selber kennenlernen, an dem wir wir selbst werden können: der Helfer, der Bundesgenosse", so lautet W. Zijlstras Auffassung über die Funktion des Nächsten. Und C. Rogers schreibt: Ich werde "meinem Klienten ein Weggefährte sein; ich begleite ihn auf der beängstigenden Suche nach sich selbst."

In der "modernen S.-Bewegung" hat die Suche nach dem Selbst die Suche nach Gott verdrängt. Ist von Gott oder Christus die Rede, dann als "Symbol des Selbst", als psychologisch gedeutete Chiffre, als Mittel zur menschlichen Selbstverwirklichung. Das Selbst - und das heisst: der Mensch - hat die Stelle Gottes eingenommen. Das aufklärerische Streben nach Autonomie ist vollends zum Durchbruch gelangt. Eine S. aber, die das Selbst des Menschen in den Mittelpunkt stellt, die dabei den Graben der Sünde und die erlösende Funktion Christi übersieht, hat sich als S. selbst aufgegeben und ihre Kraftquelle verloren. Daraus ergibt sich unser letzter, mit dem eben Gesagten direkt zusammenhängender Kritikpunkt an der Modernen Seelsorgebewegung oder Pastoralpsychologie:

8. Pastoralpsychologie betreibt damit eine "Seelsorge" ohne Kraft wahrer - göttlicher - Liebe und Freiheit.

Nach Auffassung der "modernen S.-Bewegung" erringt der Mensch Heil für sich selbst aus sich selbst. Damit jedoch befindet er sich in einem Zirkel. Denn wie kann der Mensch aus sich selbst gewinnen, was er für sich selbst sucht? Die Potentiale des Selbst sind nicht nur verschüttet, sondern verdorben - von der Sünde verdorben. Setzt der Mensch seine eigenen Potentiale frei, dann setzt er die in ihm wohnenden Kräfte der Sünde frei, die sich z. B. in Form von Hochmut und Selbststeigerungsstreben als solche verraten. Gerade das Streben nach menschlicher Selbstverwirklichung nämlich - nach autonomer, selbstbestimmender Selbstverwirklichung - ist die eigentliche Sünde, die Ursünde des Menschen. "Ihr werdet sein wie Gott und wissen, was gut und böse ist" (1 Mo 3,5) heisst nichts anderes als: Ihr werdet euch selbst verwirklichen. Auch in der menschlichen Selbstverwirklichung wohnt eine Kraft. Aber es ist nicht die Kraft Gottes, weil sich die Selbstverwirklichung ja gegen Gott richtet. Es ist die Kraft des Verführers. Auch wenn diese Kraft zu einer "von Gott geschenkten Heilkraft" umgesprochen wird, so bleibt sie doch die Kraft des Verführers, wo sie der menschlichen Selbstverwirklichung dient. Auch wenn der Berater als "Katalysator", auch wenn Bibel, Gebet, Liturgie, Sakramente usw. als "Quellen" dieser Kraft bezeichnet werden, so stehen sie doch nicht im Dienst Gottes, sondern des Verführers, wo sie der menschlichen Selbstverwirklichung dienen. Auch wenn das gesamte biblische und theologische Vokabular (Gott, Christus, Gnade, Glaube, Liebe usw.) aufgeboten wird, so steht es doch nicht im Dienst Gottes, sondern des Verführers, wo es der menschlichen Selbstverwirklichung dient. Die Kraft des Verführers aber macht uns nicht heil, sondern kraftlos: Sie entzieht uns Kraft, indem sie uns bindet (an Menschen, Gruppen, Ideologien). Sie entzieht uns Kraft, indem sie uns (vielleicht durch äussere Heilerfolge, die wir unseren eigenen Potentialen zuschreiben) so blendet, dass wir die eigentliche Wurzel der Krankheit - unsere Trennung von Gott - übersehen. Sie entzieht uns Kraft, indem sie uns so von der wahren Kraftquelle - von Gott - fortbringt. So werden wir letztlich schwächer und kränker als zuvor - und heillos.

9. Der Ausweg aus der Krise: Rückkehr zu biblischer Seelsorge

Es gibt keinen Zweifel: Die S. befindet sich in einer Krise. Es ist die Krise des neuzeitlichen Menschen, der Gott entthronen wollte und nun mit Pflästerchen die Wunde seiner Gottesferne und Verlorenheit zu verbinden versucht. Diese Krise hat voll auf das Gebiet der S. und der gesamten Theologie übergegriffen. Inmitten dieser Krise wird der Ruf nach dem "Eigentlichen", nach dem Proprium der S. und der Theologie immer lauter. Dieses "Eigentliche" ist uns in der Bibel offenbart. Gott will wieder ernstgenommen werden, und zwar in seiner Liebe und in seiner Freiheit. Der Mensch will wieder ernstgenommen werden, und zwar in seiner Sünde und in seiner Erlösungsbedürftigkeit. Nur wenn wir Gott Gott und den Menschen Mensch sein lassen, ist die Heiligkeit Gottes und das Heil des Menschen gewahrt. Nur wenn wir die - souveräne - Menschwerdung Gottes nicht zu einer Gottwerdung des Menschen verkehren, bringt uns die - einzigartige - Menschwerdung Gottes in Jesus Christus die Erlösung. Die Gottwerdung des Menschen wäre der Weg der Selbsterhöhung, die Menschwerdung Gottes aber ist der Weg der Selbsterniedrigung, der sich im Leiden und in der Kreuzigung fortsetzt und erst durch die Auferstehung - aber dann erst recht - als Weg des Heils erkennbar wird. Auch hier gilt: "Wer sich selbst erhöht, der wird erniedrigt; und wer sich selbst erniedrigt,

der wird erhöht" (Mt 23,12) - ein für das Selbstverwirklichungsdenken des Menschen unvorstellbarer Satz!
Viele fordern inzwischen die Umkehr der S. und Theologie zu den biblischen Grundlagen. Einer davon ist Thomas C. Oden, der früher selbst ein Anhänger der Rogers-Schule war. Nach seiner Ansicht hat die "moderne S." die Freiheit aufgegeben, von den klassischen, stärker biblisch orientierten S.-Konzeptionen zu lernen. Oden schreibt:

"Vielleicht kämpft man in der europäischen S. dafür, dass dem Seelsorger mehr Freiheit für Gefühle und Selbstverwirklichung zugestanden wird. Unsere Lage in den USA ist da ganz anders. Wir versuchen, uns von einer anderen Tyrannei freizumachen: von der Überflutung durch Gefühle und dem Mythos der Selbstverwirklichung [...] Es stellt einen Rückgang von Freiheit im seelsorgerlichen Gespräch dar, nicht einen Zuwachs an Freiheit. Denn wenn seelsorgerliche Interaktion sich ausschließlich auf den Brennpunkt ´ich` - ´hier` - ´jetzt` - ´nur Gefühle` usw. beschränkt, kann S. nicht ihr eigenes Wort sprechen. Uns scheint es viel angemessener, zu betonen, dass wir zur Zeit eine neue Freiheit darin erleben, S. unmittelbar vom historischen Kern der lebendigen christlichen Tradition zu lernen."

Oden untersucht dann zehn repräsentative Autoren der "modernen S.-Bewegung" (Hiltner, Clinebell, Oates, Natale, Stollberg, Tournier, Scharfenberg, Goldbrunner, Nuttin, Choisy) hinsichtlich ihrer Bezugnahme auf klassische S.-Konzeptionen (Augustin, Baxter, Calvin, Chrysostomos, Cyprian, Gregor, Herbert, Luther, Taylor, Tertullian) und auf Konzeptionen, die von zeitgenössischen Psychotherapeuten (Freud, Jung, Rogers, Fromm, Sullivan, Berne) geprägt sind.

"Das Ergebnis: bei allen zehn repräsentativen zeitgenössischen Verfassern konnte ich nicht ein einziges Zitat bzw. eine Bezugnahme auf irgendeinen der genannten Klassiker finden! (...) Dieselben modernen Autoren der christlichen S. bringen 664 Bezugnahmen auf die genannten sechs Psychotherapeuten, die sie überwiegend als Autoritäten für christliche S. betrachten. (...) Die neuere S. hat sich dermaßen in eine fixierte

Abhängigkeit und Verpflichtung gegenüber der modernen Psychologie und dem allgemeinen Zeitgeist begeben, dass sie außerstande war, auch nur der Fülle der Weisheiten vormoderner Zeiten, einschließlich der seelsorgerlichen Weisheiten, ansichtig zu werden."

Trotz allem schließt Oden mit einem hoffnungsvollen Ausblick:

"Durch Gnade sind wir heute von einem neuen Geist pastoraler Freiheit bewegt, wie man ihn in den vergangenen Jahrzehnten kaum hat erleben können: der Freiheit, in die Fußspuren der großen S.tradition zu treten, sie überhaupt wieder wahrzunehmen und sie in uns aufzunehmen. Das ist unsere neue Freiheit zu lernen. Die Risiken dieser Freiheit sind dieselben, wie sie ein Jeremia, ein Paulus, Cyprian, Ambrosius, Franziskus, Luther und Kierkegaard eingingen: Glauben an Gottes Vorsehung und Führung, Liebe zu den Menschen, die wir in Not sehen, so, wie Gott uns in unserer Not geliebt hat, und Hoffnung auf Vollendung, wenn nicht in unserer, dann zu Gottes Zeit."

Der Geist, der uns den Menschen als lebendiges Wesen in seiner Ganzheit erkennen lässt, ist Gottes Geist. Nur in der Beziehung zu Gott erkennen wir, wer wir wirklich sind: als Gottes Gegenüber geschaffene, durch die Sünde von Gott getrennte, durch Jesus Christus mit Gott versöhnte und zur Wiedererlangung der ursprünglichen Gottebenbildlichkeit bestimmte Menschen; Menschen, die nicht Leib, Seele und Geist *haben* (griechische Philosophie), sondern Leib, Seele und Geist (unter je anderem Aspekt gesehen) *sind* (biblische Anthropologie), und zwar in einer unteilbaren Einheit, die sich z. B. in Form der leiblichen Auferstehung fortsetzt (im Unterschied z. B. zum frühgriechischen Leib-Seele-Dualismus). In der Bibel ist uns in vollkommener Weise und in unübertroffenem Realismus offenbart, wer der Mensch ist - in vollkommenerer Weise als in allen psychologischen und soziologischen Systemen, die immer nur Teilaspekte des Menschseins erfassen und sich deshalb auch untereinander vielfach widersprechen.

Nun fragen wir abschließend nach dem Verhältnis zwischen S. und Humanwissenschaften. Nach dem bisher Dargestellten wird deutlich, dass humanwissenschaftliche (hier: psychologische und soziologische) Systeme nie als Ganzes in die S. übernommen werden können, da sie wegen ihres ideologischen Charakters mit der biblischen Offenbarung in Konkurrenz treten würden. >Ideologien werden "von unten nach oben" von Menschen aufgebaut; die biblische Offenbarung wird "von oben nach unten" dem Menschen von Gott geschenkt. Beide Wege sind miteinander unvereinbar, denn der unüberbrückbare Gegensatz zwischen Selbsterhöhung und Selbsterniedrigung begegnet uns auch hier, und zwar auf die Erkenntnisebene verschoben. Es ist der Gegensatz zwischen menschlich-autonomem Erkenntnisstreben und göttlich-gnädig gewirkter Offenbarungserkenntnis (>Selbstverwirklichung).
Nun ist der menschliche Geist freilich nicht zerstört, sondern "verfinstert", d.h.: dem "natürlichen" Menschen ist eine eingeschränkte Erkenntnisfähigkeit im "natürlichen" Bereich belassen, damit er auch in seinem "gefallenen" Zustand auf Erden leben und überleben kann. (Aber eine eindeutige, letztgültige und - vor allem - heilschaffende Erkenntnis Gottes und seiner selbst ist dem Menschen aus eigener Kraft nicht möglich.) Diese "natürliche" Erkenntnisfähigkeit genügt durchaus, um Einzelbeobachtungen über Verhalten, Äußerungen, Sprache usw. des Menschen zu machen (nicht jedoch über sein eigentliches, ganzes Wesen). Solche Einzelbeobachtungen (Thurneysen fasst ihr Ergebnis unter dem Begriff "Menschenkenntnis" zusammen) können dem Seelsorger wertvolle Anregungen liefern, nicht nur für die Diagnose, sondern auch für die Therapie. Aber sie müssen zuvor aus ihrem ideologischen Rahmen (dem Rahmen der einzelnen humanwissenschaftlichen Schulen) gelöst und auf ihre Vereinbarkeit mit dem Gesamtzeugnis der Bibel geprüft worden sein. Dann wird es sich zeigen, ob

sie der S. dienen können und sich dem - neuen, "geistlichen" - Feld einer biblisch orientierten S. einfügen lassen. Eduard Thurneysen hat das Verhältnis von S. und Humanwissenschaften (hier: Psychologie) so definiert:

"Das Ansprechen des Menschen im S.gespräch setzt Menschenkenntnis voraus: Die S. bedarf darum der Psychologie als einer Hilfswissenschaft, die der Erforschung der inneren Natur des Menschen dient und die diese Kenntnis vermitteln kann. Sie hat sich dabei kritisch abzugrenzen gegen ihr wesensfremde weltanschauliche Voraussetzungen, die mitlaufen und die das ihr eigene, aus der Heiligen Schrift erhobene Menschenverständnis beeinträchtigen könnten." "Eine Freigabe der Psychologie erfolgt insofern, als mit den über die innere Natur des Menschen getroffenen Bestimmungen der Gegenstand der Psychologie festgestellt wird und klar umrissen ist. Sie braucht nicht mehr zu schwanken zwischen Empirie und Spekulation, sie bearbeitet und erhellt die innere Natur des Menschen und bringt sie nach Möglichkeit zur Darstellung. Die S. aber übernimmt ihre Ergebnisse, um sie in den Dienst der ihr gebotenen Wortverkündigung zu stellen." "Die Begrenzung, die die Menschenkenntnis der Psychologie vom Menschenverständnis der Bibel her erfährt, liegt darin, dass es endlich zu einem klaren Verzicht kommt auf jede Art von Metaphysik [...] Die Psychologie soll bei ihrem Gegenstand bleiben. Sie soll phänomenologisch betrieben werden. Sie soll nichts anderes sein wollen als Naturwissenschaft im weitesten Sinne."

Sven Findeisen schreibt über den geistlichen Differenzierungs-Prozess:

"In einem Differenzierungsprozess können lediglich einige Elemente der Methoden - etwa wie einzelne Schienen oder Schwellenstücke eines Gleises - Verwendung finden, falls sie aus ihrem ursprünglichen Zusammenhang herausgerissen und in einen völlig neuen Zusammenhang eingeführt werden. Die Methode als solche geht dabei - wie eine Gleisstrecke - in Trümmer."

Zu welchen Ergebnissen ein solcher geistlicher Differenzierungsprozess gemäß der Aufforderung "Prüfet alles und das Gute behaltet!" (1 Thess 5,21) führen kann, soll an einigen Beispielen grob veranschaulicht werden:

- Sigmund >Freuds Beobachtung von Phänomenen wie Verdrängung, Widerstand, Projektion, Übertragung, Gegenübertragung, Macht der Triebe usw. kann für die S. hilfreich sein und findet zum Teil sogar eine direkte Bestätigung durch die Bibel (vgl. z. B. Mt 7,1 ff.; Röm 7,14ff.; 1 Joh 1,8ff.). Nicht übernommen werden können hingegen Freuds weltanschaulich-atheistische Voraussetzungen, seine kausalmechanischen Erklärungsprinzipien, sein einseitiger Triebdeterminismus (z. B. Überbetonung des Sexualtriebs), seine Umdeutung des Gewissens zum "Über-Ich" und der Sünde zu bloßen "Schuldgefühlen", seine Behauptung, Gott sei das Produkt einer "kollektiven Neurose" u. v. a. (>Psychoanalyse).
- C. G. >Jungs Untersuchungen über das Kollektiv-Unbewusste, die Einstellungs- und Funktionstypen, das religiöse Suchen des Menschen usw. können dem Seelsorger dienlich sein, jedoch nicht in dem Rahmen eines religiösen Pluralismus und Psychologismus, in dem sie bei Jung selber stehen.
- Carl >Rogers` Prinzipien der Einfühlung, Wertschätzung und Echtheit fügen sich dem biblischen Liebesgebot ein und waren schon immer (!) Kennzeichen jeder echten S., aber nur als erster Schritt und nie in der isolierten Art wie bei Rogers, der von einem unbiblischen, optimistischen Menschenbild ausgeht. Von echter Liebe geprägte S. nimmt hingegen den Menschen als Sünder ernst, hilft ihm daher, seine Sünde zu erkennen, und spricht ihm das Vergebungswort Gottes zu.
- B. F. Skinner (>Behaviorismus) hat wertvolle Beobachtungen über den Zusammenhang von Reiz und Reaktion, Konditionierung und Verhalten u. ä. gemacht. Wird jedoch das Menschsein auf solche Zusammenhänge beschränkt, werden die Ebenen des Geistes, der Transzendenz, der moralischen Verantwortlichkeit usw. übersehen, dann entsteht ein verkürztes und verfälschtes Menschenbild. Für die S. gilt: Sie will nicht Teile des Verhaltens, sie will den Menschen ändern.
- Viktor Frankl (>Logotherapie) nimmt das Streben des Menschen nach Transzendenz und Sinn ernst, steht aber durch die Postulierung eines (ins allgemeine gehaltenen) "Über-Sinn"-Prinzips in Gefahr, den einzig wahren Sinngeber - den lebendigen Gott - zu verfehlen.

- Jürgen >Habermas und (in seinem Gefolge) Dietrich Stollberg untersuchen Bedingungen der zwischenmenschlichen Kommunikation. Durch ihre Ausklammerung einer transzendenten Offenbarungswahrheit, nämlich des Redens Gottes, das alle echte menschliche Kommunikation bedingt und trägt, bleiben sie jedoch in einem verschwommenen Wahrheitsaktualismus ("Wahrheit im Prozess"), Normenrelativismus und Heilsindifferentismus stecken.

Wir dürfen dankbar anerkennen, dass humanwissenschaftliche Schulen biblische Aussagen über den Menschen zum Teil bestätigt oder endlich deutlich ans Licht gehoben haben. Auch für neue Erkenntnisse, die sich so vielleicht in der Bibel nicht finden, dürfen wir dankbar sein, soweit diese nicht in Widerspruch zum biblischen Reden von Gott, Mensch und Welt treten. Abzulehnen sind aber alle Aussagen, die dem biblischen Gesamtzeugnis widerstreiten. Die S. selber hat einen Schatz, einen unvergleichlich großen Schatz, der es dringend verdient hat, (wieder) entdeckt zu werden: die Bibel. Von ihr können wir unendlich viel lernen - nicht nur über Menschenkenntnis, sondern auch über das wahre Menschenverständnis. Denn nur die Bibel zeigt uns den Menschen in *allen* Bezügen. "Sie setzt dort ein, wo die profane Anthropologie aufhört und notwendigerweise aufhören muss: bei jener Ganzheit des Menschen, die in seinem personalen Sein begründet ist" (E. Thurneysen).

Lit. L. Gassmann, Selbstverwirklichung – das Zauberwort in Psychologie und Seelsorge, 1999 (dort alle Literatur- und Quellenangaben).

Lothar Gassmann

Semipelagianismus

1. Definition: Der Ausdruck selber begegnet erst am Beginn der Neuzeit im Jahre 1577. Faktisch jedoch wird unter Semipelagianismus (S.; lat. etwa "Halbpelagianismus") eine im 5. Jahrhundert n. Chr. vor allem in Frankreich aufkommende Lehre verstanden, die gegen Pelagius an der Erbsünde festhält, aber gegen Augustinus in Übereinstimmung mit Pelagius die Freiheit der Glaubensentscheidung und das Heil für alle Menschen vertrat. Der S. versucht, in der Gnadenlehre eine Position zwischen Augustinus und Pelagius einzunehmen, wobei er faktisch ein Zusammenwirken zwischen Gott und Mensch zum Heil bedeutet (>Synergismus).

2. Semipelagianismus in der Geschichte der Kirche

a. 4.-6. Jahrhundert: Augustinus Prädestinationslehre fand nicht durchweg Anerkennung. Einwände erfolgten vor allem aus dem südgallischen Mönchtum, da dieses einen Widerspruch zum mönchischen Vollkommenheitsideal feststellte. Damit kam die Freiheit des menschlichen Willens bei der Frage nach dem Heil wieder ins Blickfeld. In den später sog. "semipelagianischen Streitigkeiten" wollten Augustinus` Gegner die Freiheit des Menschen bewahren und lehnten die doppelte Prädestination ab. Johannes Cassius (360-430/35), ein Abt aus Marseille, versuchte einen Kompromiss, indem er die göttliche Gnade für das Wollen und Vollbringen vertrat, gleichzeitig aber den guten Willen des Menschen anerkannte, da dieser zwar geschwächt, aber nicht gänzlich aufgehoben sei. Prädestination sei lediglich das Vorauswissen Gottes, wie der Mensch sich verhalte, keineswegs aber eine Einschränkung von Gottes Heilswillen (Inst. XII, Coll. XIII). Gegen Augustinus brachte Vinzenz von Lerinum (+ vor 450) das Traditionsargument vor; demnach ist eine Lehre häretisch, wenn sie von der Lehre der Kirchenväter abweicht. Nur was überall, immer und von allen geglaubt wurde, darf nach Auffassung des Vinzens von Lerinum bewahrt werden ("Communitorium" 434). Dem Mönch Prosper von Marseille und späteren Bischof von Aquitanien (+ 455) gelang es nicht, gegen Cassian die augustinische Lehre zu verteidigen ("Contra Collatorum" 431/34), obwohl er bei Papst Coelestin (Papst 422-433) Unterstützung fand. Trotzdem herrschte im südgallischen Episkopat für einige Jahrzehnte der S. Auch wenn dieser Begriff damals noch nicht existierte, sondern erstmals 1577 in der Konkordienformel auftaucht ("halber Pelagianismus", FC Epitome II), so doch die Sache, die er bezeichnet. In der für die Synode von Arles (470/71) von Bischof Faustus (405/10-490/500), dem ehemaligen Abt von Lerin, verfassten Schrift "De gratia dei" vertrat dieser die universalistische Deutung der christlichen >Erwählung. Faustus zufolge kann sich der Mensch aus eigenem Willen, ohne der zuvorkommenden Gnade Gottes zu bedürfen, Gott zuwenden. Zu Beginn des 6. Jahrhunderts wurde auf Betreiben Caesarius, des Bischofs von Arles (+ 542) mit Unterstützung Roms auf der zweiten Synode von Orange (529) der S. verurteilt. Die Verurteilung des S. wurde kurz darauf unter Papst Bonifazius II. (530/32) ins Corpus Iuris Canonici aufgenommen. Somit ist die Lehre Augustinus zur Grundlage der >Soteriologie geworden, nachdem bereits die Synode von Karthago (418) so votiert hatte.

b. Am Beginn der Neuzeit: Ist auch Augustinus Lehre offiziell die Grundlage der Soteriologie geworden, so hat sich faktisch doch der S. in der römisch-katholischen Kirche durchgesetzt. Luthers Auseinandersetzung sowohl mit der herrschenden Kirche als auch mit dem humanistischen "Reformer" Erasmus von Rotterdam (1466/69-1539) galt einem S.; schließlich lehrten beide, der Mensch könne etwas zu seinem Heil beitragen, habe also, was das Heil anlange, einen freien Willen, der mit der Gnade zusammenwirke. Erasmus vertrat in seiner Schrift "De libero arbitrio", der freie Wille bewirke "noli

non nisi" (nicht nichts), auch wenn Erasmus das meiste der Gnade Gottes zuschrieb. Luther musste diesen Synergismus ablehnen, da damit die Heilsgewissheit nicht mehr gegeben sei, wenn der Mensch etwas - und sei es auch wenig - zu seinem Heil beitragen könnte oder müsste (vgl. "De servo arbitrio").
Wenig später tauchte der Sache nach der Vorwurf des S. auch innerhalb des Katholizismus auf. Die Dominikaner warfen dem spanischen Jesuiten Luis de Molina (1535-1600) S. vor; dessen Grundidee besagte eine Steigerung der menschlichen Freiheit und eine Reduktion der Mitwirkung Gottes und der Wirksamkeit der Gnade. So wie zwei Pferde zusammen einen Lastkahn ziehen, so wirken Gott und Mensch zusammen.

3. Faktische Bedeutung des Semipelagianismus
Offiziell ist Augustinus Lehre die Grundlage der Soteriologie geworden und der S. verworfen worden (vgl. die beiden Synoden: Karthago 418, 2. Synode von Orange 529). In der Realität aber hat sich die Kirche wieder Pelagius angenähert und vertritt einen S. "Zwar hat sich grundsätzlich in der Kirche Augustinus, faktisch jedoch der S. durchgesetzt" (Gerhard Ruhbach, ELThG, Bd. 3, S. 1826). Aber das trifft nicht allein für die römisch-katholische Kirche zu, sondern auch für die lutherische und allem Anschein nach auch für die reformierte. Denn auch in der sich auf Luther berufenden Konfession hat "Erasmus schließlich triumphiert" (Wilhelm Maurer, Offenbarung und Skepsis, in: ders., Kirche und Geschichte, Bd. 2, S. 395). Der S. ist nicht in erster Linie ein historisches und konfessionelles, sondern ein immerwährendes und konfessionsübergreifendes Phänomen. Er ist die im allgemeinen faktisch herrschende Sicht, da eine synergistische Heilserlangung einleuchtender und menschlichem Denken näherstehend ist als eine prädestinatianische Heilszuteilung. Die Schwäche des S. und Synergismus besteht darin, dass er Heilsgewissheit nicht zu vermitteln vermag, welche jedoch heilsnotwendig ist. Die Anerkennung der sog. "Gemeinsamen Erklärung zur Recht-

fertigungslehre" (GER) durch evangelische Kirchen (Augsburg, Reformationstag 1999) bedeutet nicht weniger als die Zustimmung zum S., da die GER die römisch-katholische synergistische Gnadenlehre vertritt. Dass diese Absage der biblisch-reformatorischen Rechtfertigungslehre einen Verlust der Heilsgewissheit bedeutet, ist das eigentlich Bedauerliche an diesem von doch recht vielen gelobten Vorgang, da damit das Heil des Christen betroffen ist.

(Anm. des Herausgebers: Nach meinem Schriftverständnis ist zwar das Heilswerk zu 100 % am Kreuz von Golgatha vollbracht, doch bleibt der Mensch aufgerufen, es anzunehmen oder abzulehnen: „Bekehrt euch“ ist durchgängiger Ruf im AT und NT! Die Annahme des Heilswerks Jesu Christi durch den Glauben fügt dem Heilswerk selber nicht das Geringste hinzu.)

Zur biblischen Beurteilung: >Erwählung; >Glaube; >Erlösung; >Jesus Christus.

Lit.: F. Loofs, Semipelagianismus, RE (Realenzklopädie für protestantische Theologie und Kirche), hg. v. A. Hauck, 3. Aufl. Bd. XVIII, 1906, 102 ff.

Walter Rominger

Sintflut

Die biblische Überlieferung berichtet in 1. Mose 6,5-8,22 von einem gewaltigen göttlichen Flutgericht, der Sintflut, einer Überschwemmung, durch die die gesamte Erdoberfläche verwüstet wurde. Ihrer Beschreibung wird auffallend viel Raum gewidmet; die zahlreichen, geradezu protokollarisch anmutenden Zeitangaben über den Verlauf der Flut machen neben vielem anderen deutlich, dass hier über ein reales Geschehen berichtet wird.

Der Sintflutbericht umfasst einen erheblichen Teil der biblischen Urgeschichte (1. Mose 1,1-11,27). Die Urgeschichte ist von der mit den Vätern Israels beginnenden Heilsgeschichte (ab 1. Mose 11,28) abgegrenzt, weil Gott in ihr (noch) mit der ganzen Menschheit handelt, und wegen der noch andersartigen Lebens- und Umweltbedingungen. Auch wenn 1. Mose 1-11 die von allen späteren Zeiten abgegrenzte, andersartige Urgeschichte ist, wird dennoch *wirkliche* Geschichte berichtet; sie ist keineswegs eine Folge unhistorischer, mythologischer Erzählungen (diese bibelkritische Sicht ist nach MÜLLER (4) leider "Gemeingut der alttestamentlichen Wissenschaft geworden"). Für die Realität der biblischen Urgeschichte spricht insbesondere auch, dass viele ihrer Themen (wenn auch in veränderter Gestalt, die die Gottesferne des Menschen widerspiegeln) von zahlreichen Völkern weltweit mündlich (z.T. auch schriftlich) überliefert wurden (vgl. u.a. WESTERMANN, 24-89).

Die Herkunftsorte der Sintflutwasser (40 Tage lang von oben: "Fenster des Himmels" und 150 Tage lang von unten: "Quellen der großen Tiefe") konnten bisher nicht zweifelsfrei rekonstruiert werden. Gemäß der Schilderung muss es sich um außergewöhnliche Wasserreservoire gehandelt haben, sozusagen um einen "Ozean unter der Erde" und einen "Himmelsozean" (SEEBASS, 215), die jeden Vergleich mit heutigen Verhältnissen sprengen. Durch die Sintflut kamen alle Menschen sowie die land- und luftlebenden Tiere um; nur in Noahs Arche gab es Rettung (zu ihrer Größe und Schwimmfähigkeit vgl. GITT). Die Sintflut dauerte etwa ein Jahr (gemessen am Ein- und Ausstiegstag). Über den geographischen Umfang der Sintflut bestehen zwar unterschiedliche Auffassungen; der Bibeltext beschreibt aber offenkundig eine weltweite Flut, da viele Details sonst unverständlich wären: Der Bau der Arche zur Rettung der Tiere und Menschen; die Betonung, dass "alles Fleisch" umkam; das Versprechen, nie wieder eine Flut mit derartigem Ausmaß zu verhängen u.a. So bedeutet 7,20: "Kein Lebewesen konnte sich auf den höchsten Bergen retten". Nicht zufällig wirkt der Sintflutbericht "wie ein biologisches Ereignis der Species Mensch, wie eine Umweltkatastrophe der Erdgeschichte" (SEEBASS, 216. 47).

Die in der historisch-kritischen alttestamentlichen Theologie vielfach übliche Aufteilung des Sintflutberichts in zwei Quellen ist nicht zwingend (dagegen z.B. WACKER), ebenso wenig die Datierung (der aufgeteilten Textteile) in spätere Zeiten (Königszeit Israels bzw. babylonische Gefangenschaft).
Theologisch bedeutsam sind vor allem Bezüge zum NT: Jesus vergleicht die Zeit vor seiner Wiederkunft mit der Zeit vor der Sintflut (Mt 24,37-39). Er behandelt den Sintflutbericht ebenso wie die anderen "geschichtlichen Erzählungen des Alten Testaments wie historische Aufzeichnungen von Fakten" (WENHAM, 27). Petrus zieht eine Parallele zwischen dem einstigen globalen Wassergericht und dem zukünftigen weltweiten Feuergericht (2 Pt 3,3-7); die Rettung durch die Sintflut dient als Sinnbild für die Rettung durch Jesus Christus (1 Pt 3,20f.). Diese Zusammenhänge machen ebenfalls deutlich, dass die biblischen Autoren von einer realen und globalen Sintflut ausgehen.
Naturwissenschaftlich stellt sich die Frage nach "Spuren der Sintflut". In den geologischen Schichten sind unzählige umgekommene Lebewesen als Fossilien überliefert. Die Fossilien sind jedoch nicht regellos in der Schichtenfolge abgelagert, sondern in einer weltweit ähnlichen Ordnung. So finden sich beispielsweise in tieferen Schichten nur Wasserorganismen; erst in höheren Lagen sind auch Landlebewesen überliefert, deren verschiedene Gruppen ebenfalls zeitlich gestaffelt im Fossilbericht auftreten (z. B. Reptilien früher als Säugetiere). Vor allem aber ist die feingestaffelte Ordnung der Leitfossilien übereinander als Problem zu nennen. Es hat sich als schwierig erwiesen, die viele Kilometer mächtigen Ablagerungsgesteine mit der geordneten Fossilienabfolge mit dem einen Jahr der biblischen Sintflut zu korrelieren.

Eher dürfte es möglich sein, viele Ablagerungsgesteinsfolgen in die Zeit vor bzw. nach der Flut zu stellen, die nach den Abstammungsfolgen der Urgeschichte (1. Mose 5 und 11) eine Größenordnung von Jahrhunderten bis Jahrtausenden umfasste. Die der Hl. Schrift verpflichtete biblisch-urgeschichtliche Geologie stellt sich dieser schwierigen Aufgabe (vgl. STEPHAN & FRITZSCHE).
Wichtig ist also, dass eine an der biblischen Urgeschichte orientierte Geologie nicht nur Bezug auf die Sintflut nimmt, sondern auch die Zeit davor (jedoch erst nach dem Sündenfall) und auch danach (bis vor die Zeit Abrahams) einbezieht.
Immerhin lässt sich an vielen geologischen Aspekten zeigen, dass die Vorgänge in der Erdvergangenheit viel schneller, als üblicherweise im Rahmen der Schulgeologie (herkömmliche Historische Geologie) angenommen wird, abgelaufen sein können oder gar müssen (vgl. z.B. HERZOG; HERZOG & ZIMMERMANN; EGLI-ARM; STEPHAN).
Der mittlerweile wieder von vielen Geologen anerkannte Katastrophismus in den Geowissenschaften hat gezeigt, dass es in der Erdgeschichte überregionale und sogar globale erdgeschichtliche Katastrophen gegeben hat, wenn auch ein konkreter Bezug solcher Katastrophen zur Sintflut beim derzeitigen Kenntnisstand nicht ohne weiteres hergestellt werden kann.
Es darf auch folgendes nicht außer acht gelassen werden: Da das Sintflutgeschehen zur biblischen Urgeschichte mit ihrer Andersartigkeit gehört (s.o.), könnte es sein, dass es sich als besonderes göttliches Gerichtshandeln möglicherweise teilweise oder vollständig der Erforschbarkeit entzieht. Sintflutberichte und Regenbogensagen finden sich ebenso wie auch Turmbauerzählungen weltweit bei zahlreichen Völkern und Stämmen in allen Erdteilen als gemeinsame Erinnerung der von Babel aus verstreuten Völker (vgl. HARTMANN; ferner z.B. WESTERMANN, 536-546), was deren historischen Ereignischarakter unterstreicht.

S. auch: >Evolution; >Evolutionskritik.

Lit.: F. Egli-Arm: Durch neue Untersuchungen bestätigt: Granit-Plutone entstehen schnell. Stud. Int. J., *8* (2001), 63-72; W. GITT: Das sonderbarste Schiff der Weltgeschichte. Fundamentum (2000), Sonderdruck, 4-49; F. HARTMANN: Der Turmbau zu Babel. 2002 (Anhang mit Sintflutsagen); T. HERZOG: Die Reliktlandschaften des Colorado Plateaus und Grand Canons, Teil1. Stud. Int. J., *8* (2001), 3-9; T. HERZOG & A. ZIMMERMANN: Die Reliktlandschaften des Colorado Plateaus und Grand Canons, Teil 2. Stud. Int. J., *8* (2001), 56-62; H.-P. MÜLLER: Mythos-Anpassung-Wahrheit. Vom Recht mythischer Rede und deren Aufhebung. ZThK *80* (1983), 1-25; H. SEEBASS: Genesis I. Urgeschichte (1,1-11,26). Neukirchen 1996; M. STEPHAN: Zur Bildungsdauer des Nusplinger Plattenkalks, Teil 1. Stud. Int. J., *9* (2002), 28-37; M. STEPHAN & T. FRITZSCHE: Sintflut und Geologie. Schritte zu einer biblisch urgeschichtlichen Geologie. 2000; M. WACKER: Die Einheitlichkeit der Sintfluterzählung. Jahrb. Evangelik. Theol. *5* (1991), 7-36; J. WENHAM: Jesus und die Bibel. 2000; C. WESTERMANN: Genesis 1-11. Biblischer Kommentar, AT I/1. 1974; J. C. WHITCOMB & H. M. MORRIS: Die Sintflut. 1977 (amerik. Originalausgabe 1961; die geologischen Aspekte sind inzwischen z.T. überholt).

Reinhard Junker / Hartmut Stephan

Soteriologie

kommt vom griechischen "soteria" = "Heil, Errettung, Erlösung". S. ist die biblische Lehre vom Heil. Sie ist untrennbar mit der Hamartiologie (Lehre von der Sünde) verbunden.

Sünde ist von ihrer Wurzel her Unglaube, Nichtglauben an Gott, Getrenntsein von Gott. Sünde bezieht sich nicht in erster Linie darauf, dass jemand stiehlt oder lügt usw., sondern die Wurzelsünde, unter der jeder Mensch von Natur aus steht und welche die einzelnen Sünden hervorbringt, ist Unglaube und Hochmut, durch den sich der Mensch über Gott stellt und ihn nicht über sich herrschen lassen will. Kein Gott soll über einen bestimmen (vgl. Joh 8,24; 16,9). Mit dem Unglauben hängt der Ungehorsam zusammen - und als weitere Auswirkung der Götzendienst als Folge des Ungehorsams. Aus der Erbsündhaftigkeit, also der Tatsache, dass wir in Sünde geboren sind (Ps 51,7), erwachsen die einzelnen Aktualsünden, d.h. Tatsünden.

Erlösung geschieht allein durch das vollkommene Opfer, das Jesus Christus am Kreuz vollbracht hat, und durch seine >Auferstehung (Röm 3,21ff.; 1. Kor 15). Dies gehört untrennbar zusammen. Wäre Jesus nicht auferstanden, hätten wir keine Hoffnung. So aber haben wir Hoffnung auf ewiges Leben und Gemeinschaft mit ihm. Das geschieht allein aus >Glauben und Gnade.
Gute Werke sind Früchte des Heils, nie Bedingungen des Heils. Glaube an die vollbrachte Erlösung durch Kreuz und Auferstehung ist der Weg des Heils. Die guten Werke dürfen daraus erwachsen aus Liebe zu Jesus und Dankbarkeit ihm gegenüber und aus Liebe zu den Menschen (vgl. Gal 5,22). Gute Werke sind also nicht Heilsbedingung, sondern Heilsfolge, Heilszeichen und Heilsausweis. Ein guter Baum wird gute Früchte bringen, auch wenn es weiterhin Anfechtungen geben wird. Allein "Christi Blut und Gerechtigkeit, das ist mein Schmuck und Ehrenkleid. Darin kann ich vor Gott besteh´n, wenn ich zum Himmel werd` eingeh'n."
Lothar Gassmann

Spener, Philipp Jakob

(1635-1705) war der Verfasser der "Pia Desideria" (lat.: "Fromme Wünsche"), der Programmschrift des >Pietismus. Ihr Erscheinungsjahr 1675 wird heute von der überwiegenden Zahl der Forscher als Beginn des Pietismus angesehen, wobei es freilich zuvor zahlreiche vorbereitende Kräfte gab (etwa Luther selber in seiner ursprünglichen Intention, vor allem aber Johann Arndt, Jean de Labadie, Theodor Undereyck u.v.a.). Mit Spener (S.) selber nun erreichte der Pietismus seinen Durchbruch. Die Pia Desideria erschien ursprünglich als Vorrede zur Neuausgabe der Evangelienpostille von Johann Arndt, dem Verfasser des umfangreichen und weitverbreiteten Erbauungsbuches "Vom Wahren Christentum" (1605-1610). S. war in dieser Zeit Senior (Oberpfarrer) in Frankfurt am Main und somit eine hochgestellte Persönlichkeit. Später wurde er Hofprediger in Dresden und Propst in Berlin. Hauptanliegen S.s in der Pia Desideria sowie in späteren Schriften (z.B. "Der hochwichtige Articul von der Wiedergeburt", 1701) waren: a. die >Kirchenreform; b. die Hoffnung besserer Zeiten für die Kirche; c. die >Wiedergeburt. Dabei dachte und argumentierte S. in den Bahnen Luthers und streng innerkirchlich. Mystische Spekulationen und separatistische Tendenzen, wie sie bei anderen Pietisten vorkamen, waren ihm zwar vertraut, doch lehnte er sie letzten Endes ab.

a. Die Kirchenreform: S.s Grundanliegen lautete: Das Wort Gottes soll reichlicher unter uns wohnen. Dies geschieht durch Predigt, eigene Bibellese (dies war schon zur Zeit Luthers revolutionär) und Evangelienlektionen. Kirchenversammlungen nach 1. Kor. 14 sollten eingerichtet werden, sogenannte "Collegia pietatis" (lat.: "Versammlungen der Frömmigkeit") mit Bibel- und Erbauungsliteratur (das war die Vorstufe der späteren pietistischen "Stunden"). Die Laien sollten sich auch ohne Anwesenheit von Geistlichen versammeln dürfen. Dieser Vorschlag geht schon auf Martin Luther zurück, der in seiner "Vorrede zur Deutschen Messe" (1526) drei Gottesdienstformen beschrieben hatte: 1. den lateinischen Gottesdienst, 2. den deutschen Gottesdienst. 3. den Gottesdienst als die Versammlung derer, "die mit Ernst Christen sein wollen" und sich so auch zusätzlich zum regulären Gottesdienst versammeln sollten. Luther allerdings hatte damals in Wittenberg nicht die Christen, die wirklich so ernsthaft waren, um dies durchzuführen. Aber zu S.s Zeit (bereits ab 1670) wurde dies dann möglich. Im Hintergrund dieser Regelung stand das Priestertum aller Gläubigen: Nicht nur die Pfarrer, sondern auch die Laien haben die priesterliche Aufgabe, das Wort Gottes zu verkündigen. Betont wurde ferner die "Praxis pietatis" (lat.: "Frömmigkeitspraxis"), die in der Liebe konkret wird. Die Erbauung zur Stärkung und Bewahrung wurde eingeführt sowie die Mitarbeiterschulung, die geistliche und praktische Zurüstung derer, die mit Ernst Christen sein wollten. Auch das Theologie-Studium sollte reformiert werden: Professoren und Lehrer sollten Vorbilder und Seelsorger ihrer Studenten sein, sie sollten die Ehre Gottes suchen. Theologie ist - wie S. richtig erkannte - eine praktische Sache und an ein gottseliges Leben gebunden.

b. Die Hoffnung besserer Zeiten: S. betonte ferner die Hoffnung besserer Zeiten für die Kirche sowie die Rettung >Israels, nachdem die Fülle der Heiden zum Heil eingegangen ist (vgl. Röm 11). Über dreihundert Jahre sind seither vergangen. S. entnahm diese Erkenntnis der Heiligen Schrift und glaubte diese Aussagen, die sich in unserer Zeit mit der Rückkehr der Juden in ihr Land und der Staatsgründung Israels im Jahre 1948 zu erfüllen begonnen haben. S. rechnete auch mit dem Fall des päpstlichen Roms. Dies war noch eine andere Zeit des Pietismus! Demgegenüber lädt heutzutage selbst der "pietistische" württembergische Landesbischof Gerhard Maier zum "Ökumenischen Kirchentag" ein (>Ökumene; >Unita dei Cristiani).

c. Die Wiedergeburt: Zentral war für S. die Lehre von der Wiedergeburt.. Man kann seine Erkenntnis so zusammenfassen: Prinzipiell hielt S. (in lutherischer Tradition) noch an einer "Taufwiedergeburt" fest, die auf der allem menschlichen Erkennen und Wirken zuvorkommenden göttlichen Gnade (lat. gratia praeveniens) beruhe. In dieser verbleibe der Mensch allerdings nicht, wie S. betont, sondern er falle im (natürlichen) Zustand des Unglaubens aus der Taufgnade. Erst wenn der rettende persönliche Glaube hinzukomme, im Moment des Gläubigwerdens also, geschehe gewissermaßen eine Erneuerung des in der Taufe Geschenkten, eine Erneuerung der Wiedergeburt oder "zweite Wiedergeburt". Alles trete zugleich ein: Entzündung des Glaubens, Rechtfertigung und geistliche Erneuerung. Gott wirke eine neue Kreatur.

Das sei Wiedergeburt, all das geschehe in einem Augenblick und ist doch mit innerem geistlichem Wachstum verbunden. Die Geistestaufe, die Einwohnung des Heiligen Geistes, erfolgt gemäß Eph 1,13: "In ihm seid auch ihr, da ihr gläubig wurdet, versiegelt worden mit dem Heiligen Geist, der verheißen ist ...." Wann also sind wir versiegelt worden mit dem Heiligen Geist? Als wir gläubig geworden sind. Als Gott in seiner Gnade den echten, rettenden, bußfertigen Glauben in uns gewirkt hat. Es gibt im Pietismus keine Stufenlehre wie heute bei manchen Vertretern der >Pfingstbewegung. Sobald der Mensch an Jesus Christus als seinen Erlöser und Herrn glaubt, hat er also Vergebung der Sünden und ist eine von Gott gewirkte neue Kreatur. Die guten Werke kommen dazu - nicht als Heilsgrundlage, sondern als Heilsfolge. Es ist S.s und des Pietismus unbestreitbares Verdienst, gegenüber der Behauptung einer geradezu "automatischen" Zueignung der Wiedergeburt durch die "Taufgnade" im Katholizismus und bei Vertretern des Luthertums die entscheidende Dimension des persönlichen Glaubens wieder ganz neu ans Licht gehoben zu haben. Jeder falschen Heilssicherheit im Sinne einer durch die Säuglingstaufe begründeten "Volksreligion" wird hier - wenn auch noch recht vorsichtig - die Spitze abgebrochen. Dabei übersieht auch S. nicht, dass der Glaube und die von diesem ergriffene Gnade alleiniges Geschenk Gottes ist.

Zur Tauffrage s. ausführlicher unter: >Sakramente.

Lit.: L. Gassmann, Pietismus – wohin? Neubesinnung in der Krise der Kirche, 2003

Lothar Gassmann

Spirituelle Interpretation (geistige Deutung) beruft sich auf die Freiheit, von einem mehrfachen Schriftsinn her über den vorfindlichen Bibeltext hinauszugehen zu einer "symbolistischen" - oder allgemeiner formuliert: spirituellen – Deutung. Dieses Bestreben findet sich etwa bei >Origenes, aber auch bei zahlreichen modernen >Sekten und esoterischen Richtungen (z.B. >Anthroposophie) und auch Theologen wie z.B. Eugen >Drewermann (Tiefenpsychologische Interpretation) und Vertretern einer Feministischen Theologie (>Feminismus). Obwohl sich deren Ergebnisse im Einzelnen unterscheiden, ist doch der methodische Ausgangspunkt derselbe: die Behauptung eines mehrfachen Schriftsinns und die daraus abgeleitete Freiheit zu einer eigenwilligen Deutung der Schrift.

1. Klassische Modelle der spirituellen Interpretation

Die altägyptische Mysterienreligion kennt einen dreifachen Schriftsinn: a. Briefschrift (epistolographisch); b. Tempelschrift (hieratisch); c. Einweihungsschrift (hieroglyphisch). Hierzu der Kommentar des Clemens Alexandrinus:

"Die erste Art von Buchstaben ist die im Leben gebräuchliche, dann folgt die symbolische Schrift. Die symbolische Schrift bleibt noch, indem sie dieselbe nachahmt, den Dingen der äußeren Welt ähnlich, aber sie geht dazu über, einen geistigen Sinn auszusprechen, und schließlich nimmt sie, gleichnishaft werdend, Rätselgestalten in sich auf" (Stromateis V,4 §§ 19-20).

Auch die jüdische >Kabbala spricht von einem "dreifachen Schriftsinn" bzw. einer "dreifachen Hülle der Thora":

"Die Erzählungen sind ihr Kleid; die aus ihnen hervorgehende Moral ist ihr Körper; der verborgene geheimnisvolle Sinn endlich ist die Seele der Thora! Die Toren halten die Erzählungen selbst schon für den Körper der Thora und dringen nicht tiefer ein. Die Verständigen sehen auch noch auf das, was dieses

Kleid umschließt. Die wirklich Weisen aber blicken ganz allein auf die Seele der Thora" (Buch Sohar III,152).

Bedeutsames Vorbild für die spirituelle Bibelauslegung ist der Alexandriner >Origenes (ca. 185-254). Origenes seinerseits war wiederum von den ägyptischen Mysterien sowie (über Philo) von der jüdischen Kabbala und der platonischen Philosophie (v. a. Trichotomie) beeinflusst. Auch er vertritt einen dreifachen Schriftsinn, den er so definiert:

"Der Einfältige mag sich erbauen am Fleische der Schrift (so wollen wir die buchstäbliche Auffassung nennen); der schon Fortgeschrittene an ihrer Seele; der Vollkommene aber ... an dem geistigen Gesetz, das die Schattenbilder von den zukünftigen Gütern gibt. Denn wie der Mensch aus Leib, Seele und Geist besteht, so auch die nach dem göttlichen Haushalt den Menschen zum Heil verliehene Schrift" (De principiis IV,2,4).

Die drei Schriftsinne nach Origenes werden auch bezeichnet als a. historischer (Leib), b. moralischer (Seele), c. mystischer (Geist), wobei in der Auslegung c. vor b. kommt. Denn - so kommentiert J. Pietron - die Auslegung bei Origenes geht aus "von der Geschichte, müht sich um das Mysterium Christi und damit Gottes und sucht nach Weisen, das Mysterium im einzelnen Christen Gestalt annehmen zu lassen" (Geistige Schriftauslegung und biblische Predigt, 1979, 91). Der moralisch-seelische erweist sich somit als Entfaltung des mystisch-geistigen Sinns, weshalb man strenggenommen von nur zwei Schriftsinnen reden kann: Auf der einen Seite steht der historisch-buchstäbliche, auf der anderen Seite der geistige Schriftsinn mit seinen Differenzierungen. Diese Unterscheidung von "Buchstabe" und "Geist" wird hauptsächlich mit 2. Korinther 3,6 ("Der Buchstabe tötet, der Geist aber macht lebendig") begründet. Origenes deutet diese Stelle so, dass man über den wörtlichen, buchstäblichen. "toten" Sinn eines Textes hinaus zu seinem "lebendigen" inneren Geist vordringen müsse. Seine Kernaussage lautet:

"Die ganze Schrift hat wohl in allen ihren Einzelheiten einen geistigen Sinn, aber keineswegs durchgehend einen >leiblichen< (bzw. buchstäblichen) Sinn" (De principiis IV,3,5).

G. Ebeling stellt fest:

"Mit dieser Deutung von 2. Korinther 3,6 hat Origenes die Geschichte der Hermeneutik entscheidend bestimmt und die Allegorese angeblich vom innersten Kern der paulinischen Theologie her legitimiert" (Evangelische Evangelienauslegung, 1942, 109).

Auch in der Auslegung der spätmittelalterlichen Scholastik steht auf der einen Seite der "buchstäbliche" oder "historisch-grammatische", auf der anderen Seite der "geistige" (auch: "geistliche") oder "allegorisch-mystische" Sinn. Letzterer untergliedert sich wiederum in (zumeist) drei "Untersinne", so dass von einem "vierfachen Schriftsinn" gesprochen wird. Jeder Bibeltext wird somit auf eine vierfache Bedeutungsmöglichkeit hin befragt, wie sie folgender Merkvers (die sogenannte Quadriga) zusammenfasst:

"Der buchstäbliche Sinn lehrt, was geschehen ist, der allegorische, was zu glauben ist, der moralische, was zu tun ist, der anagogische, was kommt."

2. Beurteilung der spirituellen Interpretation

Origenes hatte die Ansicht vertreten: "Die ganze Schrift hat wohl in allen ihren Einzelheiten einen geistigen Sinn, aber keineswegs durchgehend einen >leiblichen< (bzw. buchstäblichen; d. Verf.) Sinn" (De principiis IV,3,5). Diese Ansicht, auf der die spirituelle Interpretation beruht, ist in der Kirchengeschichte von Anfang an auf vielfachen Widerspruch gestoßen. Sie hat die Formulierung von Kriterien zur Verhältnisbestimmung zwischen geistigem und buchstäblichem Schriftsinn erforderlich gemacht.

Schon zu Lebzeiten des Origenes proklamierte ihm gegenüber die antiochenische Exegetenschute "grundsätzlich das Festhalten am buchstäblichen Sinn des Bibelworts, auf dem sich dann keineswegs durchgehend, sondern an nur besonders dazu ausgezeichneten Stellen der typologische Sinn aufbaut". Wegen ihrer vielfach willkürlichen Art wurde "die allegorische Auslegung ... nicht nur möglichst vermieden, sondern auch ausdrücklich bekämpft" (Ebeling 1942, 117). Obwohl Hieronymus (347-419/20) die Deutung des Origenes von 2. Korinther 3.6 (s.o.) übernahm und wie dieser den geistigen Sinn als Ziel der Auslegung ansah, ging er doch nicht so weit, ihn in allen Einzelheiten der biblischen Berichte finden zu wollen. Für Hieronymus gab es auch Stellen, an denen eine weiterführende geistige Auslegung "überflüssig" erschien - nämlich dann, "wenn die Geschichte oder Prophetie ganz klar ist und wenn schon in ihr die wahre Ordnung der Dinge sichtbar wird" (W. Hagemann, Wort als Begegnung mit Christus, 1970, 213).
Augustin (354-430) stellte die hermeneutische Grundregel auf, dass "jede Auslegung Irrtum ist, die den heiligen Schriften einen andern Sinn unterlegt, als die Verfasser beabsichtigt haben" (De doctrina christiana I,36). Um den von den Verfassern beabsichtigten (und damit wahren) Sinn herauszufinden, gelte es, "jede einzelne Stelle der Bibel ... aus dem Zusammenhang der ganzen (sc. Bibel) heraus auszulegen", wobei sich vom "Wortlaut" her "zunächst der Sinn der klaren Stellen" erschließe. Die klaren Stellen verdichteten sich zur "Glaubensregel" der Kirche, die nun ihrerseits die "Norm" zum Verständnis auch der unklaren Stellen - und somit zur geistigen Auslegung - werde. Die Auslegung müsse dabei immer am "Gebot der Gottes- und Nächstenliebe" als "Summe des biblischen Zeugnisses" - und damit an Christus als "Maß für die Liebe" - orientiert sein. "Wenn durch die Auslegung die (christliche: d. Verf.) Liebe vermehrt wird, dann kann sie nie letztlich >falsch< sein" (nach Pietron

1979, 134f.)." Durch seine Berücksichtigung des Kontextes und seine Hochschätzung des Literalsinns durchbrach Augustin den logischen Zirkel, in dem Origenes seine allegorische Auslegung durch allegorisch ausgelegte Bibelstellen begründet hatte. Darüber hinaus entwand er durch seine - dem gesamtbiblischen Kontext (neben 2. Kor 3 selbst v. a. Röm 5,20-6,11) gerecht werdende - Deutung von "Buchstabe" und "Geist" in 2. Korinther 3,6 als "Gesetz" und "Gnade" den spiritualistischen Exegeten ihre wichtigste Waffe und ebnete dem Schriftverständnis eines Paulus von Burgos und Martin Luther den Weg (s. u.).

Thomas von Aquin (1225-1274) als Vertreter der mittelalterlichen Exegese hielt am vierfachen Schriftsinn fest; er schränkte den Anwendungsbereich der drei zum sensus spiritualis zählenden Sinne gegenüber dem buchstäblichen jedoch stark ein. Zunächst stellte er fest, dass bildhafte Ausdrücke (also Metaphern, Gleichnisse usw.) gar nicht zum geistigen, sondern zum buchstäblichen Sinn gehören, wo es sich von Wortsinn und Kontext her um uneigentliche Rede handelt. Zum zweiten forderte er die völlige Bindung des geistigen Sinnes an den buchstäblichen Sinn. Zum dritten lehnte er aus dem "Wissen darum, dass der geistige Sinn nie mit absoluter Gewissheit erkannt werden kann", dass ihm - wie J. Pietron formuliert - "das oft nicht präzise Auszudrückende, das Verschwebende, das Verbergend-Entbergende" eignet, den Gebrauch des geistigen Sinns zur theologischen Argumentation ab. ">Symbolische Theologie ist nicht argumentativ<, so zitiert er Pseudodionysius Areopagita: Wer theologisch argumentieren will, kann sich nur auf den buchstäblichen Sinn berufen<" (Pietron 1979, 147ff.). Schließlich war Thomas der Ansicht:

"Es gibt nichts, was verborgen an irgendeiner Stelle der Schrift überliefert wird, das nicht anderswo in Klarheit herausgestellt wird" (ebd., 151).

Der geistige Schriftsinn sei letztlich gar nicht erforderlich, "weil nichts Glaubensnotwendiges sub spirituali sensu enthalten ist, was nicht schon irgendwo durch den Literalsinn klar geoffenbart ist" (P. Fleig, Die hermeneutischen Grundsätze des Thomas von Aquin, 1927, 3).
Unter dem Einfluss von Augustin, Thomas und Nikolaus von Lyra (ca. 1270-1349) erarbeitete Paulus von Burgos (ca. 1351-1435) seine Kriterien zur Verhältnisbestimmung von sensus literalis und sensus spiritualis (nachfolgend: "sens. lit." und "sens. spir."). G. Ebeling fasst sie so zusammen:
"1. 2. Korinther 3.6 geht nicht auf die Unterscheidung von sens. lit. und spir., sondern auf die Unterscheidung von altem und neuem Gesetz ... 2. Der sens. lit. gibt nicht nur historia, der sens. spir. gibt keine nicht auch sonst durch den sens. lit. belegten glaubensnotwendigen Dinge. 3. Gerade als Fundament ist der sens. lit. würdiger. 4. Der sens. lit. enthält oft unmittelbar den sens. parabolicus (vgl. Thomas!). 5. Gerade die Universalität (Verständlichkeit für die rudes) gibt dem sens. lit. seine Würde. 6. Beim sens. lit. ist anzufangen, weil er die Prinzipien gibt, also wichtiger ist. 7. Nur wo der sens. lit. versagt, ist auf den sens. spir. zurückzugreifen. Dieser Fall tritt ein: a) in parabolischer Redeweise, b) wenn die Schrift selbst auf figürliche Deutung anspielt, c) wenn eine Geschichte nicht erbaulich, sondern anstößig ist" (Ebeling 1942, 136).
Die Hermeneutik Martin Luthers (1483-1546) ist Anknüpfung und Neuerung zugleich. Wir fassen einige seiner Erkenntnisse zusammen. In der Auslegung der entscheidenden Stelle 2. Korinther 3,6 hätten "Origenes, Hieronymus. Dionysius und ettlich mehr . . . geyrret und gefeyllet" - "außgenommen S. Augustino", der spricht: "Der buchstab ist nichts anders denn das GESETZ ON GNADE. Also muegen wir wiederumb sagen, das der geyst sey nit anders denn die GNADE ON GESETZ" (WA 7,647ff.). In 2. Korinther 3 (Kontext!) schreibe Paulus nämlich nicht von zwei Schriftsinnen ("nit ein tuttel von diessen tzweyen sinnen"), sondern "von zweyerlei predigtenn oder prediger ampten. Eynis ist des alten testaments, das ander des newen testaments. Das alte

testament prediget den buchstaben, das new predigt den geyst" (ebd.). Infolge seiner Nichterfüllbarkeit durch den "fleischlichen" Menschen werde das - auf "steinerne Tafeln" geschriebene und an sich “geistliche" (Röm 7,14) - alttestamentliche Gesetz zum tötenden Buchstaben, während die in Christus erschienene und durch den Geist in "fleischerne Tafeln des Herzens" geschriebene Gnade Leben und Freiheit bewirke. "Denn das geschriebene Gesetz vermag nicht das Herz zu ändern, während der G(eist) das umwandelnde Geschehen und Vernehmen der göttlichen Selbstmitteilung ist" (G. Ebeling, Art. „Geist und Buchstabe“, RGG II, Sp. 1291).

Luther dreht somit die Schriftauffassung des Alexandriners Origenes um:

"Nach dem alexandrinischen Verständnis ist die Schrift an sich litera. Geistlich wird sie erst durch die sie erschließende Methode ... Umgekehrt steht es bei Luther im Gefolge Augustins: Die Schrift an sich ist spiritualis. >Litera< wird sie erst durch den gegen sie sich verschließenden Unglauben" (Ebeling 1942, 288).

Werde die "Decke" des Unglaubens entfernt (vgl. 2. Kor 3,13ff), dann komme es zur Entdeckung des Geistes der Schrift im Buchstaben. Die Folge: es gibt für Luther "keinen mehrfachen Schriftsinn. Der buchstäbliche ist der geistliche, der geistliche ist der buchstäbliche Sinn. Das geistliche Verstehen ist nicht Produkt einer Auslegungsmethode, sondern ist Wirkung des Heiligen Geistes durch den Glauben" (ebd., 311).

G. Gloege spricht von einer "litera spiritualis", einem "Geist-Buchstaben" bei Luther:

"Luthers >Wort< ist geisthaltig; und umgekehrt: Luthers >Geist< wortgebunden." "In dieser verwegenen Konzeption Luthers liegt ... die Überwindung des mittelalterlichen Dualismus von buchstäblicher und geistlicher Auslegung."

An die Stelle der Nebeneinanderordnung von litera und spiritus (s. o. das Schema der spätmittelalterlichen Scholastik) tritt die Überordnung der litera spiritualis als christologischer "Quellsinn" über alle anderen Sinne, die an jenem auszurichten sind oder - wo das nicht möglich ist - nicht gebraucht werden sollten" (G. Gloege, Mythologie und Luthertum, 1963, 74.135).

H. Stadelmann formuliert die entscheidende Regel. die sich aus Luthers Hermeneutik ergibt:

"Der Literalsinn ist die einfache, normale Wortbedeutung, wie der jeweilige Kontext sie sprachlich und geschichtlich nahe legt.“ Ausschlaggebend ist jeweils "der vom Autor intendierte und vom gesamtbiblischen Kontext sich nahelegende Wortsinn". "Von daher fordert der Literalsinn, Prosa als Prosa. Geschichtsbericht als Geschichtsbericht, Allegorie als Allegorie, Bildwort als Bildwort, Poesie als Poesie usw. auszulegen." Nicht von unserem "subjektiven Sprachempfinden" ist dabei auszugehen. sondern von dem "Sprachempfinden und Sprachgebrauch des hebräisch- und griechischsprechenden Menschen zu alt- und neutestamentlicher Zeit" (Grundlinien eines bibeltreuen Schriftverständnisses, 1985, 106).

Folgt man dieser Regel, dann bereitet z. B. die Frage, wie die biblischen Gleichnisse oder die in Galater 4,22ff. gebrauchte Allegorie zu verstehen sind. kein Problem: Sie sind als Gleichnisse oder Allegorie - und als nichts anderes - aufzufassen, da der Kontext dies fordert. Paulus verwertet etwa die - in Genesis 16 wörtlich zu nehmende - Geschichte von Hagar und Ismael in Galater 4,22 ff. "mit Bewusstsein als Bild, um den unverständigen Galatern die schwierige Lehre von der Glaubensgerechtigkeit näherzurücken". Das Bild ist im Kontext der paulinischen Argumentation der Literalsinn; ein "wörtliches Verstehen" wäre dort der Spiritualsinn. K. Holl betont:

„Mit herrlicher Klarheit hat er (Luther) es schon im Jahr 1519 ausgesprochen, daß da, wo aus dem Zusammenhang sich die Bildlichkeit der Redeweise ergibt, dieser bildliche Sinn nicht etwa als ein >uneigentlicher< neben dem buchstäblichen, sondern als der eigentliche und einzige, weil vom Schriftsteller allein beabsichtigte, anzusehen ist. Der Schriftsteller hat die Freiheit, sich das eine Mal eigentlich, das andere Mal bildlich auszudrücken, aber es ist doch in jedem Fall nur ein einziger Sinn, den er meint" (Gesammelte Aufsätze zur Kirchengeschichte, Bd. 1: Luther, 1923, 554f.).

3. Ergebnis: Weil Geist und Buchstabe in der Bibel eine untrennbare Einheit sind, darf der geistige Sinn nicht *neben*, sondern muss *im* buchstäblichen Sinn (als Erstsinn) gesucht werden. Eine spirituelle Interpretation darf sich gegenüber dem Bibeltext nicht verselbständigen. Sie muss den unmittelbaren und gesamtbiblischen Zusammenhang beachten und von den klaren Stellen der Schrift - d. h. von ihrem buchstäblichen Wortsinn - ausgehen. Wenn sie bei der Interpretation unklarer oder „geheimnisvoller“ Stellen zu weitergehenden Aussagen gelangt, so dürfen diese nicht in Widerspruch zum Inhalt der klaren Stellen treten; vielmehr muss sich die "geistige" von der buchstäblich-wörtlichen Deutung her verifizieren oder falsifizieren lassen. Die spirituelle Interpretation soll Exegese (Auslegung) des Bibeltextes, keine "Eis-egese" ("Ein-legung", Hineininterpretation) sein. Lassen sich ihre Aussagen nicht am klaren. buchstäblichen Wortsinn verifizieren, so sind sie nicht zur Argumentation geeignet, da ihnen Eindeutigkeit fehlt. Diese Zurückhaltung wird von heute einflussreichen Formen der spirituellen Interpretation (z.B. anthroposophische, esoterische, tiefenpsychologische und feministische Exegese) nicht gewahrt. Ihr Selbstanspruch. die Rettung des Christentums, der Religion oder der Gesellschaft zu bringen, ist daher äußerst kritisch zu beurteilen.

S. auch: >Bibel; >Hermeneutik; >Anthroposophie; >Drewermann, Eugen; >Feminismus; u.a.
Lit.: G. Ebeling, Evangelische Evangelienauslegung, 1942; J. Pietron, Geistige Schriftauslegung, 1979; L. Gassmann, Das anthroposophische Bibelverständnis, 1993.
Lothar Gassmann

Synergismus

1. Begriff: Mit Synergismus (S.) (von griech. synergein, zusammenwirken) werden in der Theologie Anschauungen bezeichnet, die eine Mitwirkung oder ein Zusammenwirken (co-operatio) des Menschen mit der Gnade Gottes bei der Rechtfertigung lehren. Das bedeutet ein Zusammenwirken der Gnade Gottes und des menschlichen Willens zum ewigen Heil. Der menschliche Wille tritt damit als ursächlicher Faktor neben Gottes Gnade bei der Erlangung des Heils. Dem steht die Sicht entgegen, derzufolge der Mensch wegen seiner Verderbtheit durch die Erbsünde und seines bereits schöpfungsmäßig angelegten unfreien Willens Gott gegenüber (der ihm als sein Schöpfer - auch vor dem Sündenfall - immer übergeordnet bleibt) seine Rechtfertigung und damit sein Heil nur aufgrund der Gnade Gottes und dessen Prädestination (Gnadenwahl Gottes) zugesprochen bekommt (>Erwählung).

2. Frühe bzw. Alte Kirche und Mittelalter: Eine bekannte Form des S. ist der Pelagianismus (s. unter: >Semipelagianismus). Pelagius (iro-schottischer Mönch, 370 - nach 418) und seine Anhänger lehrten, das Gesetz Gottes und die Gebote Christi könne der Mensch auch ohne die Gnade erfüllen, was eine Negierung der völligen Verderbtheit des Menschen durch die Erbsünde bedeute. Der Pelagianismus vertrat die Meinung, die Erfüllung des Gesetzes, welche für möglich gehalten wurde, bringe die Menschen ebenso in das Reich Gottes wie das Evangelium; der Mensch könne den Anfang des Glaubens und die Beharrlichkeit bis zum Ende aus eigener

Willenskraft leisten. Die pelagianische Position wurde viel später mit dem bekannten Vergleich von Molina (Jesuit, 1535 - 1600) durch die zwei Pferde, die zusammen ein Schiff ziehen, erklärt. Augustinus (354 - 430) setzte dem entgegen, die Gnade Gottes gehe dem Wollen und Vollbringen des Menschen immer voraus. Wurde auch die Lehre des Pelagius durch Augustinus umfassend widerlegt und hat auch das dritte ökumenische Konzil von Ephesus 431 den Pelagianismus verworfen, so konnte doch durch den >Semipelagianismus der Gedanke, der Mensch wirke zu seinem Heil mit, weiten Einfluss in der Kirche erlangen und lehrte die mittelalterliche Kirche semipelagianisch. Martin Luther bezeichnete denn auch Pelagius als den "Eckstein aller Häretiker; denn die Natur schielt bald nach dem Werk" (WA 20, 670, 7). Für die Theologie der Ostkirche blieb das Zusammenwirken der Gnade Gottes mit dem Willen des Menschen selbstverständlich.

3. Reformation und anschließende Epochen: Wie mehr als 1000 Jahre zuvor Augustinus, so haben auch die Reformatoren den S. bekämpft und diesem das sola gratia und die Begründung des Heils in Gottes Prädestination entgegengestellt, da ansonsten der Gläubige nicht Heilsgewissheit haben könnte. Die Heilsgewissheit wurde von der römisch-katholischen Kirche verworfen. Sie schrieb ihre semipelagianische Position durch das Tridentinum (1545 - 1563) fest. Im Gegensatz zur totalen Verderbtheit durch die Erbsünde, womit der Mensch tot in Sünde ist, dem geknechteten Willen und der Prädestination, wie dies Luther und Calvin lehrten, sprach das Tridentinum sich für Willensfreiheit, für freie Zustimmung und Mitwirkung mit der Gnade aus und wurde deshalb von der reformatorischen Seite des S. bezichtigt. Aber auch in vielen aus der Reformation hervorgegangenen Kirchen oder Konfessionen wurde die ursprünglich prädestinatianische Position nicht durchgehalten. Zwei

Auseinandersetzungen um den S. haben Beachtung erlangt, zum einen die zwischen Luther und Erasmus und zum anderen die zwischen den Philippisten und den Gnesiolutheranern.

(a) Luther und Erasmus: Erasmus von Rotterdam (1469 - 1536) hatte in seiner Schrift "De libero arbitrio" (Vom freien Willen, 1524) ein Zusammenwirken der Gnade Gottes mit dem freien Willen des Menschen zur Erlangung des Heils vertreten. Zwar rechnet er dabei der Gnade das meiste, dem freien Willen aber auch einen Teil zu (noli non nisi = nicht nichts). Luther hat darauf mit seiner Schrift "De servo arbitrio" (Vom unfreien Willen, 1525) geantwortet und darin die Position des Erasmus in aller Schärfe zurückgewiesen und ihr die Unmöglichkeit eines freien Willens entgegengesetzt; die Rede von einem freien Willen des Menschen, was dessen Heil anlangt, sei "ein leeres Wörtlein" (WA 18, 670). Der Mensch gleiche vielmehr einem Reittier, das von Gott oder Satan geritten werde, und er habe nicht die Freiheit, darüber zu entscheiden, von wem er geritten werde, denn Gott und Satan stritten um diesen Anspruch, der Mensch aber folge willig dem, der ihn beherrsche. Luther betonte, bei Gott fielen Voraussehen, Vornehmen und Tun zusammen (WA 18, 615).

(b) Philippisten und Gnesiolutheraner: Bei dieser Kontroverse ging es um S. im besonderen oder engeren Sinne. Diese Form des S. ging von einer bestimmten, von Philipp Melanchthon (1497 - 1560) herkommenden Theologengruppe aus. Der "Synergistische Streit" entstand aus der Behandlung des Verhältnisses von göttlicher Gnade und menschlichem Willen durch Melanchthon. Ursprünglich hatte Melanchthon Luthers Position geteilt (Loci 1521) und stand deshalb auf Luthers Seite während dessen Auseinandersetzungen mit Erasmus (1525). Im Laufe der Zeit schrieb Melanchthon aufgrund psychologischer und pädagogischer Erwägungen dem

menschlichen Willen immer mehr Eigenständigkeit zur Erlangung des Heils zu, um dadurch Sittenlosigkeit entgegenzutreten. Melanchthon ging es darum, den seiner Meinung nach der Prädestination inhärenten >Determinismus zu meiden und den Menschen für Annahme oder Ablehnung der im Wort Gottes angebotenen Erlösung mit verantwortlich zu machen. Melanchthon wollte einem magischen Verständnis des Wortes Gottes entgegentreten. Dazu berief er sich auf Chrysostomus (griech. Kirchenvater, ca. 350 - 407): "Gott zieht, aber er zieht den Wollenden." Nach Melanchthon wird das Heil so zugeeignet, dass Gott in seinem Wort durch den >Heiligen Geist wirkt, der Wille des Menschen dem Wort Gottes zustimmt und diesem nicht widerstreitet (Loci 1559). Damit hatte sich Melanchthon der Position des Erasmus (fast) unterschiedslos angenähert, denn wie dieser verstand er den freien Willen als "Fähigkeit, sich der Gnade zuzuwenden". Drei Ursachen wirken nach Melanchthon bei der Bekehrung zusammen: das Wort Gottes, das zum Heil beruft, der Heilige Geist, der zum Glauben bewegt und der menschliche Wille, der einwilligt und nicht widerstreitet. Bei Melanchthon blieb in der Schwebe, ob er so zu verstehen ist, dass die Gnade den Menschen so zum Heil bewegt, indem sie seine eigene Zustimmung erweckt, oder ob der Wille zur Zustimmung zur Gnade hinzu- und dieser entgegenkommt. Die von Melanchthon genannten drei Ursachen legen das letztere Verständnis nahe, und diese Position wurde auch von Melanchthons Schülern Johann Pfeffinger (1493 - 1573) und Victorinus Strigel (1524 - 1569) vertreten. Gegen diese philippistische Sicht wandten sich die Gnesiolutheraner unter Matthias Flacius Illyricus (1525 - 1575). Höhepunkt dieses synergistischen Streites bildete die Disputation zwischen M. Flacius und V. Strigel 1560 in Weimar. Strigel verglich das Zusammenwirken zwischen Gott und Mensch damit, "als wenn ich in einer Zeche säße bei einem reichen Mann, und er gäbe einen Thaler, ich einen Heller". Dies bedeutet im Grunde die Position des Erasmus, der der Gnade das meiste, dem freien Willen aber "nicht nichts" zuschrieb. Gegen Strigel vertrat Flacius bei dieser Disputation die These, bei seiner Bekehrung verhalte sich der Mensch schlimmer als "Klotz und Stein" (truncus et lapis), denn der in der Sünde gefangene Mensch sei nicht passiv, sondern betont feindselig: Gottes Gnade bekehre keinen Wollenden, sondern einen Widerstrebenden. Die Konkordienformel (1577) entschied letztlich diesen Streit nicht und ließ damit das Problem des S. offen. Sie verwarf zwar im Artikel II den S. der Philippisten, indem sie feststellt, der Mensch von sich aus habe nicht die Fähigkeit, sich der Gnade zuzuwenden. Aber sie lehnte auch die Begriffe des Flacius, der Mensch verhalte sich wie "Klotz und Stein" (truncus et lapis) als inadäquat ab und widersprach auch seiner Aussage, die Erbsünde sei die Natur oder das Wesen des Menschen. Durch die Gnade werde der Mensch zu einer eigenen Willensentscheidung fähig. Zur Prädestination hat die Konkordienformel im Großen und Ganzen die Position Melanchthons übernommen.

(c) Altprotestantische Orthodoxie, Pietismus, Methodismus: Der oft breit angelegte ordo salutis (Heilsweg) der altprotestantischen Orthodoxie neigte aufgrund der ihm innewohnenden Rationalität unbeabsichtigt zum S. Die in Teilen von >Pietismus und Erweckungsbewegung vertretene Bekehrungstheologie kann sich gegenüber dem S. nur unzureichend abgrenzen; der Ruf zur Entscheidung mit Appell an den freien Willen des Menschen bestreitet, dass dieser nach biblisch-reformatorischer Position nicht gegeben ist und bedeutet meines Erachtens S. Vom S. gekennzeichnet erscheint das methodistische Bekehrungs- / Rechtfertigungs-Verständnis (>Methodismus). Für John Wesley (1703 - 1791) gehören Gnade bzw. Glaube und Werke, Gottes Herrschaft und die Freiheit des Menschen zusammen. Nach Wesley

partizipiert der Mensch am Werk der Versöhnung Gottes mit den Menschen durch sein eigenes Bemühen (>Buße, >Bekehrung, >Glauben) und bleibt auch weiterhin an seiner Erlösung beteiligt durch fortschreitende Erkenntnis (heiliges Leben, Wachstum und Früchte des Glaubens; >Heiligung).

4. Neuere Ökumene: Die Diskussion um Themen wie Glaube, Gnade, Rechtfertigung in Gesprächen und Verhandlungen zwischen den Kirchen der Reformation und der römisch-katholischen Kirche zeichnet sich durch Kirchendiplomatie und die damit einhergehende Verwischung der Begriffe und Verschleifung der Positionen und Gegensätze aus. Damit hängt zusammen, dass das Phänomen S. zwar ständig präsent ist, aber nicht benannt wird. Kirchendiplomatisch heißt es, "Mitwirkung kann es nur in dem Sinne geben, dass das Herz beim Glauben dabei ist, wenn das Wort es trifft und den Glauben schafft". Bei einem solchen Verständnis treffen die "Verwerfungen des 16. Jahrhunderts nicht mehr mit kirchentrennender Wirkung von heute" (Karl Lehmann / Wolfhart Pannenberg, Lehrverurteilungen - kirchentrennend?, 1986). Die Unterzeichnung der Gemeinsamen Offiziellen Feststellung (GOF) zur Gemeinsamen Erklärung zur Rechtfertigung (GER) am 31. Oktober 1999 in Augsburg zwischen dem Vatikan und dem Lutherischen Weltbund bedeutet, dass der Lutherische Weltbund und die Kirchen, die er repräsentiert, die Rechtfertigungslehre des Tridentinums anerkennen und auf diese Sicht eingeschwenkt sind, wobei sie die reformatorische Rechtfertigung, die die biblische ist, zugunsten der synergistischen römisch-katholischen aufgegeben haben, welche das Tridentinum durch Konzilsbeschluß festlegte und dessen Beschlüsse die römisch-katholische Kirche nicht umstoßen kann und auch nicht will. Ebenfalls zur neueren Ökumene, nämlich vor allem zu der vom Ökumenischen Rat der Kirchen in Genf (ÖRK) vertretenen, gehören theologische Konzepte wie etwa die >Befreiungstheologie, die >Politische Theologie, die >Feministische Theologie. Sie sind stark ethisch orientiert, auch wenn sie wenigstens teilweise unmoralisch anmuten können, und sind aufgrund ihres Ethizismus synergistisch. Sie sind dogmatische und ethische >Häresie.

5. Hintergrund synergistischer Auseinandersetzungen: Hintergrund der Auseinandersetzung um den S. bildet die Frage, wie beim Heilsgeschehen die Alleinwirksamkeit der Gnade Gottes und dessen Erwählung (Prädestination) mit der Personalität des Menschen bestimmt werden muss. Dabei dürfte die Lösung weder in der Richtung zu suchen sein, dass die Personalität durch den >Determinismus aufgehoben wird. Die Konkordienformel verwarf M. Flacius` Begriffe "Klotz und Stein" (truncus et lapis), da diese die Aufhebung der Personalität des Menschen nahelegen. Aber die Gefahr, dass der S. neben die Gnade als das Heil bewirkender Faktor tritt, dürfte die größere sein. Der S. hat in Theologie und Kirche nachhaltiger negativ gewirkt als ein die Personalität aufhebender Determinismus.

6. Beurteilung: Wenn der Mensch zum Glauben und zum Heil gelangt, ist dies allein in Gottes Gnadenwirken begründet. Gott hat das Heil in Christus bewirkt, was keine menschliche Mitwirkung zum Heil möglich macht. Könnte der Mensch auch nur etwas zu seinem Heil aufgrund seines freien Willensentschlusses beitragen, so könnte er nie Heilsgewissheit erlangen (vgl. Luthers Klosterkämpfe), was nach biblisch-reformatorischer Überzeugung aber nötig ist. Der Mensch kann auch deshalb nicht, weil er an seine >Sünde versklavt ist, zu seinem Heil etwas beitragen. S. verharmlost die Sünde und schmälert die Gnade Gottes.

Die Gnesiolutheraner haben darin Recht, dass der Mensch sich gegenüber Gottes Wirken nicht passiv, sondern feindselig verhalte, da er Sünder ist. Die Konkordienformel hat in ihrem Artikel II gegen den S. entschieden, aber nicht in rationaler Weise das Verhältnis zwischen sola gratia und menschlicher Personalität aufgelöst. Durch die Rechtfertigung empfängt der Sünder Christi Gerechtigkeit und Christus nimmt die Sünde auf sich (Luther: fröhlicher Wechsel). Der Glaube ist nicht müßig, sondern bringt Früchte hervor ("der gute Baum bringt gute Früchte", Mt. 7,17f.) und "ist in der Liebe tätig" (Gal. 5,6). Aber diese rechtfertigen den Menschen nicht, sondern geschehen aus Dankbarkeit für die empfangene Erlösung. Der biblische Befund gibt für S. keinen Raum. Dennoch dürfen die Augen nicht davor verschlossen werden, dass synergistische Positionen auch in der Kirche, die sich auf Luther beruft, mehr Raum einnehmen als die biblisch-reformatorische, so dass – kirchengeschichtlich gesehen - letztlich Erasmus, der zwar Kritik an der römisch-katholischen Kirche geübt hat, ihr aber treu blieb und dort hoch angesehen ist, gesiegt hat.

S. auch: >Soteriologie; >Erlösung; >Katholisches Kirchenverständnis; >Reformatorisches Kirchenverständnis; >Calvinismus; >Pietismus; >Methodismus; >Heiligungsbewegung; >Perfektionismus; >Humanismus.

Lit.: Lexikaartikel "Synergismus" in: EKL, Bd. 4, 3. Aufl. 1996, Sp. 599-602, v. P. Neuner; ELThG, Bd 3, 1994, S. 1949-1950, v. E. Hahn; RGG, Bd. 6, 3. Aufl. 1962, Sp. 651f., v. W. Joest; M. Luther, De servo arbitrio (1525), WA 18; ders., Vorlesung über den 1. Brief des Johannes, WA 20; P. Melanchthon, Loci, Ausgabe von 1521 und von 1559; Konkordienformel, Epitome Art. II, Vom freien Willen, BSLK, S. 776-781, Solida Declaratio Art. II, Vom freien Willen, BSLK, S. 866-912, 8. Aufl. 1979; E. W. Kohls, Die Theologie des Erasmus, 1966; ders., Luther oder Erasmus, 1978; K. Lehmann/ W. Pannenberg (Hgg.), Lehrverurteilungen - kirchentrennend?, 1986; A. Peters, Glaube und Werke. Luthers Rechtfertigungslehre im Lichte der heiligen Schrift, 1962.

Walter Rominger

Tillich, Paul

1. Kurzbiographie

Paul Tillich (T.) wurde am 20. August 1886 in Starzettel bei Guben im heutigen Polen als Sohn des lutherischen Pfarrers Johannes Oskar T. und dessen Ehefrau Wilhelmina Mathilde geboren. Da die Mutter früh starb, ist Paul T. sehr durch seinen Vater geprägt worden. 1898 besuchte T. bis zur Untersekunda das Gymnasium zu Königsberg in der Neumark und beschäftigte sich schon in seiner Gymnasialzeit mit Philosophie. Er las insbesondere Fichtes „Wissenschaftslehre" und Kants „Kritik der reinen Vernunft". (Diese Werke prägten auch Rudolf >Steiner, den Begründer der >Anthroposophie; s.u.). 1901 wurde der Vater zum königlichen Konsistorialrat in Berlin befördert und so zog T. in die Hauptstadt, die ihn Zeit seines Lebens faszinierte und ihm Orte wie später Marburg provinziell erschienen ließ. So stand für ihn Berlin symbolisch für die Weite des Denkens in der Philosophie und Theologie.

1904 machte Paul T. in Berlin das Abitur und begann dort auch mit dem Studium der Theologie. Er las nach Fichte und Kant nun auch Friedrich Wilhelm Josef von Schelling. Der junge Schelling steht für die sogenannte Identitätsphilosophie, die besagt, dass sich der Geist in der Natur manifestiert. Dies prägte T.: Er war sehr naturliebend und ist viel gewandert. Seine Werke schrieb und konzipierte er meistens in der Natur und war so nicht unbedingt ein Schreibtischgelehrter. Diese Naturmystik, Naturidentitätsphilosophie, Naturgeistidentität bei Schelling zeigt schon das synthetische (verbindende) Denken bei T. auf diesem Gebiet. 1905 ging T. für ein Semester nach Tübingen, wo die von ihm verehrten Dichter wie z. B. Hölderlin sowie berühmte Theologen gelebt hatten. Dort unternahm er ausgedehnte Wanderungen.

Im Herbst 1905 wechselte er nach Halle, wo die >Liberale Theologie, das liberale System der >Aufklärung von Christian Wolffs Philosophie, und der >Pietismus, wenn auch nur noch in Gestalt einer >Vermittlungstheologie, aufeinander trafen. So hat T. in Halle Liberale Theologie und Vermittlungstheologie kennen gelernt. Der Liberalismus hat ihn dort abgestoßen, wo er sich auf einen reinen liberalen Ethizismus beschränkte. T. hingegen betonte das Ekstatische und Paradoxe im Denken, das in der Naturmystik, im kosmischen Denken und in der >Anthroposophie, für welche T. auch offen war, vorherrscht. Andererseits schätzte T. an der Liberalen Theologie die historisch-kritische Methode (>Bibelkritik), die er (wie z. B. die Bibelkritik bei Gunkel, die Quellenscheidung etc.) in sein Lehrsystem integrierte. Er hörte in Halle auch Martin Kähler, der für gewisse vermittlungstheologische Gedankengänge steht, wie z. B. die „Ablösung“ des historischen Jesus durch den geschichtlichen oder gepredigten Christus. Angesichts der historischen Kritik, der Fixierung auf den historischen Jesus, wollte Kähler zu einer historisch losgelösten Christusgestalt vordringen: Der verkündigte Christus sei der Entscheidende, also das, was wir heute erleben und was in unserem Innenleben geschieht, die innere Führung. Das – so merken wir kritisch an - kann alles sehr fromm klingen und sich fast pietistisch anhören. Aber das Historische in der Bibel war so angegriffen worden, dass man es immer mehr beiseite geräumt und damit auch das Glaubensfundament verloren hat. Martin Kähler ist für diese Vermittlungstheologie geradezu symbolisch und wird meiner Meinung nach in pietistischen Kreisen zu positiv gesehen.

Paul T. studierte nun von 1905 bis 1907 Theologie und Philosophie in Halle. So war er von Anfang an ein Mensch „auf der Grenze“ zwischen Theologie und Philosophie. 1909 absolvierte er das erste theologische Examen in der Provinz Brandenburg. 1910 folgte die Promotion zum Doktor der Philosophie an der Universität Breslau. Seine Dissertation lautete: „Die religionsgeschichtliche Konstruktion in Schellings positiver Philosophie - ihre Voraussetzungen und Prinzipien.“
1911-1912 war T. Lehrvikar in der Nähe von Berlin. Im Jahre 1911 bestand er die Lizenziatenprüfung für Theologie in Halle. Sein Thema lautete diesmal: „Mystik und Schuldbewusstsein in Schellings philosophischer Entwicklung.“ Schelling war T.s Thema in verschiedensten philosophischen und theologischen Variationen. 1912 folgten das 2. Theologische Examen und die Ordination in Berlin. T. wurde Hilfsprediger im Arbeiterviertel von Berlin-Moabit. Diese Tätigkeit hatte er bis zum Kriegsausbruch inne. 1914 heiratete T. seine erste Frau Margarete Wever. Er meldete sich als Kriegsfreiwilliger und war Feldprediger an der Westfront. 1918 erhielt er das Eiserne Kreuz erster Klasse.
1919-1924 wandte er sich nach dem Zusammenbruch des Kaiserreiches immer mehr dem Sozialismus zu, wie er von den religiösen Sozialisten vertreten wurde, wie z.B. von den Schweizern Ragaz und Kutter und auch von Blumhardt dem Jüngeren (Sohn des Möttlinger Exorzisten Blumhardt). Diese Hinwendung zum religiösen Sozialismus war prägend für viele damalige Theologen. T. arbeitete dann als Privatdozent für Theologie in Berlin. Dort entstand ein Kontakt zu den Anthroposophen durch den Pfarrer Friedrich >Rittelmeyer, von dessen Predigten T. begeistert war. Rittelmeyer, der engen Kontakt zu Rudolf >Steiner hatte, gründete später eine eigene Kultusgemeinschaft, die >Christengemeinschaft, die wir eine anthroposophisch inspirierte >Sekte nennen müssen. T. löste sich später von Steiner und ist auch nie

Anthroposoph geworden, obwohl er bei den ersten Gründungsversammlungen Rittelmeyers teilgenommen hatte. Diese waren ihm aber zu esoterisch und enttäuschten ihn.
Prägender war für ihn die sogenannte Berneuchener Bewegung und seine Vorliebe für die >Tiefenpsychologie des Schweizers Carl Gustav Jung. Die Berneuchener Bewegung, die es heute noch gibt, betont sehr stark das Sakramentale, das Kultische. Hier bricht die Transzendenz in die Immanenz ein, was in Ritualen und kultischen Handlungen gefeiert wird. Die Eucharistiehandlung steht natürlich im Vordergrund und auch Priestergewänder ähneln dem katholischen Weihecharakter. Die Bewegung ist eine im evangelischen Bereich aufgebrochene hochkirchlich-kultische Erneuerungsbewegung.
1921 wurde die Ehe mit Margarete Wever geschieden. 1924 heiratete T. Hannah Werner und wurde im selben Jahr als außerordentlicher Professor für systematische Theologie an die Universität in Marburg gerufen. Dort wollte er aufgrund des für ihn provinziellen Charakters der Stadt nicht lange verweilen und blieb auch nur ein Jahr. In Marburg hatte er eine Begegnung mit Martin >Heidegger, der an der Universität im philosophischen Bereich las. Durch dessen repräsentative Person lernte er den >Existentialismus kennen und merkte erst später (so schrieb er selber), wie sehr ihn diese Begegnung geprägt hatte. Seine Systematische Theologie zeugt von dieser Richtung, so z. B. der Teil „Der Christus und die Existenz“: Der Christus sei derjenige, der die Existenz wieder zur Essenz bringe (s.u.). Die Existentialphilosophie kann laut T. für die Theologie geradezu erlösend sein und mit ihr wie eine Bundesgenossenschaft harmonieren.

Weiter lernte T. in Marburg Rudolf Otto kennen, welcher durch sein Werk „Das Heilige“ bekannt wurde. In diesem Buch geht es um das „Fascinosum“, das „Mysteriosum“, das „Tremendum“, das, was uns „erschauern lässt vor dem Geheimnis, das sich in allen Religionen manifestiert“ (Otto). Daran lehnt sich später die T.`sche These an: „Gott ist dasjenige, was uns unbedingt angeht.“ Gott wird bei T. eher nicht als personal definierbare Macht geglaubt, sondern als etwas Schillerndes, das Faszinierende, auch Unheimliche des übersinnlichen und kosmisch-allgöttlichen Bereichs. Dieses Denken in kosmischen Kategorien ist auch in anthroposophischen und Berneuchener Prägungen zu finden und hat T. fasziniert.
1925 wechselte T. nach Dresden und lehrte dort als ordentlicher Professor für Religionswissenschaft an der Technischen Hochschule Dresden und von 1927 bis 1929 gleichzeitig als Professor für Systematische Theologie an der Universität in Leipzig. 1928 erschien seine programmatische Schrift „Das religiöse Symbol“, in welcher er aufzeigen möchte, dass im Symbol sich etwas von der Wahrheit des Unsichtbaren verkörpert. Für T. sind Begriffe wie „Christi Himmelfahrt“ und „Wiederkunft“ Symbole, die unsere Existenz abbilden.
1929-1933 lehrte T. als Professor für Philosophie und Soziologie an der Universität Frankfurt am Main. Dort begegnete er Theodor W. Adorno (Frankfurter Schule; >Neomarxismus). Im Zuge der Etablierung des Naziregimes 1933 wurde T.s Buch „Die sozialistische Entscheidung“, das gerade veröffentlicht worden war, eingestampft. Am 3. April desselben Jahres emigrierte T. in die USA, nachdem ihm die Lehrerlaubnis entzogen worden war, weil er nationalsozialistischen Studenten den Zugang zu seinen Vorlesungen verwehrt hatte. T. ging nach New York, wo er hauptsächlich den Rest seines Lebens verbrachte. Die Prägung durch T. ist in den USA beinahe größer als in Deutschland. Viele seiner Werke verfasste er auf Englisch. T. wurde zunächst Visiting

Lecturer of Philosophy an der Columbia Universität in New York, dann Visiting Professor für Religionsphilosophie und Systematische Theologie am Union Theological Seminary in New York.
1936 erschien sein Buch: „Auf der Grenze", in welchem deutlich wurde, dass er ein Grenzgänger zwischen Philosophie, Theologie u. v. a., was ich noch ausführen werde, ist. T. machte in diesem Jahr auch eine Europareise durch England, Holland, Frankreich und in die Schweiz, wobei er Deutschland meiden musste. 1940 erhielt T. die amerikanische Staatsbürgerschaft. 1942 bis 1944 hielt er Radioansprachen an das deutsche Volk in der „Stimme Amerikas" (Voice of America), welcher als Feindsender in Deutschland bei Todesstrafe verboten war, da die Nazis die Antipropaganda fürchteten.
1948 nach dem Krieg konnte T. endlich einen Deutschlandbesuch machen. 1951 erschien sein erster Band über Systematische Theologie. Er wurde Professor in Harvard. 1957 erschien sein zweiter Band über Systematische Theologie. 1962 erhielt T. in der Frankfurter Paulskirche den Friedenspreis des deutschen Buchhandels für seine theologischen Leistungen. 1963 erschien sein dritter Band über systematische Theologie. Am 22. Oktober 1965 starb Paul T. in Chicago im Alter von 79 Jahren an Herzversagen und wurde in New Harmony / Indiana im Paul-T.-Gedächtnispark beigesetzt.

2. Entscheidende Prägungen

Zunächst ist Martin Kähler zu nennen, der vom Historizismus weg zum „geschichtlichen Christus" gedacht hatte. Ferner Ernst Troeltsch in seinem „Verständnis der Religionen", welches besagt, dass das Christentum nicht die einzig wahre Religion sei, sondern nur die höchste Stufe innerhalb eines relativen Kanons von Religionen. Durch dieses Denken wurde T. für den >Synkretismus offen. Dies drückt sich z. B. in seiner These vom „latenten und manifesten Christentum" aus: Das manifeste

Christentum ist die christliche Kirche in ihren Ausprägungen. Das latente Christentum findet sich im Heidentum, in den anderen Religionen, es ist verborgen vorhanden - nur noch nicht ausgeprägt. Eine Bekehrung im biblischen Sinne, den rettenden Herrschaftswechsel von der Finsternis zum Licht (von Satan zu Gott) finden wir bei T. und in der T.`schen Religionsphilosophie nicht.
Zu nennen sind auch Julius Wellhausen und Hermann Gunkel mit ihren Thesen von der Quellenscheidung sowie Albert Schweitzer mit seiner „>Konsequenten Eschatologie“, die besagt, dass Jesus sich mit dem Zeitpunkt seiner Wiederkunft geirrt habe: Da das Ende der Welt nicht so schnell kam wie erwartet, müssen wir dem Reich Gottes durch unsere ethischen Leistungen hier auf der Erde den Weg bereiten. Hier begegnet uns der proleptische Messianismus (die – vergebliche - Vorwegnahme eines Friedensreiches, wie es nur Jesus Christus, der Messias, nach Seinem zweiten Kommen errichten kann).
Philosophisch stark geprägt war T. von Schelling durch dessen bereits erwähnte „Identitätsphilosophie von Natur und Geist“ sowie von der Lebens- und Existenzphilosophie Martin Heideggers: Philosophie als Bundesgenosse der Theologie. Auch von Rilke war T. beeindruckt. Weiter als Prägung zu erwähnen ist der religiöse Sozialismus, vertreten durch Kutter, Ragaz und Blumhardt den Jüngeren. Durch seine Ablehnung des Nationalsozialismus und seine Befürwortung der sozialistischen Politik war T. an der Universität im Dritten Reich eine „Persona non grata“ (unerwünschte Person).
Kommen wir noch zu T.s Verhältnis zu Karl >Barth: Barth legte in seinem Römerbriefkommentar von 1921, in der zweiten Auflage, seinen ganzen Akzent auf die Transzendenz bzw. die Überweltlichkeit Gottes: Gott, der sich senkrecht von oben in diese Welt hinein offenbart. Gott ist für Barth der unobjektivierbare Herr, der in seiner Souveränität in die Immanenz einbricht. Barth integrierte

aber später die Inkarnation doch stärker in sein System. - T. dagegen verlagert seinen Schwerpunkt völlig auf die Immanenz, auf die Innerweltlichkeit Gottes. Bei ihm ist das innerweltliche Gottes- und Christusverständnis dominierend: „Das, was uns unbedingt angeht". Der anthropozentrische Ansatz, der Barth stets zuwider war, ist bei T. tonangebend. T. setzt beim Menschen an, obwohl er doch noch Theologe bleiben möchte. Der Schellingsche Satz: „Gott ist nicht das Transzendente, Er ist das immanent gemachte Transzendente" ist für T. grundlegend. Nach diesem Satz ist Gott nicht das Transzendente, das in der Überweltlichkeit bleibt, sondern er ist das immanent gemachte Transzendente - Geist wird nur fassbar in der Natur. Der junge Barth vertritt eine Theologie „von oben", während man T.s Theologie als „Tiefentheologie" oder auch Theologie „von unten" bezeichnet. Bei T. ist Gott nicht in der Höhe zu finden, wie bei Barth, sondern in der Tiefe der Welt. Bei T. mischen sich nun Einflüsse Schellings mit Einflüssen aus der >Tiefenpsychologie von C. G. Jung und der Tiefenmystik von Rilkes Dichtung. So hat T. als „Grenzgänger" auch immer den Dialog zwischen Theologie und Psychologie gesucht. T. muss auch als Wegbereiter der Pastoralpsychologie (siehe unter: >Seelsorge) gesehen werden, sowie aller Human-wissenschaften, die in die Theologie eingedrungen sind, die >Gott-ist-tot-Theologie eingeschlossen. Daher ist es so wichtig, sich mit T. auseinanderzusetzen, um die Gefahren zu erkennen. T. ist – nach Schleiermacher - somit auch ein Wegbereiter aller Synthese- und Bindestrich-Theologie - was den Gegensatz zu Barth aufzeigt (wobei auch Barth leider Bibelkritiker geblieben ist).

Für T. ist die Grenze der eigentlich fruchtbare Ort der Erkenntnis. Es geht ihm um die sogenannte „Grenzerfahrung". Auf welchen Grenzen bewegt sich T.? Es gibt eine Schrift von ihm mit dem Titel: „Auf der Grenze". Er bewegt sich auf der Grenze zwischen Theologie und Philosophie, Kirche und Gesellschaft, Religion und Kultur, Luthertum und Sozialismus, Theorie und Praxis, Stadt und Land, Idealismus und Marxismus, Heimat und Fremde. Die Emigration durch Vertreibung hat T. geprägt und war sicherlich auch durchlittenes Schicksal für ihn.

3. Tillichs „Systematische Theologie"

3.1. Entstehung: Die „Systematische Theologie" wurde in den Jahren 1951 bis 1963 in drei Bänden zu fünf Teilen veröffentlicht. Der Anfang dieses Werkes liegt im Dezember 1913, als ein erstes Thesenkonzept mit 72 Paragraphen über systematische Theologie verfasst wurde. Dies betrachtete T. selbst als Anfang seiner Arbeit. 1924 hielt er in seiner Tätigkeit als Professor in Marburg eine Vorlesung über Systematische Theologie. Erst jedoch nach dem 2. Weltkrieg in Amerika konnte er sein Hauptlebenswerk in Angriff nehmen, wobei er folgendermaßen vorging: Er hatte ein Thesenblatt auf seinem Katheder liegen, das er frei kommentierte. Studenten und Assistenten haben seine Ausführungen mitstenografiert, diese abgetippt und T. musste das Ergebnis dann nur noch Korrektur lesen. Renate Albrecht - deutscher Herkunft - hatte das Werk in den USA und dann auch in Deutschland herausgegeben.

3.2. Philosophie und Theologie: Gegenstand der Theologie bei T. ist „das, was uns unbedingt angeht." Es ist eine Theologie die vom Menschen ausgeht, also anthropozentrisch ist. Es ist eine typische Vermittlungstheologie zwischen Vernunft und Offenbarung, zwischen dem Sein und Gott, zwischen der Existenz und dem Christus, zwischen dem Leben und dem Geist (Heiliger Geist, aber auch Geist allgemein) und zwischen der Geschichte und dem Reich Gottes. (So sind die großen Paragraphen, die großen Teile von T.s Systematischer Theologie überschrieben.) Es ist eine „und"-Theologie: ein Bindestrich ist immer dabei. Die Philosophie stellt die existentiellen Fragen, die Theologie gibt die theologischen Antworten. Dies ist ein ontologischer Ansatz, d.h. beim Sein ansetzend und darauf antwortend - von der Theologie her, von der Offenbarung her, wie T. sie versteht.

3.3. Vernunft und Offenbarung

„Vernunft und Offenbarung" ist das Thema des ersten Teiles von T.s Systematischer Theologie. In ihr stellt er fest, dass die Offenbarung die Vernunft nicht zerstöre, vielmehr stelle die Vernunft selbst die Frage nach der Offenbarung. T. geht von der sog. „coincidentia oppositorum" (Zusammentreffen der Gegensätze) von Nikolaus von Kues (Cusanus) aus. Es ist die Vorstellung, dass die Vernunft trotz ihrer Endlichkeit ihrer unendlichen Tiefe gewahr wird. Sie kann das Unendliche erfassen, das in jedem Endlichen gegenwärtig ist, obwohl es dieses unendlich transzendiert (übersteigt) = das Zusammenfallen der Gegensätze. Deshalb sieht T. hier keinen Gegensatz wie etwa Karl Barth oder auch Luther, der von der „Hure Vernunft" geredet hat, sondern es existiert für ihn ein Anknüpfungspunkt an unsere Vernunft-Erkenntnis. Die Vernunft muss so bei T. nicht unbedingt wiedergeboren sein, um Gott zu erkennen. Er sieht sie allgemein im Menschen vorhanden. Offenbarung ist bei T. „das Sichtbarwerden des Seinsgrundes für die menschliche Erkenntnis". Dies ist die Erfahrung des Mysteriums, was man nicht in alltäglicher Sprache ausdrücken kann. Das Mysterium als Quellgrund der Offenbarung kann innerhalb der alltäglichen Erfahrung begegnen, aber diesen Erfahrungszusammenhang doch transzendieren: „Offenbarung ist die Manifestation dessen, was uns unbedingt angeht" (T.s bekannte These).

Durch T.s Vernunftfreundlichkeit kommt bei ihm auch die Offenheit für die Philosophie. T. schreibt: „Wir können der Philosophie nicht entrinnen, weil die Wege, auf denen wir ihr entrinnen wollen, gebaut und gepflastert sind von der Philosophie selbst.“ Da ist durchaus etwas Richtiges dran. Wenn wir von der Philosophie davonlaufen wollen, dann tun wir das schon wieder mit philosophischen Kategorien, behauptet T.. Auch Bultmann äußerte, dass er die Heideggersche Begrifflichkeit benutze, in Bewusstsein dessen, dass es zur Zeit keine bessere gäbe. Es gäbe kein unphilosophisches Herangehen an die Theologie. Dies denken viele. Auch uns stellt sich immer wieder die Frage, in wieweit unser Denken in philosophischen Kategorien verläuft und uns z.B. >Rationalismus im Umgang mit dem Schriftverständnis vorzuwerfen ist. Hier muss man sich von der Heiligen Schrift immer wieder hinterfragen lassen. Die Frage ist natürlich immer, in wieweit man sich in einem hermeneutischen Zirkel bewegt und ob wir diesen als Menschen jemals durchbrechen können. Ich denke, wir müssen uns auch mit dem begnügen, was uns offenbar wird. Es gibt hier doch Grenzen, auch wenn sie viele überschreiten wollen.

Was ist nun also Offenbarung im T.`schen Sinn? Offenbarung ist die Manifestation dessen, was uns unbedingt angeht. Die Offenbarung ergeht an uns in drei Ebenen:

a. In der Natur: T. war ein leidenschaftlicher Wanderer und hatte immer eine große Verbindung zur Schöpfung.

b. In der Geschichte: Das, was durch Gruppen und Individuen in der Geschichte geschieht.

c. Durch das Wort: das Wort Gottes in unterschiedlicher Gestalt.

Was an dieser Trilogie auffällt, ist die Tatsache, dass eben nicht nur das Wort Gottes Quelle der Offenbarung ist, sondern noch andere Ebenen, die sogar *vor* dem Wort genannt werden. Dadurch fließen philosophische und humanwissenschaftliche Erkenntnisse in T.s Theologie mit hinein und prägen sie: Die Offenbarung beschränkt sich nicht auf das Wort Gottes - in der Bibel - , sondern weitet sich zur Erfahrungstheologie aus. So ist z. B. von der universalen Erfahrung in allen Religionen die Rede. Allerdings kommt dann ein Prozess in Gange, den T. „Dämonisierung“ nennt: Wenn das Endliche vergottet wird und man nicht mehr die Weite für die universale Erfahrung des Transzendenten behält; wenn es verdinglicht, verhärtet wird zur >Ideologie, wie z. B. im >Nationalsozialismus zu einer >Blut-und-Boden-Religion. So wird die Ideologie zur „Quasi-Religion“. Dies ist ein bekannter Begriff, eine bekannte Äußerung Paul T.s: Ideologie ist Quasi-Religion. Die Wurzel von T.s Offenbarungsbegriff ist bei Justin zu finden: Das Reden vom Logos spermatikos: Gemeint ist das samenhafte Wort (Gott), das sich nicht erst in Christus offenbart, sondern überall - auch in Philosophen wie Sokrates u. a. Allerdings hält T. daran fest, dass in Jesus die letztgültige Offenbarung erfolgt ist, wenn auch - wie schon erwähnt - nicht die einzige.

3.4. Glauben und Denken: Für T. gilt, dass die christliche Botschaft paradox, aber nicht absurd ist. Drei Schlüsselbegriffe sind zu nennen: a) Korrelation, b) analogia entis (Seins-Entsprechung) und c) der Symbolbegriff.
a. Die Korrelation bezieht sich auf die Wechselbeziehung zwischen existentiellem Fragen und theologischem Antworten. Ausgangspunkt ist letztendlich die existentielle Erfahrung des Menschen. Das was er z. B. an Angst und Verzweiflung erlebt - Grenzsituationen des Lebens. Aber T. wäre nicht mehr christlicher Theologe, wenn er nicht an dem einzigartigen Ereignis Jesus, dem Christus festhalten würde, welcher auch für ihn Norm und der Erfahrung vorgegeben ist, als eben dieser wahre und wirkliche Mensch zugleich (s.u.). Deshalb können durchaus Antworten von diesem Offenbarungsverständnis her, wie T. es hat, gegeben werden, von dem, was er Theologie nennt. Apologetische Theologie antwortet laut T. auf Fragen, die die Situation stellt. Sie antwortet in der

Macht der ewigen Botschaft und mit den begrifflichen Mitteln, die die Situation liefert, um deren Fragen es sich handelt. Es geht also bei der korrelativen Methode eminent um den Gegenwartsbezug und es geht zentral um die existentielle Lage des Adressaten. Hier wird die Sprache gebraucht, die durch die jeweilige philosophische Umwelt gegeben ist und auch durch die Fragen, die der Mensch stellt. Die situative Bedingtheit der Fragen erfordert eine bestimmte Antwort aus theologischer Offenbarungswirklichkeit.

b. Die „analogia entis“ betrachtet die Kultur als Ausdrucksform der Religion. Religion geschieht laut T. in all dem, was im kulturell-menschlich-geschöpflichen Bereich sich ereignet: „Alles Seiende partizipiert (nimmt teil) am Sein selbst (an Gott).“ T. unterscheidet zwar zwischen dem Sein selbst (Gott) und dem Seienden (der Schöpfung), wobei in T.s oben genannter These eben nicht radikal zwischen dem Schöpfer und dem Geschöpf unterschieden wird, da Gott sich gewissermaßen nach T. in der Schöpfung manifestiert. Für ihn gibt es eine „analogia entis“ - eine Anteilhabe der Schöpfung am Sein selbst - an dem, was T. Gott nennt. Nun ist allerdings zwischen dem Sein selbst und dem Seienden durch die Sünde Entfremdung eingetreten, die die Erlösung - im Sinne T.s - erforderlich macht.

c. Der Symbolbegriff ist bei T. stark von C. G. Jung geprägt. Das Symbol vermittelt zwischen dem Wurzelgrund des Göttlichen und dem Menschen. Es ist ein Zeichen, das am Bezeichneten Teil hat. Das Symbol hat also eine selbsttranszendierende Bedeutung (es weist über sich hinaus). Der Symbolbegriff übersteigt sich selbst hin zum Überweltlichen, was T. „göttlich“ nennt.

3.5. Gott: Gott ist bei T. das immanent gemachte Transzendente. Wir wollen einige Gottesbezeichnungen nennen, die uns bei T. begegnen:

- Gott ist der Name für das, was den Menschen unbedingt angeht.
- Gott ist das Sein selbst, das jenseits des Gegensatzes von essentiellem und existentiellem Sein steht. (Näher erklärt in T.s Erlösungslehre).
- Gott ist die Tiefe des Lebens und der Welt. Gott ist der tiefste Grund allen Seins.
- Gott ist die Macht des Seins.

„Gott ist der Name für das, was den Menschen unbedingt angeht." Er ist nicht die höchste, sondern die tiefste Wirklichkeit (nach C. G. Jung ein Archetyp in der Tiefenschicht des Unbewussten im Menschen). So kann T. sagen: „Wer um die Tiefe weiß, der weiß auch um Gott." Ich würde das umgekehrt formulieren: Wer um Gott weiß, der kann auch die Tiefen durchleiden. Natürlich kann der Mensch existentielle Tiefen erfahren und dadurch näher zu Gott kommen. Horst Georg Pöhlmann schreibt zu T.: „Dass Gott nichts anderes als die Tiefe meines Lebens ist, scheint wohl die kühnste T.`sche Neuinterpretation des Gottesbegriffes zu sein. Religion wird durch sie wieder so selbstverständlich wie das Atmen und Gehen, und sie ist nicht mehr der aufgesetzte Überbau, als der sie so oft erscheint." So verteidigt und kritisiert Pöhlmann zugleich. Der Gottesglaube wird also hier anthropologisch vom Menschen her begründet, bzw. von der Ansicht, dass jeder Mensch religiös sei und das Göttliche durch seine Religiosität finden könne. Ich zitiere aus T.s Systematischer Theologie Band II, Seite 19:

„Die Quelle der Sinnbejahung in der Sinnlosigkeit, der Gewissheit im Zweifel, ist nicht der Gott des traditionellen Theismus, sondern der ´Gott über Gott`, die Macht des Seins, die auch noch in denen wirkt, die keinen Namen für sie haben, nicht einmal den Namen Gott."

Gott als Gott über den einzelnen personalen Verkörperungen einer unbegreifbaren Macht - dies erinnert an das brahmanische Gottesverständnis, dieses übertranszendente, kosmische Allsein, das nun über den einzelnen Verkörperungen der Gottheit steht (>Hinduismus). T. war bekannterweise sehr offen für die fernöstlichen Religionen. Die brahmanische Vorstellung findet sich übrigens auch bei Schelling in Form der Identitätsphilosophie - Brahma, das alles durchflutet, Natur und Geist, die miteinander verschmelzen. Dies ist aber nicht der persönliche Gott der Bibel, wenn auch sich T. gegen diesen Vorwurf wehrt. Er sagt:

„Das Hauptargument der personalistischen Theologie gegen den Gebrauch des Begriffs Sein entstammt der menschlichen Erfahrung des Heiligen als Person, wie sie in den personhaften Göttergestalten und in der Ich-Du-Beziehung des Menschen zu Gott im religiösen Leben zum Ausdruck kommt. Ein solcher Personalismus findet sich in ausgesprochenem Maße in der biblischen Religion. (Man achte auf T.s distanzierte Formulierung; L.G.). Im Gegensatz zu vielen asiatischen Religionen und zur christlichen Mystik wird von ihr die Frage nach dem Sein nicht gestellt ... Dennoch habe ich die ontologische Frage gestellt ... Das Sein Gottes ist überpersönlich. Aber ´überpersönlich` ist nicht ´unpersönlich`" (ebd., S. 18).

Auch hier möchte T. beides miteinander verbinden - eine gewagte Synthese. Gibt es noch ein Gottessein über dem persönlichen Gott, müssen wir hier fragen! Wenn Gott nicht Person wäre - und es kann ja keine zwei Götter geben - dann könnten wir gar nicht mit ihm reden und er hätte uns nicht durch sein Wort erschaffen können. Ein unpersönliches Sein, das erst Götter aus sich hervorgehen lässt, ist ein Widerspruch in sich selber. Hier treten viele Fragen auf! Hierzu meint Pöhlmann:

Es bleibt „eine Menge kritischer Rückfragen ... Ich habe selber andernorts darauf hingewiesen, dass die Umschreibung Gottes als die Tiefe meines Lebens leicht zur Tütendefinition werden kann, in die jeder hineinsteckt, was ihm passt. T. scheint zumindest die Ambivalenz des Symbols Tiefe zu übersehen. Was mich unbedingt angeht und meinem Leben Tiefe gibt, kann auch ein Götze sein und muss nicht notwendig Gott sein. Heydrich liebte Hölderlin. Die hitlergläubigen Massen auf den Nürnberger Reichsparteitagen waren genauso vom Unbedingten umgetrieben wie die über 700 Anhänger des ´Volkstempels`, die 1978 auf Befehl ihres Sektenführers Jim Jones sich das Leben nahmen. Das Geld kann einen Menschen genauso unbedingt angehen wie der Schlußchor aus der Matthäuspassion ...“

Dies muss man berücksichtigen. Das, was mich unbedingt angeht - Luther sagte dies ähnlich - das ist mein Gott oder mein Götze. Wird der personale biblische Gottesglaube nicht durch die unpersönlichen Gottessymbole „Grund, Tiefe, Ziel und Sinn“ verfehlt? Kann man durch diese unpersönlichen Symbole den persönlichen Gott begreifen? Und natürlich stellt sich auch die Frage – nach den biblischen Aussagen – gegen die Universaloffenbarung, gegen den >Synkretismus, gegen die Religionsvermischung, die ja ein Widerspruch zum ersten Gebot ist: „Ich bin der HERR, dein Gott. Du sollst keine anderen Götter neben Mir haben.“ (2. Mose 20, 2ff). Ein unpersönliches Brahma kann niemals dieser allmächtige und auch eifersüchtige Gott sein, der keine anderen Götter neben sich duldet.

3.6. Sünde: Sünde ist bei T. der Übergang von der Essenz zu Existenz - oder anders ausgedrückt, der Übergang von der träumenden Unschuld zur Selbstverwirklichung, was eine notwendige Durchgangsstufe sei. Hier deckt sich T. mit der Esoterik: Der Sündenfall als notwendige Stufe für die Freiheit des Menschen (eine teuflische verdrehte Deutung!). Der Mensch verliert seine träumende Unschuld und steigt durch die Stufe des Falls zu einem geläuterten Sein hinauf, indem er aus der Entfremdung wieder in die Heimat gerufen wird. Dies ist übrigens ein uraltes gnostisches Motiv, das auch von Hegel aufgenommen wurde: Der Ruf aus dem eigentlichen Sein in die Fremde und die Rückkehr in die Heimat der ewigen Geistgeborgenheit (>Gnosis). Sündenfall ist

bei T. also Übergang von der Essenz zur Existenz als universaler Vorgang; nicht als geschichtlicher Vorgang - Adam hat es für T. nie gegeben! „Das Schicksal wird zur Freiheit“ und es kommt durch diesen Fall zur Zweideutigkeit der Existenz: Es bleibt immer die Potentialität zur Essenz vorhanden - analogia entis! -. Die träumende Unschuld wird zur >Selbstverwirklichung.
Der Sündenfall bei T. gliedert sich in die drei Bereiche aus der klassischen Harmatiologie (Sündenlehre), die T. übernimmt: Unglaube, Hybris (Hochmut) und Konkupiszenz (Begehren). Unglaube ist für ihn das Zerreißen der essentiellen Einheit mit Gott als dem Sein selbst, dem Welt- und Seinsgrund durch die existentielle Selbstverwirklichung. Diese essentielle Einheit wird zerrissen. Die Hybris oder der Hochmut ist die Selbsterhebung des Menschen in die Sphäre des Göttlichen. Die Konkupiszenz ist das Begehren bzw. die unbegrenzte Sehnsucht, das Ganze der Wirklichkeit dem eigenen Selbst einzuverleiben.

3.7. Christus und Erlösung: Wer ist Christus für T.? Dies ist nun der Kern der T.`schen Lehre überhaupt und auch meiner Kritik an T.: In der traditionellen Christologie sagen wir, dass Christus wahrer Gott und wahrer Mensch ist: vere Deus, vere homo. Dies wurde auf dem Konzil von Nizäa (325 n. Chr.) zutreffend formuliert. Aber dies lehnt T. erschütternder Weise ab. Er sagt stattdessen: Christus ist wahrer Mensch und wirklicher Mensch in einer Person: homo essentialis und homo existentialis. Christus ist für ihn nicht Gott, sondern der mit Gott restlos geeinte Mensch und insofern homo essentialis. Diese Ansicht deckt sich mit Schleiermacher, mit dem T. große Ähnlichkeiten in seinem Denken aufweist - allerdings gibt es auch Unterschiede. In Christus kommt die Essenz (das wahre Sein) zur Existenz (zum wirklichen Sein) unter den Bedingungen des Falls, um dieses wirkliche Sein an Ort und Stelle (nämlich in der Entfremdung des Menschen) zu überwältigen, d. h. im Menschen, der in Entfremdung lebt. Ein genialer Gedanke, nur leider im Widerspruch zur Heiligen Schrift. Denn wie kann Jesus den Konflikt zwischen Essenz und Existenz überwinden, wenn er nicht Gott ist und die Macht hat, uns durch seinen Sühnetod zu erlösen, und wenn dies alles nur Symbole sind?

Das Sein unter der Existenz ist nach T. gekennzeichnet durch die Entfremdung, ist gekennzeichnet als altes Sein und wird übrigens verbunden mit den Begriffen Jesus und Kreuz. Während das angestrebte Sein unter der Essenz gekennzeichnet ist durch Einheit statt durch Entfremdung, als neues Sein statt altes Sein, durch den Begriff Christus statt Jesus und durch Auferstehung statt Kreuz. Dies ist das Leben unter der Bedingung der Essenz: Einheit mit dem Sein selbst.

T. behauptet, dass Christus ein irrtumsfähiger Mensch gewesen sei, denn er habe sich geirrt in Bezug auf den Zustand seiner Jünger und vieler anderer Dinge. T. betont ausschließlich die menschliche Seite Jesu (die man aber nicht losgelöst von seiner göttlichen betrachten kann!). Die Auferstehung ist nach T. ein ekstatisches Erlebnis gewesen, das sich nur im Bewusstsein seiner Jünger ereignet habe als Erfahrung des „Neuen Seins“. T. leugnet somit die historische Grundlage des christlichen Glaubens - und so liefert seine Theologie ein Aktum ohne Faktum (eine Handlung ohne Tatsachen).

Wie definiert T. demgemäß Wiedergeburt, Rechtfertigung und Heiligung? Wiedergeburt ist für ihn die Teilnahme am neuen Sein unter den Bedingungen der Essenz. Rechtfertigung ist die Annahme des neuen Seins. Heiligung ist die Umwandlung durch das neue Sein. Dies bleibt bei T. alles philosophisch-nebulös, da eine wirkliche Bekehrung in T.s Lehre nicht enthalten ist.

3.8. Eschatologie: Das Eschaton (Letzte) ist für T. keine zeitliche Begebenheit in der Endzeit, sondern es geschieht hier und jetzt: Wir stehen in jedem Augenblick vor dem Angesicht des ewigen Seins selbst. Der Übergang vom Zeitlichen zum Ewigen geschieht alle Zeit. T. meint: Dort, wo wir in das neue Sein eintreten, stehen wir in Verbindung mit der neuen Lebensqualität. Hier berührt sich T. deutlich mit Rudolf >Bultmann. Nur bezieht T. vielfältigere philosophische und humanwissenschaftliche Elemente in seine Lehre mit ein als Bultmann. Bultmann hat noch strikter als Theologe verbunden mit Existentialphilosophie gedacht, während T. ein viel weiter gehendes universales Denken hat (welches ihn nur noch weiter von der biblischen Lehre entfernt hat).
Das was in der Eschatologie nach T. jederzeit geschieht, nennt er die Essentifikation. Dies bedeutet explizit: die Erhebung des Positiven in der Existenz in das ewige Leben. Das Positive wird gekennzeichnet durch die Christusgestalt und dies ermöglicht die Erhebung aus dem existentiellen Sein in das ewige Leben. Dies hängt zusammen mit der Vernichtung des Negativen und der Befreiung des Positiven vom Negativen. Daher gibt es bei T. auch keine ewige Verdammnis: Die Essentifikation ist universal. So ist der Begriff des Gerichtes in der Bibel bei T. auch wieder nur ein Symbol für die Vernichtung des Negativen (ohne konkrete Vorgänge oder Beschreibungen). T. deckt sich hier mit den nebulösen Vorstellungen vieler Menschen, dass das Leben nach dem Tode irgendwie weitergeht, wenn er äußert, dass wir jederzeit den Übergang vom Zeitlichen zum Ewigen erleben können, wenn wir in dem Christus als dem essentiellen Menschen unsere Entfremdung überwinden und wieder mit dem Sein selbst - mit Gott - in Verbindung treten können. Dies kann alles sehr fromm formuliert sein. Nur hat der Christus, wie ihn T. vertritt, nicht die Macht, uns zu erlösen, da er nur bloßer Mensch ist,

wenn auch vollkommen mit Gott vereint. T.s Sicht von Jesus Christus greift zu kurz und widerspricht deshalb auch dem altkirchlichen Bekenntnis, das schon damals gegen ähnliche Behauptungen formuliert wurde. Es geht bei T. nach dem Tode sicherlich irgendwie weiter und mündet nach seinen Thesen wohl in der >Allversöhnung. Bei T. gibt es keine Scheidung zwischen Geretteten und Verlorenen und man muss bei ihm auch nicht unbedingt Christ sein, um weiterzuleben. T. denkt auch hier universal.

4. Resümee

Zusammenfassend kann man T.s System mit folgendem Satz definieren: Das „Sein selbst“ ist Gott, und dieses steht jenseits von Essenz und Existenz. Das Sein oder das Seiende hingegen ist der Existenz unterworfen und kann dem Nichtsein verfallen. Essenz ist das Sein oder der Mensch, wie er sein soll, sein eigentliches von Gott gedachtes Wesen. Die Existenz ist das, was der Mensch durch seinen (Sünden-)Fall, durch die Entfremdung von seiner Essenz tatsächlich ist. Laut T. gibt es eine Entwicklung von der Essenz, dem Ursprünglichen, dem Leben in Unschuld über die Existenz, die mit dem Fall, der falschen Selbstverwirklichung des Menschen zusammenhängt, zu dem Ziel durch die Identifikation mit der wahren Essenz Christus. Es gilt, wieder durch eine neue Form der Selbst-Verwirklichung zu seinem wahren Sein zu finden. Wir leben in der Existenz, aber Christus, der die wahre Essenz verkörpert, lenkt unser Leben wieder zur Identifikation mit der wahren Essenz. Dieser Dreier-Schritt (Essenz, Existenz, neue Essenz) erinnert an Hegel, dessen Philosophie in vielen philosophisch-theologischen Systemen zum Tragen kommt: die Entfremdung, das Außer-Sich-Sein und das erstrebte Zusammensein mit dem Sein-Selbst als Stufen des Daseins.

Ich halte die Theologie von Paul T. für sehr gefährlich, weil sie von den historischen Grundwahrheiten der Schrift wegführt. Gott ist bei T. das Sein selbst, das jenseits von Essenz und Existenz steht und uns durch den wahren Menschen, Jesus, die Identifikation ermöglicht. Jesus ist für T. *nicht* Gottes Sohn im biblischen Sinn. Der Christus ist für T. lediglich „der Mensch, wie er sein soll" – und damit ein verkürzter, falscher Christus. T. ist ein Wegbereiter liberalen Denkens von der >Gruppendynamik bis hin zur >Gott-ist-tot-Theologie und hat in dieser Hinsicht viel Negatives bewirkt.

Lit.: P. Tillich, Systematische Theologie, Bd. 1-3, Berlin / New York 1987; H. G. Pöhlmann, Gottesdenker, Reinbek 1984; G. Wehr, Paul Tillich, Reinbek 1979.

Lothar Gassmann

Wiedergeburt

(Wiedergeburt - griechisch: palingenesia = Wiederentstehung, Wiedergeburt, Wiederzeugung)

1. Allgemein

Das Wort Wiedergeburt findet sich in unserem Sprachgebrauch in vielen Bereichen. So spricht man beispielsweise in politischen Bereichen von einer „Nationalen Wiedergeburt" oder von einer Wiedergeburt einer bestimmten Ideologie. Aber auch in fast allen Religionen der Welt ist der Begriff Wiedergeburt (hier oft als „>Reinkarnation" benannt) zu Hause. Das esoterische Gedankengut kennt das Thema Wiedergeburt (auch hier oft „Reinkarnation" benannt). Nicht zuletzt findet man den Begriff Wiedergeburt im kulturellen Bereich.

2. Biblisch

Das Substantiv Wiedergeburt findet sich nur im Neuen Testament. Es wird dort an zwei Stellen genannt: Matth. 19, 28 und Titus 3, 5. Umschreibungen dieses Begriffes finden wir jedoch viel häufiger. So heißt es in der wohl bekanntesten Stelle zu unserer Thematik in Johannes 3, 5: „Es sei denn, dass jemand geboren werde aus Wasser und Geist...". In Matth. 19, 28 geht es um die endgültige und universale „Wiedergeburt" beim Beginn der endgültigen Gottesherrschaft. In Titus 3, 5 hingegen geht es um den Einzelnen, um die persönliche individuelle Wiedergeburt hier auf der Erde.

3. Was bedeutet Wiedergeburt in der Bibel?

Der Mensch ist durch die Sünde von Gott getrennt und geistlich tot. Das Ende der Bekehrungsphase (>Bekehrung) mündet ein in die Wiedergeburt. Die beiden Themen „Bekehrung" und „Wiedergeburt" gehören zusammen. Der erste Schritt ist die Bekehrung, der zweite die Wiedergeburt. Beides geht Hand in Hand. Es entsteht neues Leben durch das Wort Gottes („Wasserbad im Wort") und den damit verbunden Geist Gottes, der im Herzen rettenden Glauben an Jesus den Erlöser und Herrn wirkt. Das NT macht den klaren Unterschied zwischen dem „alten" und dem „neuen" Leben deutlich. Es benutzt dabei Begriffe wie draußen und drinnen, Finsternis und Licht, Gottlose und Gerechte, Ungläubige und Gläubige, Stroh und Weizen und vieles mehr.

4. Der Begriff Wiedergeburt in den verschiedenen Kirchen

Der Begriff Wiedergeburt wird in den verschiedenen Kirchen, Freikirchen, Gemeinschaften und Gemeinden (und insbesondere in den Sekten) unterschiedlich gesehen und bewertet. Dies hat dann z.B. Auswirkungen für die Mitgliedsaufnahme, Taufpraxis und die Teilnahme am Abendmahl (z.B. Lehre von einer angeblichen „Taufwiedergeburt" in der Römisch-Katholischen Kirche; s. ausführlich hierzu: >Kleines Katholizismus-Handbuch).

Ernst-Martin Borst

Zweinaturenlehre

Von der Zeit der ersten Jünger und Apostel bis zu Christi Wiederkunft ergibt sich aus dem Handeln, Sterben und Auferstehen Jesu Christi die Erkenntnis: In Jesus handelt Gott. Wer an Jesus, den Christus, glaubt, der glaubt, dass "Gott in Christus" ist (2. Kor 5,19). Diese Erkenntnis gab es bereits beim irdischen Jesus. Petrus bekannte bei Cäsarea Philippi: "Du bist Christus, des lebendigen Gottes Sohn" (Mt 16,16; vgl. auch Mk 8,29; Lk 9,20; Joh 6,69). Als es am wenigsten danach aussah, in Jesus sei Gott am Werk, und die meisten Juden nach ihrem Gesetzesverständnis in ihm einen von Gott Verfluchten erblickten (5. Mose 21,23: "Denn ein Aufgehängter ist verflucht bei Gott", vgl. auch Gal 3,13), da bekannte ausgerechnet ein heidnischer römischer Hauptmann unter dem Kreuz: "Wahrlich, dieser ist Gottes Sohn gewesen!" (Mt 27,54; vgl. auch Mk 15,39; Lk 23,47: "Dieser ist ein frommer Mensch gewesen"). Ganz deutlich spricht ausgerechnet der sog. "ungläubige Thomas" die Gottheit Christi an: "Mein Herr und mein Gott!" (Joh 20,28)

Die älteste Gemeinde ging bereits davon aus, dass in Jesus Gott da ist und sich in ihm in die Welt inkarniert, in Jesus Mensch wird. Dies wird in den christologischen Hoheitstiteln deutlich, die auf ihn Anwendung finden: "Christus", "Herr". "Gottes Sohn", "Logos / Wort", "Gott" (Joh 1,1; 20,28; Röm 8,5; 1. Joh 1,1). Die Präexistenz Jesu wird bereits in der frühchristlichen Gemeinde vorausgesetzt (Joh 1,1 f.; 17,5; Röm, 8,3; 1. Kor 8,6; Gal 4,4; Phil 2,6), ebenso die Einheit von Vater und Sohn (Joh 1,1; 10,30). Dabei handelt es sich nicht allein um eine Offenbarungseinheit, sondern um eine Wesenseinheit. Die Geburt Jesu aus der Jungfrau Maria, welche das Neue Testament und damit in Übereinstimmung die Bekenntnisse der Kirche festhalten, ist als seine >Inkarnation und nicht als die Beschreibung des Ursprungs

des Gottessohnes zu verstehen; diese hat er in der Ewigkeit Gottes.
Dennoch sah sich die frühe Kirche genötigt, eine Verhältnisbestimmung von Vater und Sohn vorzunehmen, denn sie musste, gerade in Begegnung und Auseinandersetzung mit den Religions- und Geistesströmungen ihrer Zeit, sowohl ausdrücken, was Jesus und den Vater verbindet, als auch, was ihn unterscheidet. Die der apostolischen Zeit folgenden sog. Apostolischen Väter erkannten in Jesus, dem Christus, vor allem Gott. Fast gleichzeitig breitete sich eine Bewegung aus, in der Jesus vor allem als Mensch gesehen wurde, und die als >Ebionitismus bezeichnet wurde. Deren Anschauung wurde ab Mitte des 3. Jahrhunderts von den Adoptianern weiterentwickelt. Demnach wäre Jesus erst zu Gottes Sohn geworden (etwa durch seine Taufe) und nicht seit Uranfang gewesen. Doch der >Adoptianismus in all seinen Ausformungen wird der Wirklichkeit Jesu nicht gerecht, da die göttliche Vollmacht Jesus von allem Anfang an zukommt. Seit Mitte des zweiten Jahrhunderts traten die sog. Apologeten in Erscheinung (>Apologetik). Sie waren darum bemüht, die christliche Botschaft in der damaligen Zeit zu vermitteln und bedienten sich deshalb der gängigen philosophischen Begriffe und Vorstellungen. Den Begriff Logos / Wort, der bei Johannes vorkommt (z. B. Joh 1,1; 1. Joh 1,1) kannte auch die griechische Philosophie. Damit ließ sich die Präexistenz Jesu für die griechische Welt verständlich ausdrücken.
Der >Arianismus, genannt nach dem Presbyter Arius (um 320 n. Chr.), bestritt nicht die Präexistenz Jesu, aber seine Ewigkeit. Der Logos ist nicht gleich ewig wie der Vater, sondern von diesem geschaffen. Das bedeutete, der Sohn hätte nicht zu Gott, sondern zur Schöpfung gehört.

Demgegenüber vertrat Athanasius: Der Logos, der Mensch wurde, ist gleich ewig und wahrhaft Gott. Das Trinitätsdogma im 4. Jahrhundert fasst die Wesenseinheit Jesu mit Gott sachgemäß in die Formulierung: "wahrhaftiger Gott aus wahrhaftigem Gott, gezeugt, nicht geschaffen, eines Wesens mit dem Vater" (>Dreieinigkeit). Mit dieser Formulierung und der Ablehnung des Arianismus war die Auseinandersetzung nicht abschließend entschieden, sondern neue Auseinandersetzungen waren herbeigeführt. Apollinaris von Laodicea lehrte, zwei in sich vollkommene Wesenheiten könnten nicht eins werden. Er ersetzte die menschliche Seele Christi durch den Logos, um zwei Subjekte in Christus zu vermeiden. Damit wäre die menschliche Natur Christi unvollständig, weshalb Apollinaris verurteilt wurde. Im Gegensatz zu Apollinaris, der die menschliche Natur unterbetonte, ging Nestorius den entgegengesetzten Weg, wollte jegliche Vermischung der beiden Naturen Christi vermeiden und betonte allein die menschliche Natur, um deren Vergöttlichung zu entgehen. Demgegenüber lehrte Cyrill von Alexandrien, dass in der göttlichen Natur Christi die menschliche so innig aufgenommen ist, dass von einer einzigen - nämlich göttlichen - Natur bei Christus gesprochen werden könne.
Zu berücksichtigen blieb, dass Jesus zwei Naturen hat und andererseits die ganze Gottheit im Menschen Jesus ist. Das Konzil von Chalcedon (451 n. Chr.) bekannte sich zum "Dyophysitismus" (Zwei-Naturen-Lehre) und wies diejenigen Christologien zurück, die nicht die Zweiheit der Naturen und die Einheit der Person Christi festhielten. Seit Leo I. (der Große) (Papst 440-461) setzte sich in der Westkirche der Gedanke durch, dass zur Erlösung die Menschheit Jesu lediglich als handelndes Organ tätig war. Damit war die menschliche Natur Christi ganz passiv gedacht und durch ihre Sündlosigkeit bestimmt (>Jungfrauengeburt), während Christus seiner göttlichen Natur nach handelt.

Auf dieser Linie lag durchaus Anselm von Canterburys (1033-1109) Satisfaktionslehre noch, auch wenn sich eine Verschiebung ergab. Danach muss der Mensch für die Sünde des Menschen Satisfaktion leisten, aber nur Gott konnte sie leisten. Eine von Gott unterschiedene Person, die zweite der Trinität, also Christus, der Gott-Mensch, hat sie geleistet, weil nur er in der Lage war, den Zorn Gottes wegen der Sünde zu besänftigen.
Die Reformatoren hielten an christologischen Dogmen der vier ersten Konzilien fest (ökumenische Konzilien) und brachten damit zum Ausdruck, dass sie an dieser Stelle keinen Unterschied zu den Altgläubigen erkannten. Jedoch bestanden zwischen den Reformatoren hinsichtlich der Zwei-Naturen-Lehre Differenzen. Luther lehrte, dass Gott selbst für uns starb, weil die Gemeinschaft der Naturen in Christus besage, jede Aussage sei auf die ganze Person zu beziehen. Dagegen lehrten Zwingli und Calvin, am Kreuz sei lediglich die menschliche Natur Christi gestorben. Die Allgegenwart (Ubiquität) gilt auch von der Menschheit Christi. Deshalb kann er im Abendmahl wahrhaft gegenwärtig sein und ebenso im Himmel. Der Abendmahlsstreit zwischen Luther und Zwingli wie auch zwischen lutherischen Theologen der folgenden Generation(en) und Calvin und dessen Anhängern ist letztlich eine christologische Auseinandersetzung gewesen.
Der Austausch der Eigenschaften (communicatio idiomatum) ist Grund für die (persönliche) Vereinigung der beiden Naturen in der einen Person Christi. Die Menschheit Christi ist zur göttlichen Majestät erhöht, die Gottheit in die Menschheit hinein gegeben. Strenge Lutheraner hielten fest, dass die Inkarnation selbst keine Erniedrigung ist, sondern die Erhöhung der Gemeinschaft mit Gott. Die eigentliche Erniedrigung (vgl. Phil 2,7) ist die Tat des Mittlers (Kenosis). Dabei macht die Menschheit Christi keinen Gebrauch von den göttlichen Idiomata, sondern nimmt gehorsam die Sünde der Menschen auf

sich. In diesen Zusammenhang gehörte die Auseinandersetzung zwischen den Tübinger und Gießener Theologen (1618-1624). Im Unterschied zu den Tübingern vertraten die Gießener, Christus habe tatsächlich die göttlichen Idiomata abgelegt, womit Jesus ein gewöhnlicher Mensch geworden wäre. Dem widersprachen die Tübinger, Kryptiker genannt, in Übereinstimmung mit der Konkordienformel (VIII).
Mit der >Aufklärung geriet die herkömmliche, klassische Christologie in eine ungeheure Krise. Sie, und damit auch die Zweinaturenlehre, wurden zumindest von einem Großteil der protestantischen Theologen nicht mehr festgehalten. Die empirisch, kritisch und autonom ausgerichtete Vernunft verwarf Wunder, Übernatürliches und Metaphysisches. Deshalb wandte man sich dem historischen Jesus, meist freilich unter Absehung des Wunderhaften, zu; er war vor allem als Mensch interessant. Friedrich >Schleiermacher (1768-1834), der Ahnherr liberaler Theologie schrieb Jesus ein urbildliches Gottesbewusstsein zu: Jesus war für ihn der geschichtliche Urheber der christlichen Gemeinschaft. Mehr als Vorbildfunktion im religiösen Bewusstsein hat Jesus für Schleiermacher nicht mehr. Sein Erlösungswerk hat faktisch keine Bedeutung mehr. Von da aus war es beinahe konsequent, eine neue Christologie aufgrund des hypothetisch erschlossenen Selbstbewusstseins Jesu zu schreiben, wie dies Albrecht Ritschl (1822-1888) tat, oder aber eine Geschichte des Lebens Jesu zu schreiben, wie dies in der Leben Jesu Forschung geschah, welche dann zu Beginn des 20. Jahrhunderts durch das bahnbrechende Werk Albert Schweitzers (1875-1965) "Geschichte der Leben Jesu Forschung" (1. Aufl. 1906 unter dem Titel: "Von Reimarus zu Wrede"; seither des öfteren aufgelegt) zum Erliegen kam.

Theologisch beachtet (z. B. von Marheinecke, 1780-1846) wurde >Hegels spekulative Idee, die allerdings nicht frei von >Doketismus zu sein scheint, dass Gott mit dem Menschen zusammengedacht werden müsse. Die durch den Gottmenschen in die Geschichte gekommene Idee versuchte man mit der "klassischen" Christologie zusammenzubringen.

Zur Beurteilung vgl.: >Jesus Christus; >Inkarnation; >Doketismus; >Arianismus.

Lit.: K. Aland, Die Frühzeit der Kirche in Lebensbildern, 5. Aufl. 1990; ders. Die Geschichte der Kirche. Band 1. Von den Anfängen bis an die Schwelle der Reformation, 2. Aufl. 1991; K. Beyschlag, Grundriss der Dogmengeschichte, Band 1: Gott und Welt, 1988; Band 2: Gott und Mensch, Teil 1: Das christologische Dogma, 1991; H. Chadwick, Die Kirche in der antiken Welt; Handbuch der Dogmen- und Theologiegeschichte, Band 1, hg. v. C. Andresen u. a., 1982; B. Lohse, Epochen der Dogmengeschichte, 5. Aufl. 1983

Walter Rominger

Inhalt vom Kleinen Theologie-Handbuch 1: